Movitectura

Movitectura
Arquitectura móvil

Rebecca Roke

Arquitectura móvil

Las primeras manifestaciones de arquitectura itinerante surgieron hace siglos, como demuestran los vestigios encontrados a lo largo del tiempo en distintas partes del mundo. La creatividad y libertad que aportan dichas estructuras quedan patentes en las jaimas bajo las que los beduinos llevan viviendo en los desiertos del África septentrional desde hace años. Tejidas con pelo de cabra en telares portátiles, estas tiendas los protegen de las inclemencias del tiempo de uno de los entornos más inhóspitos del planeta. Las yurtas de los pastores nómadas de Asia Central constituyen otro claro ejemplo. Construidas con fieltro y madera desde hace miles de años, se montan y desmontan con las estaciones. Más cerca del círculo polar ártico encontramos los tipis, otro tipo de estructura perfeccionada para la vida trashumante. Fáciles de transportar y de montar, se erigen sobre un armazón cónico de madera y se recubren con pieles de animales o corteza de abedul. Estos ejemplos de estilo autóctono, duraderos e inconfundibles, son representativos del ingenio y la intemporalidad de la arquitectura móvil.

En las últimas décadas, la arquitectura móvil, en forma de tiendas de campaña o caravanas, ha cobrado un creciente protagonismo. Desde los clásicos refugios de lona hasta los remolques *teardrop* retro o las aerodinámicas caravanas Airstream, estas estructuras ofrecen la promesa implícita de libertad frente a la rutina y las obligaciones. Sin limitarse a las tipologías más clásicas, *Movitectura* ofrece 250 ejemplos de arquitectura móvil procedentes de todo el mundo, estructuras rodantes que se hinchan, se desdoblan y se guardan en espacios mínimos o se despliegan, se deslizan sobre trineos y flotan en el agua, y que componen un espectacular muestrario de espacios en los que disfrutar, vivir, trabajar o descansar.

La fascinación por las estructuras móviles quizá se deba a su capacidad para liberarnos de las ataduras de la vida cotidiana. Las características inherentes a la «movitectura» (ligereza, adaptabilidad y facilidad de instalación) son opuestas al carácter sedentario de nuestra existencia entre ladrillos y asfalto. En 1914 el *Manifiesto de la Arquitectura Futurista* proclamaba: «Hemos perdido el sentido de lo monumental, de lo pesado, de lo estático y hemos enriquecido nuestra sensibilidad con el gusto por lo ligero, lo práctico, lo efímero y lo veloz».[1] A juzgar por el auge de las estructuras móviles, hoy en día seguimos aspirando a alcanzar esta máxima.

Históricamente, muchas casas móviles se diseñaban para proporcionar cobijo frente a los elementos naturales o para adaptarse a los patrones migratorios de los animales. Actualmente la migración más significativa es el éxodo de la población hacia los núcleos urbanos.

Los motivos de este fenómeno son múltiples, entre los que destacan la huida de las zonas de conflicto, las migraciones económicas y los movimientos de población por causas climáticas. Michael Kimmelman ha identificado otro tipo de movimiento, el de los llamados «migrantes de clase media», personas con estudios en busca de nuevas experiencias.[2] Con independencia de las causas, se calcula que cada semana unos tres millones de personas se trasladan a las ciudades, según un informe reciente de la Organización Internacional para las Migraciones (OIM).[3]

De ahí que las ciudades estén cada vez más pobladas y surja la necesidad de aprovechar al máximo los callejones y las azoteas. Las consecuencias financieras y arquitectónicas de esta limitación del espacio son enormes. Muchos de los proyectos de *Movitectura* pretenden aliviar esa tensión. Y es que, como el informe de la OIM expone, «el crecimiento demográfico de las ciudades ejerce una considerable presión en términos de infraestructura, medio ambiente y entramado social de la ciudad».[4]

Personas sin hogar

En pleno siglo XXI, el principal reto que debemos abordar es el crecimiento de las ciudades. En este sentido, los proyectos que plantean soluciones para las personas sin hogar, como los de Winfried Baumann, dejan entrever las posibilidades de la arquitectura móvil para mejorar la vida de los afectados por la sobrepoblación urbana y el aumento del coste de la vida. Las obras de Baumann —Espacio habitable portátil (pág. 93) y I-H Cruiser (pág. 132)— ofrecen soluciones creativas a personas con opciones de vivienda limitadas.

Crisálida (pág. 30), un proyecto de Hwang Kim, explora cuestiones como la privacidad y la protección de los indigentes. Este refugio móvil de cartón es una manera ingeniosa de aprovechar un material disponible y fácil de encontrar. Analizando la forma y las posibilidades geométricas de una sola plancha de cartón y trazando una serie de líneas de pliegue precisas, en un ejercicio parecido al origami, Kim crea un refugio básico y acogedor. Por su parte, Gregory Kloehn, que también se centra en la arquitectura móvil comprometida, convirtió su interés por los materiales reutilizados y recuperados en el eje de su carrera creativa. Su proyecto de hogares para los sin techo (pág. 184) arrancó como una *folie*, pero fue cobrando la forma de una empresa altruista que ha construido más de 45 cabinas rodantes. Estos pequeños habitáculos protegen de los rigores del tiempo, se pueden trasladar con facilidad y confieren cierta sensación de propiedad, orgullo y seguridad a las personas sin hogar.

Migración política

Las necesidades acuciantes de los migrantes obligados a desplazarse por cuestiones políticas están afectando a las ciudades y al modo en que los urbanistas responden a estos desafíos. La crisis de los refugiados sirios refleja claramente la necesidad básica de vivienda y las repercusiones que su falta conlleva. Esta situación ha provocado la movilización de muchos diseñadores. Entre los proyectos de «movitectura» más recientes que responden a la crisis de los refugiados, se encuentra A través de la frontera (pág. 48), una reivindicativa y viable colección de siete prendas de ropa de la estadounidense Angela Luna que aborda cuestiones como la protección, la visibilidad y la movilidad. Las chaquetas de Luna combinan la estética de la ropa de calle con la funcionalidad de la ayuda humanitaria y cuentan con accesorios que permiten convertirlas en tiendas de campaña, sacos de dormir, mochilas portabebés o incluso chalecos salvavidas.

El Habitáculo «vestible», un proyecto de los alumnos del Royal College of Art de Londres, satisface las tres necesidades básicas de los refugiados: ropa, un espacio donde dormir y cobijo (pág. 46). Desplegado, este «traje» confeccionado en un material de polietileno transpirable llamado Tyvek queda como una parka tres cuartos. El revestimiento de Mylar (la «manta espacial» que usan los corredores de maratones) evita la pérdida de calor. Con las cremalleras cerradas, se convierte en saco de dormir, mientras que al insertar varillas en las costuras, obtenemos el armazón de una tienda de campaña que transforma la parka en una estructura tridimensional.

Migración ambiental

Además de las crisis que obligan a las personas a huir de las zonas de conflicto, los desplazamientos humanos también los provocan los desastres naturales. En los últimos veinte años, el mundo ha registrado un rápido aumento de las catástrofes relacionadas con los fenómenos climáticos y, por ahora, es poco probable que la situación se invierta.[5] La arquitectura móvil aporta soluciones únicas en situaciones de emergencia. Ligera, transportable, rápida de montar, más estable que una tienda de campaña y más barata de producir, la «movitectura» ofrece respuestas funcionales e inmediatas.

Los diseños concebidos a raíz del seísmo y el tsunami de 2011 en Japón, por ejemplo, subrayan el potencial de la arquitectura móvil para aportar ayuda básica en las zonas catastróficas. Architecture Global Aid creó la Casa Origami de papel (pág. 20), una solución plegable y ligera, fabricada en cartón. La elección de materiales y las especificaciones de diseño de estos refugios tienen en cuenta las diferentes manifestaciones y particularidades de los desastres naturales ocurridos en diversas partes del planeta, como el hecho de que los seísmos suelan ir seguidos de un tsunami en Japón.

Otro proyecto que aborda el cambio climático es Warka Water (pág. 44), un dispositivo muy sencillo de montar y trasladar que ofrece ayuda de vital importancia. Concebido para su uso en zonas con escasez de agua, como Etiopía, permite captar agua a través de una estructura de malla y bambú que canaliza la lluvia, la niebla y el rocío y provee varios litros al día. El diseño tiene en cuenta la topografía del lugar y está pensado para que se pueda desmontar y transportar fácilmente por una sola persona.

Aprovechar al máximo los materiales disponibles es otro factor clave en los proyectos destinados a las zonas catastróficas. Conscientes de ello, los alumnos de la Lebanese American University crearon ECS-p1 (pág. 104). Las cestas de plástico apiladas y atadas con bridas para cables, también de plástico, permiten montar una simple estructura interconectada que proporciona sombra y sensación de recogimiento. Gracias a la rigidez estructural de las cestas, el refugio es autoportante y suficientemente grande como para que unos pequeños contenedores adicionales sirvan de espacio de almacenamiento y asientos.

Compactación y ahorro

Más allá de las zonas de conflicto y los desastres naturales, la arquitectura móvil también se presenta como un eficaz ejercicio de simplificación de los recursos, lo cual indica un cambio de filosofía de la sociedad además de un considerable ahorro económico. Las casas con ruedas, una práctica cada vez más extendida, son una consecuencia directa de la brecha creciente entre ricos y pobres. El interés por la vivienda móvil responde asimismo a los costes ambientales y sociales que conlleva vivir en grandes edificios. En EE. UU., donde hoy en día el espacio vital por persona prácticamente duplica al de 1973 y con el precio de las viviendas aumentando de manera progresiva en relación con los ingresos, la necesidad de encontrar un modo de vida más viable constituye una preocupación prioritaria.[6]

Como señala Oliver James, desde la década de 1990 «el deseo de poseer casas más amplias, lujosas y mejor ubicadas» ha sido una de las causas de la presión inmobiliaria actual,[7] intensificada hoy por el voraz apetito de los promotores. Esta situación ha impedido a muchas personas acceder a una vivienda en propiedad. En Occidente, sobre todo en las ciudades, se repite esta tendencia.

Las viviendas móviles ofrecen una alternativa a quienes se niegan a engrosar las filas de la «generación del alquiler» pero no se pueden plantear adquirir una vivienda tradicional.[8] Un ejemplo es el Remolque Woody (pág. 208). Diseñada y construida por los estadounidenses Brian y Joni Buzarde, esta casa con ruedas ofrece la solución perfecta y proporciona un activo habitable que podrán vender cuando hayan decidido establecerse en algún lugar. Esa misma actitud respalda la decisión de diseñar casas móviles como las que aparecen recogidas en este libro, o de vivir en ellas.

Entre los universitarios, la idea de construir o adquirir una casa móvil al iniciar sus estudios superiores es cada vez más atractiva.[9] En lugar de invertir en el alquiler de un piso o de una habitación en una residencia, vivir en una casa móvil pequeña les permite reducir sus gastos, a la vez que obtienen un valor tangible que pueden conservar o vender al graduarse. Puede que estas viviendas no acaben con las desigualdades económicas intergeneracionales, pero ofrecen espacios cómodos, asequibles y bien diseñados que sirven tanto de hogar como de inversión de futuro.

Activación de los espacios urbanos

La arquitectura móvil puede tener asimismo un efecto positivo en el espacio público. Catalizadoras de actividad, las estructuras que albergan mercados, conciertos y otros actos públicos invitan a las personas a congregarse, charlar, comer o pasar el rato. Bamdokkaebi es un mercado nocturno cuyos toldos naranjas retráctiles, diseñados por MOTOElastico (pág. 219), dan cobijo a los vendedores ambulantes y atraen a los visitantes al animado paseo marítimo. Estas estructuras metálicas ligeras, plegables y con forma de V disponen de ruedas, por lo que son fáciles de mover y de guardar. El Toldo del Pueblo de People's Architecture Office (pág. 218) adopta una lógica similar. El proyecto consiste en una serie de toldos rojos modulares que se mueven activados por docenas de uniciclos. En movimiento ofrecen un espectáculo fascinante; una vez instalados, crean amplios espacios para actividades a cubierto.

El Refractor de Seattle Design Nerds (pág. 36), con su apariencia de nube, también dinamiza espacios urbanos. Construida a partir de una combinación de piezas de plástico traslúcidas y opacas, esta gran burbuja es un lugar de juegos y encuentros. Muy ligera, se puede transportar a cualquier sitio en un carrito y activar así espacios infrautilizados de la ciudad.

Relacionados con este tipo de catalizadores urbanos existen otras estructuras móviles destinadas a mejorar nuestra calidad de vida: los proveedores de servicios itinerantes. Una clínica dental en un camión evita desplazamientos y colas (pág. 232); una biblioteca en un autobús con interiores adaptables lleva la educación a más personas (pág. 220); y un teatro en un tren en la costa ecuatoriana ofrece su programa cultural a un público más amplio (pág. 226). La generosidad social de estas estructuras es válida también para proyectos recreativos como la Sauna WA de goCstudio (pág. 265), que flota sobre el lago Union en Seattle. El proyecto da continuidad a la tradición de las viviendas y cabañas flotantes de la ciudad y se financió mediante una campaña de micromecenazgo en Kickstarter.

Uso de espacios abandonados

Por su naturaleza, la arquitectura móvil se adapta perfectamente a los espacios abandonados. En el canal Eilbek, en Hamburgo, las nuevas regulaciones municipales de zonificación han permitido instalar un puñado de viviendas flotantes (pág. 254). Haciendo alarde de una previsión encomiable, en 2006 el Gobierno local permitió transformar el barrio de Eilbek, una vía fluvial en desuso, en una zona residencial. El ecléctico conjunto de estas diez viviendas, construidas con escalas, materiales y funciones dispares, demuestra que un alojamiento flotante puede ser contemporáneo y avanzado, además de dinamizar espacios urbanos.

Otros proyectos oportunistas son los *pop-up* parasitarios, locales efímeros que se aprovechan de sus anfitriones para acoger unidades móviles de tipo individual. La Casa ligera de Bangkok All(zone), una solución duradera e íntima, es una estancia espaciosa contenida en una retícula metálica con revestimiento de polietileno (pág. 106) que se instala en edificios obsoletos y provee un lugar para dormir, estudiar o trabajar en ciudades tropicales superpobladas, como la capital de Tailandia. A muchos lugares (pág. 107), de Emmy Polkamp, refleja el interés creciente por las estancias itinerantes. Su concepto de hotel-tienda de campaña permite que sea utilizada, de manera múltiple o aislada, a modo de habitaciones de hotel nómadas que proporcionan servicio al mismo tiempo que devuelven la actividad y el uso a estructuras en desuso.

Migración de clase media

Como señala Michael Kimmelman, los migrantes de clase media viven en movimiento. Son personas cultas y curiosas que desean experimentar vivencias en otros lugares. Para ellas, la «movitectura» es una opción ideal, pues les ofrece espacios flexibles que encajan en un mercado laboral cada vez más global en el que cambiar de empleo y profesión es muy habitual. Travelbox ejemplifica esta tendencia (pág. 114). En una elegante caja de aluminio y madera, Travelbox cubre las necesidades vitales y ofrece una cama, una mesa, una silla, estanterías e incluso una bicicleta. Con Travelbox, Juust ha creado una solución para la vida móvil en la que el mobiliario nos acompaña en cada traslado, reduciendo con ello la carga ambiental y económica.

La economía digital, los avances tecnológicos y el aumento del número de autónomos también espolean la migración de clase media. La empresa de diseño global IDEO detectó esta tendencia y creó Trabajo sobre ruedas (pág. 202), un proyecto futurista de oficina móvil que proporciona un espacio de trabajo flexible en el que el puesto de trabajo se desplaza hasta nosotros y nos permite llevarlo incluso a la playa o al campo. Dotados de los últimos avances en tecnología y de conexiones digitales a alta velocidad, proyectos como el de IDEO tienen el poder de transformar el modo, y el lugar, en el que trabajamos.

Descubrir el mundo

Por cada persona que desea mudarse a la ciudad, hay otra que solo piensa en escapar de su ritmo frenético. Cada vez son más populares las vacaciones que ofrecen espacios donde reconectar con la naturaleza y desconectar del wifi. Koleliba, por ejemplo, se diseñó para que sus arquitectos y propietarios se tomaran un respiro de la ciudad (pág. 213). Sobre un tráiler estándar, Koleliba aprovecha al máximo su limitado tamaño con elementos extensibles, como un toldo y una terraza, que permiten disfrutar de tiempo al aire libre.

El campamento de remolques A–Z West, en California, propiedad de la artista Andrea Zittel, ofrece una experiencia móvil diferente. Ubicadas de forma dispersa en su propiedad, estas estructuras de acero y aluminio prometen al visitante una experiencia de inmersión en el espectacular paisaje desértico (pág. 98). En Australia, Rob Gray ha creado Wothahellizat Mk1, un dispositivo móvil concebido para la aventura (pág. 230). Diseñado para pasar hasta tres meses en el árido interior del país, su formidable reapropiación de un camión militar incluye un revestimiento de placa estriada de aluminio y una plataforma al aire libre al abrigo de reptiles, inundaciones repentinas y otros peligros del desierto. Estas viviendas móviles, que permiten conectar con la naturaleza y nos hablan de aventura y libertad, desafían cualquier idea preconcebida con respecto a los vehículos recreativos o el material de acampada.

Viajar ligero

En paralelo a los proyectos que responden a los retos más acuciantes de la actualidad, *Movitectura* incluye también estructuras itinerantes lúdicas, ingeniosas y estimulantes. Las Cabañas para pescar en el hielo, inmortalizadas por el fotógrafo Richard Johnson, transmiten una creatividad a menudo

exuberante e idiosincrásica, patente
en los centenares de humildes refugios
pesqueros que salpican los lagos
helados de Norteamérica. Sus dueños
han concebido soluciones únicas
para combatir las duras condiciones
climáticas. Los ejemplos presentan
una variedad sorprendente —desde
una caseta sobre esquíes hasta una
cabaña sobre un trineo (págs. 248
y 249)— y cada una de ellas ilustra
la personalidad de su propietario
y constructor. En otros casos, la
reinvención es la motivación principal
de un proyecto, como Archivo II,
obra de David Garcia, del estudio
de arquitectura MAP Architects, que
alberga una biblioteca confeccionada
a lo largo de toda una vida (pág. 131).
La «rueda» de madera sirve de sillón
de lectura y de estantería, con cientos
de libros. Archivo II se puede desplazar
con facilidad, rodando si el lector
lo desea. La naturaleza en ocasiones
efímera de la «movitectura» se percibe
asimismo en la iniciativa del Urban
Campsite de Ámsterdam. Cada año
se encarga la construcción de diversas
«tiendas de campaña» artísticas
para transformar un emplazamiento
determinado de la ciudad. La creatividad es esencial y comprende desde
las coloridas cabañas Cometa (pág. 50)
y Goahti (pág. 72) hasta la ingeniosa
autocaravana ampliable De Markies
(pág. 146). En una línea parecida, el
Cine flotante de Duggan Morris
Architects (pág. 288), un encargo de
UP Projects destinado a transformar

las vías fluviales del este de Londres,
crea un espacio animado y polivalente
para albergar diferentes eventos.
Enmarcada dentro de un programa
que pretende fomentar la creación
de proyectos nuevos en el espacio
público, la barcaza navega por la red
de canales de Londres ofreciendo
una serie de actividades en distintas
ubicaciones para un público amplio. El
placer y el entretenimiento que ofrecen
estas estructuras cobran más valor
que nunca frente a las preocupaciones
sociales y políticas que impregnan
nuestra existencia.

Con un abanico de formas, colores,
materiales, tamaños y ubicaciones
sorprendentes, e incluso a veces
desconcertantes, *Movitectura*
demuestra que la arquitectura se
desplaza. Y mucho. Estas páginas
rinden tributo a las estructuras
móviles, en su magnífica variedad,
y conforman una suerte de oda visual
a la vida itinerante. Desde estructuras
extravagantes o comprometidas hasta
diseños rústicos o de lujo, pasando
por casas flotantes, cabañas, caravanas
modificadas, refugios para zonas
catastróficas, estructuras vestibles
y prototipos futuristas, *Movitectura*
plasma las fascinantes posibilidades
de la vida en movimiento.

Notas

Movitectura se divide en capítulos en función del medio de movilidad principal de cada proyecto: estructuras que se pueden transportar a mano o a pie (Humano) y que se apilan, se pliegan, se inflan y se trasladan sin ruedas (Sin ruedas); clasificadas en función de su número de ruedas (Una y dos ruedas, Tres ruedas, Cuatro ruedas y Cinco o + ruedas) o que se desplazan sobre el hielo y la nieve (Trineos) así como por lagos, ríos y océanos (Agua).

En la parte superior de cada proyecto se indica el nombre de la estructura, el arquitecto, diseñador, artista o constructor, el país de origen o instalación y el año de finalización.

Debajo de cada proyecto se aporta la siguiente información adicional:
– Capacidad (en número de personas).
– Medios de movilidad: tractor, moto o carro de la compra, por ejemplo (véase la gama de iconos de movilidad de la página siguiente).
– Paleta de principales materiales utilizados, que incluye objetos tan curiosos como carcasas de teléfonos móviles, botones de plástico, felpudos, tubos fluorescentes, conos de tráfico, cremalleras y paraguas.

Cuando se desconozca algún dato, lo marcaremos con un guión «–».

Leyenda de iconos de movilidad

 Manos

 Pies

 Pedales

 Banda de rodadura

 Bicicleta

 Scooter para discapacitados

 Coche

 Camión

 Moto

 Motor de a bordo

 Esquíes

 Trineo

 Caballo

 Camello

 Carro de la compra

 Tractor

 Raquetas / Remos

 Remolcador

 Helicóptero

Humano

Sin ruedas

Una y dos ruedas

Tres ruedas

Cuatro ruedas

Cinco o + ruedas

Trineos

Agua

Bolt Half

Kama Jania

Finlandia

2015

La diseñadora Kama Jania concibió estas tiendas que nos protegen de los relámpagos en su proyecto final de carrera, como una manera de abordar el temor colectivo a las tormentas eléctricas. Bolt Half es una tienda compacta para una o dos personas formada por varas de aluminio y conectores que proporciona un refugio resistente y seguro durante los temporales. Su mecanismo de cierre a medida crea una estructura sólida y fácil de montar, e incluye un cableado de cobre que descarga las corrientes eléctricas hacia el suelo. Con un peso de cerca de un kilo, la Bolt Half, aislada con Mylar y completamente impermeable, constituye una compañera fiable para ir de excursión en solitario.

Humano

Plástico impermeable, aluminio, PVC, Mylar

Octabar

Freeform

Sudáfrica

2016

La tienda Freeform, simple y flexible, es una estructura autoportante que se sostiene sobre mástiles. Además de ser una alternativa ligera a las marquesinas, engorrosas por su sistema de montaje, sus vivos colores recuerdan a los de las tiendas beduinas. El toldo, de un tejido estable, duradero e impermeable, proporciona sombra y promueve la interacción social. Como sugiere su nombre, la Freeform ofrece libertad para esculpirla según las necesidades del usuario gracias a su gran elasticidad. Disponibles en varios tamaños, estas tiendas son ideales para múltiples usos, desde acampadas hasta acontecimientos sociales y familiares. No se deje engañar por su forma sencilla y etérea: estas llamativas carpas son muy resistentes y duraderas.

Poliéster impermeable con elasticidad bidireccional, mástiles, cuerda

**Casa Origami
de papel**

Architecture Global
Aid

España

2014

Las casas Origami de papel se enmarcan en una iniciativa filantrópica
destinada a dotar de viviendas de emergencia a la zona de Lorca, en
Murcia. Estos alojamientos, creados por el grupo hispano-japonés Architecture Global Aid, son una alternativa resistente a las tiendas y a los
refugios improvisados, además de ser económicos y ligeros, pensados
para que una sola persona pueda transportarlos. Combinando funcionalidad y diseño, estas casas ofrecen soluciones habitacionales a corto y
medio plazo, especialmente en zonas de mayor riesgo sísmico. La puerta
de entrada incluye bisagras y la casa tiene ventanas para regular la luz
y la ventilación. En previsión de una catástrofe, los alojamientos se distri-
buyen con antelación para mitigar las secuelas del desastre.

Humano

Cartón

Tienda de campaña
Yamaori Taniori
Iyo Hasegawa
Japón
2011

Poética y sobria, la serie de tiendas de campaña Yamaori Taniori surgió a modo de respuesta al devastador terremoto que azotó el noreste de Japón en 2011. La técnica del origami permite crear un ámbito cerrado y protegido, cuyo fin es «proporcionar descanso y estimular los sentidos». La aplicación práctica del pasatiempo tradicional japonés convierte unos papeles de colores en un hogar para desplazados, con el que se pretende también levantar el ánimo evocando las horas de diversión infantil. Las casas se pliegan formando una estructura cúbica o en forma de A, para ganar resistencia. Al igual que el origami, las tiendas reviven momentos de intimidad y alegría, lo que ayuda a superar situaciones de crisis con una sensibilidad marcadamente japonesa.

Papel Kraft

Refugio piramidal
TeeZee
Joseph Cabonce
Australia
2015

Esta eficiente estructura de origami es un refugio de rápido montaje concebido para festivales de música. Basadas en la tradicional técnica de pliegue de Miura, descubierta por el astrofísico japonés Koryo Miura, las paredes de la pirámide TeeZee, fabricadas en Corflute (un tipo de plástico corrugado), cobran fuerza a resultas de su geometría plegada. Con solo 15 kg de peso, una vez embalada la TeeZee resulta fácil de transportar por una sola persona. Aunque en un origen se diseñó para minimizar las escenas de abandono y dejadez de las zonas de acampada una vez finalizados los festivales, en los que las tiendas de campaña se desechan de forma masiva, se trata también de una solución muy efectiva para situaciones de emergencia que requieran el uso de refugios.

Humano

Plástico corrugado Corflute

Casa Paraguas

Kengo Kuma

Italia

2008

Esta vivienda temporal, que protege a sus inquilinos tanto del sol como de las tormentas, se ha construido con paraguas reciclados. El arquitecto Kengo Kuma transforma paraguas normales y corrientes de uso individual en un fascinante recinto para cobijar a un grupo de personas. Las cremalleras impermeables y el armazón en forma de araña de los paraguas proporcionan todo el soporte arquitectónico que precisa la casa Paraguas. Concebida a modo de pabellón móvil, se trata de una lúdica vivienda temporal para los curiosos que proporciona una protección definitiva a quienes detestan mojarse los pies y el cabello.

Paraguas, cremalleras impermeables, base de madera

Tipi Mikasi

Sascha Akkermann,
Flo Florian

Alemania

2014

Sascha Akkermann y Flo Florian presentan su versión contemporánea del tipi, un icono ancestral. Las estructuras con forma de tijera del tipi Mikasi, que crean tanto una caja de juegos para niños como un poético retiro para adultos, pueden ajustarse en amplitud y envergadura. La estructura de fresno crea un espacio amplio protegido por un revestimiento traslúcido y duradero de Tyvek (fibra de polietileno), que se acopla con facilidad al vértice del armazón. El suelo hexagonal del Mikasi está acolchado y ligeramente elevado, lo cual hace que resulte idóneo para su uso tanto en interiores como en exteriores. Se trata de un diseño tripartito ligero y compacto, basta con enrollarlo, plegarlo y transportarlo bajo el brazo.

Humano

Armazón de fresno, Tyvek, cojines

Refugio con patas
Sibling
Australia
2008

Destinado para un uso unipersonal, este diseño tiene más de abrigo que de tienda de campaña. Se trata de un refugio pensado para la vida en movimiento y que se oculta dentro de una bolsa de malla incorporada en el interior del talón de unas zapatillas deportivas de caña alta. El refugio consta de dos partes: un abrigo de colores vivos que, una vez desplegado y cerrado con cremallera, se convierte en un impermeable. La persona que lo viste sirve de armazón humano para dar forma a la prenda y sustituye a las varillas y las cuerdas de las tiendas de campaña tradicionales. La entrada con ventana y cremallera evoca la puerta de una tienda de campaña típica, mientras que el forro reflectante aísla de los elementos atmosféricos.

Poliéster, cuerda, broches de plástico

Ladrillos y mortero

Field Candy

Reino Unido

2012

Humano

El estampado irónico de esta tienda de campaña no pasa desapercibido en los festivales. La lona cubre una estructura clásica de tienda canadiense para dos personas y es completamente impermeable. Fabricada en poliéster ignífugo, también es resistente a los rayos UVA y es adecuada para su uso durante todo el año. El estampado oculta un sistema de acampada de doble capa, que consta de un interior transpirable con un suelo impermeable cosido. Las varillas de aluminio elásticas de esta tienda se ensamblan fácilmente mediante ranuras y crean un sistema más resistente y ligero que el estándar. Se monta en apenas unos minutos, con lo que se gana tiempo para jugar e incluye una bolsa con cierre de cremallera para guardar la tienda y transportarla.

Poliéster, varillas de aleación de aluminio, cremallera, piquetas de aluminio

Hélice

Ootro Estudio

España

2016

Este puntiagudo retiro unipersonal fabricado en cartón reciclado se posa con ligereza sobre el suelo, plasmando así el deseo del diseñador de fomentar la conexión entre las personas y el entorno. Integrado por docenas de piezas de cartón cortadas con láser y entrelazadas, se trata de una estructura ligera y lo bastante sencilla como para que una sola persona pueda transportarla y montarla. Los volúmenes se ajustan mediante pliegues y trabillas de sujeción, sin necesidad de usar cinta adhesiva ni pegamento. En el interior del espacio entrelazado, pequeñas aberturas enmarcan vistas panorámicas del paisaje. Similar a una piña poligonal, su forma capta la atención y transforma este subproducto industrial común y corriente en una forma lírica con una visión intemporal.

Cartón

Wheelly
ZO-loft
Italia
2009

Esta inteligente solución a modo de refugio urbano está lista para echar a rodar. Aborda el tema de la falta de vivienda desplegando una lógica de diseño ingeniosa: la gran rueda de aluminio gira sobre unos rieles de caucho y es lo bastante ligera como para empujarla del asa. Una vez instalada, el asidor actúa de freno y crea una base robusta para las tiendas de poliéster integradas, que se despliegan a ambos lados de la estructura, dando lugar a un tubo de 3 m. Lo bastante espaciosa como para reclinarse en su interior y con una bolsa colgante para guardar las pertenencias básicas, esta tienda dormitorio se fija con un disco de caucho aislante por uno de los lados y con la gran bolsa por el otro.

Humano

Rueda metálica, rieles de caucho, tiendas de poliéster

Molusco

Ru Hartwell

Reino Unido

2016

Se acabaron las piquetas y los suelos empapados: el Molusco reinventa la humilde tienda de campaña. Esta inusitada cúpula se ha concebido como una capucha portátil y retráctil que, al cerrarse, crea un recinto sólido. Sobre una base circular fabricada en PVC de gran grosor, la cúpula se sostiene mediante nueve tubos de acero curvos que se insertan en las ranuras dispuestas en la base de acero. La cubierta impermeable está confeccionada en tejido acrílico destinado a aplicaciones marítimas, gracias a lo cual protege de vendavales, lluvia y granizo. El armazón del Molusco, que se extiende a modo de telescopio, puede desplegarse o plegarse en tan solo tres segundos. Una vez recogido, queda totalmente plano, con lo que cabe en el maletero de cualquier coche.

Base de acero, tubos de acero, cubierta acrílica, PVC

Crisálida

Hwang Kim

Corea

2005

La Crisálida, llamada como los capullos que tejen los insectos, se ha concebido como un refugio para personas sin techo. Parte de la tesis de Hwang Kim para su doctorado por el Royal College of Art, esta elegante solución de cartón se pliega por ciertos puntos estudiados con detenimiento para dar forma al espacio necesario en un refugio temporal. El cerramiento, fijado mediante lengüetas con botones de plástico, es ligero, fácil de plegar y transportar y supone una mejora con respecto a las cajas de cartón o periódicos a los que suelen recurrir las personas sin techo para dormir a la intemperie. En línea con el trabajo de Kim, centrado en resolver problemas sociales actuales, Crisálida aporta una solución al aumento del número de personas sin hogar en el mundo.

Cartón de una sola capa, botones de plástico

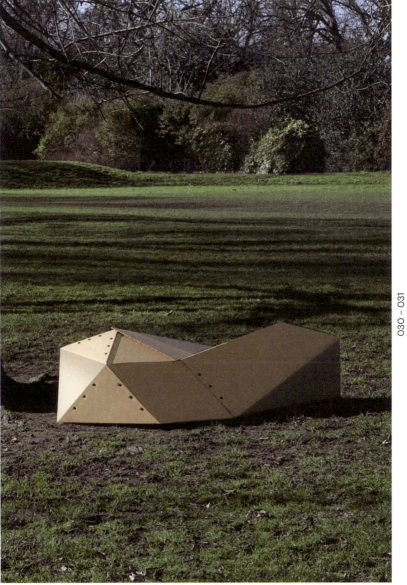

DesertSeal
Andreas Vogler
Alemania
2004

DesertSeal, concebido para su uso en terrenos áridos, es un caparazón inflable y reflectante en el que los usuarios pueden soportar las elevadas temperaturas del desierto cómodamente en un espacio estrecho de poco más de un metro de anchura. Diseñado de acuerdo a la termodinámica de tales entornos, donde el aire en las capas superiores es más frío que en las cercanas a la arena, el cuerpo ahusado cuenta con una entrada de ventilación en el ápice y con un ventilador extractor en la base, alimentados por una banda flexible de paneles solares. Ligero y fácil de transportar, su revestimiento plateado rechaza el calor. Pese a haberse desarrollado en la Tierra, este híbrido resplandeciente podría tener el potencial necesario para facilitar la vida humana en Marte.

Humano

Tejido revestido de polietileno, ventilador eléctrico, panel solar, cuerda de nailon, cremallera

Habitent

Lucy Orta

Reino Unido

1992

En la intersección entre el arte, la arquitectura y la protesta social, esta tienda de campaña habitable transforma cuerpos en edificios. Envuelta en un revestimiento de aluminio plateado parecido a una manta de supervivencia, se trata de una solución inteligente para los nómadas actuales. Este abrigo con capucha invita a reflexionar acerca de temas como la falta de hogar y el desplazamiento de los refugiados. Unas armaduras telescópicas transforman este poncho impermeable en una tienda de campaña individual que ofrece un espacio íntimo. La pieza, que visten ya personas sin techo en París y Múnich, se describe como una «estética operativa» y crea un lugar de descanso práctico que se erige como una potente obra de arte visual.

Poliamida revestida de aluminio, forro polar, varillas telescópicas de aluminio, silbato, linterna, brújula

Cactaceae
X-Studio
México
2013

Situado cerca del Trópico de Cáncer, en México, este refugio se ha con-cebido como un lugar donde disfrutar de paz e introspección. Inspirado en el paisaje circundante, el pequeño recinto adopta la forma de las flores de los cactos autóctonos y la combina con la tradición popular mexicana del papel picado, láminas decorativas de papel perforado. En el revestimiento semitransparente se han recortado centenares de pétalos de varias dimensiones. Su aspecto va cambiando a lo largo del día: las perforaciones decorativas permiten que, durante las horas diurnas, una luz moteada bañe el interior; por la noche, una luz crea un suave resplandor. Este curioso eneágono es tan fácil de transportar como un farolillo.

Humano

Papel, madera

Gallinero

Valerie Vyvial

Reino Unido

2015

Este gallinero es una de las siete estructuras temporales diseñadas para Skip Garden, una zona de nuevo desarrollo en King's Cross, Londres. El proyecto está impulsado por Global Generation, una organización que se dedica a educar y concienciar a la sociedad acerca de la importancia de la ecología. Las siete obras despliegan técnicas de construcción sostenibles y están fabricadas con materiales reciclados. Construido con un armazón de bambú ensamblado con juntas de acero, este gallinero para tres gallinas rodea un tronco de abedul común recuperado de un brezal cercano. El revestimiento se ha elaborado con paneles de abedul perforados con un diseño de siluetas de hojas que dejan pasar la luz, de modo que de noche el gallinero se transforma en un farol.

Bambú, paneles de abedul, acero

Refractor

Seattle Design Nerds

EE. UU.

2015

El Refractor, una instalación en forma de nube, es la propuesta de Seattle Design Nerds para atraer al público y dinamizar zonas urbanas infrautilizadas. La estructura inflable, que viene en un carrito y se monta a mano, está confeccionada con plástico reciclado y mantas espaciales, mientras que la sólida base es de cartón multicapa. Recortadas con forma de triángulo equilátero, las unidades se ensamblan para formar un único volumen. Los distintos revestimientos desempeñan diversas funciones: el plástico traslúcido proyecta luz difusa en el interior y las piezas de Mylar reflejan el entorno. Su llamativa forma atrae la atención y lo convierte en un espacio estimulante para celebrar un amplio espectro de actos públicos.

Plástico, cartón, Mylar

Crisálida para árbol
Glamping Technology
Reino Unido
—

Sin nada que envidiar a las cabañas rústicas, estas burbujas de menos de 200 kg (y sus ocupantes) cuelgan de altos árboles. Con estructura de aluminio y revestimiento de lona impermeable, cada crisálida cuenta con doce puntos de anclaje que la fijan a las ramas y troncos de los alrededores. En el interior de este diseño ecológico y fácil de recoger cabe un colchón de matrimonio. Las mosquiteras selladas y una climatización controlada permiten disfrutar de unas vacaciones a buena temperatura y sin picaduras. Con un diseño sorprendente, la Crisálida para árbol es un lugar memorable donde quedarse colgado.

Estructura de aluminio, acero inoxidable, lona impermeable, cuerda de poliamida, anclajes metálicos

Melina

David Shatz

Israel

2016

Esta mochila, una pieza de David Shatz, se despliega como un acordeón para transformarse en una tienda de campaña. El proyecto consta de un caparazón textil sostenido por diez marcos de acero. Gracias a su estructura en forma de concertina, la tienda es estable cuando está abierta y se cierra fácilmente, contrayéndose. Proporciona espacio suficiente para recostarse y ofrece refugio y seguridad en entornos urbanos. Lo bastante ligera para empaquetarla y transportarla a la espalda, la Melina está pensada para los paseantes a quienes gusta hacer altos en el camino. Shatz espera que este sencillo proyecto sirva para reconquistar el espacio público y procurar un lugar tranquilo en el que hacer una pausa.

Humano

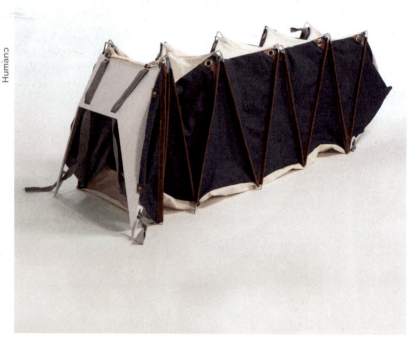

Estructura de acero, cuerda de nailon, tela tejana

Hábitat desplegable

People's Architecture
Office

China

2011

Inspirado por el auge de la fotografía en China, así como por la obsesión creciente por las autofotos, el estudio People's Architecture Office reutilizó paneles fotográficos para crear una serie de espacios efímeros lúdicos donde descansar o hacer una pausa. Ligeras pero robustas, estas brillantes estructuras modulares se ensamblan con cintas de velcro y conforman unos refugios deslumbrantes que desvían la luz. La acumulación de estos paneles que se montan y desmontan de forma rápida y sencilla permite crear una infinidad de espacios diversos, desde toldos brillantes para *hutongs* (los callejones angostos de las zonas residenciales tradicionales de las ciudades chinas) hasta cabañas de una sola habitación.

Tela, anillos de acero para muelles, velcro

Refugio compacto
Alastair Pryor
Australia
2014

Inspirada en el deseo de mejorar las opciones de refugio disponibles para los sin techo, esta vivienda plegable llamó la atención tanto de inversores como de organismos de ayuda humanitaria, que la utilizan ya en zonas catastróficas. Su cerramiento de polipropileno es resistente a los rayos UVA y a los elementos y proporciona aislamiento térmico. Una vez montado, este refugio compacto presenta una sencilla forma cúbica. Plegado es fácil de transportar por su diseño plano. Diseñado para una amplia gama de situaciones posibles, el refugio consta de conductos de ventilación ajustables manualmente. En cada unidad caben dos adultos y dos niños cómodamente. Su forma modular permite colocar varias unidades adyacentes para crear una vivienda con múltiples estancias.

Humano

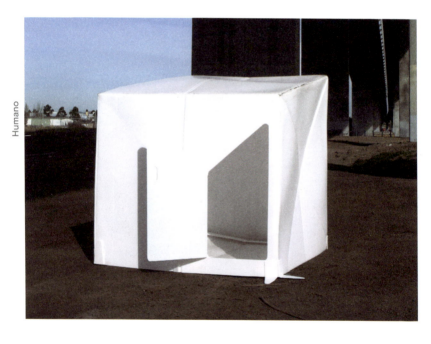

Polipropileno resistente a los rayos UVA

paraSITE
Michael Rakowitz
EE. UU.
1998

El proyecto paraSITE es una solución única a la carencia de vivienda, pues proporciona estructuras dignas temporales y transportables. Tal como sugiere el nombre del proyecto, los diferentes diseños son intervenciones parasitarias que dependen de un anfitrión para cobrar volumen y disfrutar de calor en su interior. Las formas de polietileno de doble capa se acoplan fácilmente a conductos exteriores de aparatos de calefacción y aire acondicionado, con los que se inflan. Si bien sus formas protuberantes no son más que una respuesta a corto plazo, atraen la atención sobre un tema endémico. Tal como comenta Rakowitz, los hogares de guerrilla deberían «desaparecer, al igual que el problema... Los verdaderos diseñadores son los legisladores».

Bolsas de plástico, tubos de polietileno, ganchos metálicos, cinta adhesiva

Warka Water 01

Architecture and
Vision

Etiopía

2012

Warka Water es un dispositivo vital diseñado para captar el elemento más esencial que existe: el agua. Su alta estructura cilíndrica canaliza el agua de la lluvia, la niebla y el rocío y recoge hasta 100 litros al día. La malla se sirve de la fuerza de gravedad para hacer que el agua descienda por el canal y se condense en el depósito situado en la base. La torre, que aporta agua para beber y para regar, estimula asimismo la interacción social, gracias a un toldo desmontable que da sombra y proporciona cobijo. Fabricada con malla, cuerda y una celosía plegable de bambú, la torre evoca las técnicas de cestería etíopes. Su ligera construcción modular posibilita un fácil ensamblaje y transporte.

Humano

Bambú, cáñamo, pasadores metálicos, plástico bío, depósito de agua

Flite +

Tentsile

EE. UU.

2016

La Flite +, una liviana tienda de campaña que cuelga de los árboles, es la solución para mantenerse por encima de todo. Se amarra a los troncos de los árboles mediante tres correas de poliéster con el fin de proporcionar una estructura tensada y habitable con una base estable. Este hogar colgante, atravesado por una vara continua, proporciona espacio para un máximo de dos personas. Su cuerpo de malla incorporado protege de los insectos y las picaduras, mientras que el toldo extraíble permite acampar y dormir al aire libre en un refugio impermeabilizado. Como una cabaña ligera en los árboles, su peculiar estructura está diseñada para ofrecer la máxima estabilidad y el mínimo peso. La tienda se pliega y guarda en una bolsa de transporte compacta.

Aleación de aluminio anodizado, poliéster impermeable, tela mosquitera, suelo mixto de nailon y poliéster

Habitáculo vestible

Royal College of Art

Reino Unido

2016

De abrigo a refugio, este proyecto creado en colaboración surgió en respuesta a la crisis de los refugiados sirios de 2016. Diseñado siguiendo unas pautas determinadas que reflejan la experiencia de los refugiados, el Habitáculo vestible se transforma, de tal modo que esta prenda de vestir puede ser un saco de dormir o una tienda de campaña (imagen inferior). Fabricado en Tyvek, un material sintético resistente, el abrigo está aislado con Mylar e incluye cremalleras impermeabilizadas, además de una capucha y bolsillos internos para guardar objetos personales pequeños. El diseño se concibió para afrontar una migración de hasta cinco semanas. Las costuras permiten varios usos y están estratégicamente ubicadas para transformar el abrigo en una pequeña morada.

Humano

Tyvek, Mylar

LYHTY
Erkko Aarti
Finlandia
2012

Con vistas a reducir la tristeza de los largos y oscuros días invernales en las latitudes superiores del hemisferio norte, Erkko Aarti creó LYHTY como una alternativa envolvente a las lámparas SAD para el trastorno afectivo estacional. Esta tienda de campaña de múltiples caras contrasta con las estridentes alternativas disponibles en el mercado y proporciona un refugio luminoso en el que descansar y recobrar energías. Su construcción es sencilla: una estructura angular de tubos de acero soldados sostiene un doble revestimiento diáfano con luces incrustadas en la base. LYHTY («farol» en finés) es adecuado para su uso en interiores y exteriores y se controla desde dentro mediante un interruptor.

Tubo de acero, tela, luces LED

Tienda de campaña 2

Angela Luna

EE. UU.

2016

La Tienda de campaña 2 es la segunda pieza de la colección de moda humanitaria «A través de la frontera» creada por Angela Luna. La chaqueta y la bolsa se convierten en una tienda de campaña para dos personas confeccionada con materiales impermeables. Esta solución, como todas las piezas de la colección de Luna, aúna funcionalidad y estética. Se trata de soluciones realistas que abordan los temas del refugio, la calidez, la visibilidad y la vivienda para los refugiados. La prenda unisex, confeccionada en un resistente tejido de alta tecnología, compone un (elegante) refugio en dos partes. Con todo, es la humanidad, más que la tendencia, lo que impulsa a Luna a abordar temas globales a través de la moda.

Humano

Lona impermeable de poliéster, nailon, plástico, cremallera, material reflectante

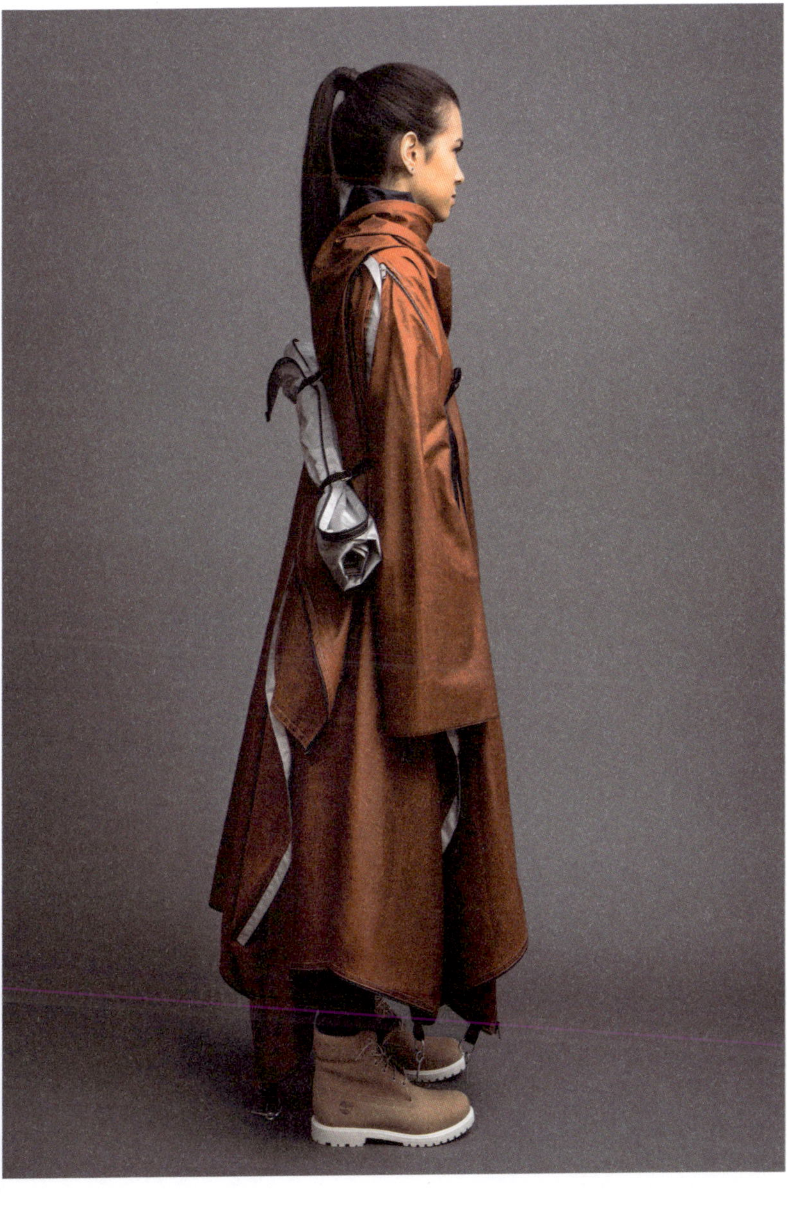

Cabaña Cometa
Frank Bloem
Países Bajos
2015

El festival anual Urban Campsite de Ámsterdam ofrece una experiencia única de interacción con el espacio público. En la edición de 2015 la cabaña Cometa de Frank Bloem se instaló en Centrumeiland, una isla artificial situada cerca de la ciudad. Este alojamiento para dos personas cuenta con una estructura de acero angular que define una vivienda y una torre con bandera. El soleado interior se fija mediante una entrada de contrachapado y cuenta con un techo transparente que sirve tanto de claraboya como de dispositivo para controlar la cometa. Accesible al público (se pueden reservar estancias cortas a través de Internet), esta curiosa vivienda es una obra de arte, además de un refugio y un lugar donde contemplar las estrellas y hacer volar una cometa.

Humano

Puntales de acero, poliéster, contrachapado y cuerda de nailon

Portaledge

Black Diamond
Equipment

EE. UU.

2005

La tienda de campaña colgante Portaledge, que desafía la gravedad (y el sentido común), ofrece una cama a cuatro vientos para los más valientes. Concebidas para escaladores temerarios, estas cornisas portátiles permiten hacer una pausa durante las escaladas de larga duración en roca. Suspendidas de un único punto de anclaje, estas estructuras de tubos de acero y tela se montan con facilidad. Las hamacas proporcionan todo lo básico para la vida en las alturas: un toldo impermeable para sobrevivir a las tormentas, ganchos y mosquetones para sujetar el material y un espacio generoso con respecto al peso para disfrutar de comodidad y seguridad.

Estructura de acero, lona impermeable de poliéster, cuerda, cremallera, pernos de acero

Piilo

Markus Michalski

Product Design

Alemania

2011

Concebida a modo de refugio, la Piilo es una morada con estilo. Fabricada con ocho paneles delgados y con estructura de varillas de fibra de carbono recubiertas de un tejido extensible traslúcido, proporciona un refugio elegante. A partir de un único arco apilado de apenas unos centímetros de grosor, la Piilo se transforma en una cúpula de cerca de 2,5 m de anchura. Como un inmenso abanico diáfano, sus paneles de doble remate se sujetan por la parte central y rotan sobre un punto calculado con precisión. El resultado, una tienda ligera, transportable y de construcción meticulosa, es un refugio refinado para su uso en interiores.

Humano

Fibra de carbono, tela elástica

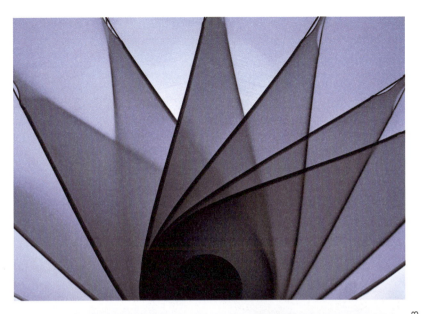

Cuña

Heimplanet

Alemania

2013

Los fundadores de Heimplanet dan fe de su pasión por la vida al aire libre con Cuña, una tienda para dos personas con varillas inflables que permite que los campistas dediquen menos tiempo a montar su habitáculo y más a disfrutar de aventuras. Integrada por tres estructuras conectadas que pueden erigirse con una única bomba de aire, Cuña es fácil de inflar y de desinflar. Con poco menos de 3 kg de peso, es un complemento práctico y ligero para explorar la naturaleza y, además, cuenta con una piel impermeable que repele la lluvia y el rocío. El exterior llama la atención por su revestimiento azul celeste; el interior está iluminado y cuenta con unos útiles bolsillos.

Humano

Uretano termoplástico inflable, tejido de poliéster de gran elasticidad

Pabellón Jello

Cornell University

EE. UU.

2015

El pabellón Jello tiene el aspecto de un huevo de ave gigantesco. Es obra de alumnos de Cornell University, quienes, para su diseño, se inspiraron en las estructuras inflables de la década de 1970. Su forma esférica está compuesta por más de 100 láminas de revestimiento plástico, termo-selladas para crear un volumen hermético que se infla con ayuda de un potente ventilador. Los globos que llenan el espacio interior permiten disfrutar de un entretenido retiro del estrés de finales del semestre. Con un precio de fabricación inferior a 300 dólares, el pabellón Jello fomenta el juego creativo y constituye un divertido ejemplo de la versatilidad del plástico.

Paneles de plástico, velcro

**Prototipo de tienda
solar para
Glastonbury**
Kaleidoscope and
Orange
Reino Unido
2009

En medio del barro y el caos del festival de música de Glastonbury, en Inglaterra, esta tienda de campaña con paneles solares se antoja un lugar cálido y acogedor. Su revestimiento de tejido extensible incorpora hilos fotovoltaicos. El diseño garantiza la máxima absorción de luz solar mediante tres placas situadas en la cúspide de la cúpula. Tras recopilar energía durante el día para alimentar los dispositivos móviles, de noche las placas solares invierten su rol y transforman la tienda en un caparazón luminoso. Los campistas cansados incluso pueden localizar su tienda iluminándola a distancia mediante un mensaje de texto. Si bien no resuelve el problema de la suciedad de los baños, esta novedosa idea mantiene a los campistas a cubierto y conectados.

Humano

Tejido fotovoltaico, hilos solares, plexiglás, plástico

roomoon

Hanging Tent
Company

Reino Unido

2014

La roomoon, una tienda de campaña para trotamundos, es una estructura ingeniosa, ligera y portátil que se cuelga de árboles para proporcionar una habitación con vistas. La esfera, confeccionada a mano, está fabricada en acero inoxidable forrado de una lona impermeable muy resistente y cuenta con un suelo de pino ligero bajo el cual se esconde espacio de almacenamiento. El conjunto se suspende mediante un elevador personalizado y se estabiliza con tres eslingas (Dyneema) de polietileno internas. Las proporciones de todos los elementos están calculadas para ofrecer la máxima funcionalidad. El suelo se convierte en una práctica bolsa de viaje y las estructuras están pensadas para caber en el maletero de cualquier automóvil.

Acero inoxidable, lona impermeable, pino, eslingas Dyneema

Humano

Sin ruedas

Una y dos ruedas

Tres ruedas

Cuatro ruedas

Cinco o + ruedas

Trineos

Agua

Bibliobeach

Matali Crasset

Francia

2013

Esta biblioteca móvil, ideal para la playa, con más de 300 títulos, lleva la literatura al lado del mar. Junto con vendedores ambulantes de sillas, helados o aperitivos, esta ingeniosa estructura permite disfrutar de un día de playa perfecto. Un vistoso toldo naranja cubre la estructura y proporciona sombra a los libros y los lectores. Construida con lona y provista de un armazón de tubos de acero, dispone de tres zonas con colchonetas resistentes en color turquesa donde se puede leer cómodamente mientras se toma el sol. Un proyecto lírico y ligero en sintonía con el interés de Crasset por las estructuras pequeñas y con el que aborda el tema del ocio estival.

Sin ruedas

Tubos de acero, lona, pesos de hormigón

POP PUP

MOTOElastico
(Simone Carena y
Marco Bruno) con
VCUQatar
Marruecos
2016

Esta obra de MOTOElastico, que participó en la instalación «Estructuras TENTativas» de la sexta Bienal de Marrakech, reinventa la tienda de campaña. La estructura desplegable integrada por cinco elementos se adapta al entorno urbano mediante un cerramiento de vivos colores sostenido en el aire por escaleras de mano de aluminio. La pieza evoca la rica paleta cromática de Marruecos mediante el uso de vistosas alfombras senegalesas adquiridas en un zoco cercano. Las alfombras aportan sombra y pueden adaptarse para crear un interior más o menos cerrado. En esta tienda sobredimensionada, vistosa e ingeniosa, se emplean materiales sencillos pero llamativos para crear una versión novedosa de un arquetipo.

Alfombras, soportes de acero, escaleras de aluminio

Refugio plegable plano

Form-al
Alemania
2010

El Refugio plegable plano aborda la necesidad de proporcionar hogares sencillos a quienes carecen de uno y se presenta como una alternativa a dormir al raso. Este diseño autoportante construido con tablones reciclados en techo y paredes y con paneles alveolares de plástico y metal reciclado en el suelo aprovecha la fuerza de sus dos formas piramidales intersecadas para mantenerse en pie. La estructura resultante presenta una planta cuadrada y un techo extensible. Se entrega plano, embalado en un cartón que se transforma en mobiliario y es una posible solución para dotar de viviendas a las zonas catastróficas. A diferencia de una tienda de campaña, crea una estructura robusta y estable para uso semipermanente o incluso permanente.

Sin ruedas

Paneles de Dibond, suelo de HeliPAN, vidrio acrílico, fibra de vidrio

Y-BIO
Archinoma
Ucrania
2009

Diseñada para un lugar costero ventoso situado cerca de Crimea, la estructura de acampada modular Y-Bio sirve para poner a prueba la resistencia de la estructura diseñada por Archinoma. Aprovechando la fuerza de las formas piramidales, el sistema emplea diversos módulos tetraédricos para crear un «octaedro estrellado», una estrella de ocho puntas. Su armazón, sólido y ligero al mismo tiempo, está revestido con paneles traslúcidos y opacos y con retales de lona en la parte superior de la estructura. Esta tienda con bajo impacto ambiental alberga una cafetería, una caseta de playa y un lugar para relajarse, y puede ampliarse o reducirse de tamaño con solo modificar los materiales de los paneles para variar su aspecto y función.

Marco de acero, lona, madera, escalera de acero

Pneumad

Min | Day	
EE. UU.	
2014	

El Pneumad se inspira en el principio de la arquitectura nómada inflable popularizado en la década de 1960. Concebido originalmente para «Truck-A-Tecture», una exposición de propuestas móviles y técnicamente avanzadas, se trata de un prototipo para la vida en movimiento. El amplio y versátil espacio de Pneumad, una media cúpula formada por tubos de nailon hexagonales y paneles antidesgarros Ripstop, puede usarse tanto para un retiro solitario como para acoger pequeñas reuniones. Guardado en una compacta carretilla de acero que se suministra con una bomba de aire, se monta y desmonta fácilmente. Pese a ser un mero experimento, podría multiplicarse para formar estructuras más complejas.

Sin ruedas

Tubos de nailon, plástico, tejido antidesgarros Ripstop

Oruga

Lambert Kamps
Países Bajos
2007

Oruga es un cine inflable itinerante. Instalado en parques y festivales para proveer un espacio a cubierto, llama la atención por su forma roja acolchada. Construido con láminas de PVC y conformado mediante conexiones de cables de acero, el revestimiento de doble capa se tensa y se convierte en un espacio acogedor al llenarse de aire. El túnel, que crea un cómodo entorno en el que disfrutar de una película cuando hace calor o llueve, es resistente al viento y la lluvia. Sus curiosos «pies» de oruga son estables, ligeros y discretos. Con una gran pantalla en un extremo y aforo para treinta espectadores, esta oruga nómada permite disfrutar de una noche en el cine atípica.

PVC, cables de acero

Ecocápsula

Nice Architects

Eslovaquia

2008

Parecido a un DeLorean cósmico, este pequeño hogar para intrépidos es la respuesta de Nice Architects al aumento del coste de vida y en defensa de la libertad de movimiento. La Ecocápsula, que permite una vida cómoda y autosuficiente, se ha concebido para funcionar sin conectarse a la red de suministros y dispone de espacio para dos personas. Con un caparazón de fibra de vidrio hermético y estructura de aluminio, genera electricidad mediante las placas solares integradas y una turbina eólica. Alberga una cocina, un salón y espacio para dormir, así como una ducha, un lavabo y un inodoro de compostaje. Dispone de cuatro ruedas que permiten rotarla o empujarla. Sus puertas, similares a las alas de una gaviota, completan un prototipo futurista sostenible.

Sin ruedas

Fibra de vidrio, aluminio, plástico, plexiglás, placas solares

ReActor

Alex Schweder,
Ward Shelley

EE. UU.

2016

Dispuesto en equilibrio sobre una columna de hormigón, este proyecto artístico de investigación es una residencia inestable para dos personas. Conectada por un pivote central, la estructura cambia en función de las fuerzas exteriores y del movimiento y el peso de sus inquilinos. Los artistas Alex Schweder y Ward Shelley tildan esta estructura de «arquitectura de la *performance*». Completamente acristalada, expone a la vista la vida de los residentes durante sus cinco días de ocupación. Exige habilidades equilibristas para desempeñar actividades cotidianas y ajustes constantes a medida que la estructura se inclina y gira con el viento. Las alteraciones incesantes confieren un significado nuevo al aforismo moderno de «una máquina para vivir».

Hormigón, estructura de madera, vidrio, acero

La Matriz

Pontificia Universidad
Católica del Perú

Perú

2015

El diseño de este refugio creado por estudiantes peruanos tiene en cuenta las características geofísicas del país y el riesgo de terremotos y constituye una solución innovadora a la ayuda de emergencia. Su estructura circular de aluminio crea una malla autoportante a gran escala, con la que se consigue una forma ligera y estable. El volumen, cuyo peso se reparte por todo el armazón metálico ahusado, está revestido de espuma aislante y de docenas de «pétalos» de aluminio enganchados a la malla subyacente. Como si de un gran hemisferio plateado se tratara, las ventanas y puertas se crean simplemente retirando pétalos. Con unas dimensiones óptimas para poderse transportar por tierra, mar o aire, se embala en una caja resistente relativamente ligera.

Sin ruedas

Aluminio, espuma aislante

Tienda de almohadas

Lambert Kamps

Países Bajos

2010

Fabricada con más de cien *airbags* hinchados, esta tienda efímera para interior y exterior concebida para festivales y eventos es fácil de montar y fijar. El proyecto, una creación del artista y diseñador Lambert Kamps, puede iluminarse a voluntad y se fija mediante las arandelas metálicas de los bordes exteriores. La escala y la forma del proyecto pueden ajustarse a distintos tamaños en función de su uso y finalidad. Puede emplearse tanto en interiores como en exteriores y existe la opción de personalizarla dotándola de una base lanuda para crear un espacio acogedor que recuerda a las típicas fortificaciones infantiles con cojines y, por descontado, a las luchas de almohadas.

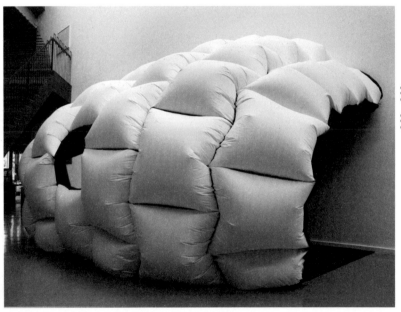

Plástico, arandelas metálicas

Módulo de excursión
de ensueño D.E.M.

Joachim Falser

Italia

2009

Concebida para conmemorar el 40.º aniversario del primer alunizaje, esta máquina utópica es una «nave espacial» de madera integrada por tres partes que insta, tal como su nombre indica, a viajar al mundo alternativo de los sueños. Su disposición tripartita crea zonas separadas para dormir y para la reflexión íntima. Una vez cerrado, el módulo se transforma en un sólido fractal de madera elevado sobre robustas patas. Al abrirse, el proyecto revela unos equipamientos interiores forrados de pino. Diseñado como proyecto de graduación, D.E.M. está fabricado en pino piñonero suizo. En el interior, unas cuerdas elásticas proporcionan espacio de almacenamiento. Tanto dentro como al aire libre, D.E.M. imprime un nuevo significado a la exploración espacial.

Sin ruedas

Madera de pino, clavos, cuerda elástica

Burbuja para bancos de parque
Thor ter Kulve
Reino Unido
2014

La Burbuja para bancos de parque es la propuesta de Thor ter Kulve para la vida urbana contemporánea. Inspirado por las estancias de su creador en Ámsterdam y Londres, este proyecto crea un espacio público-privado que transforma un sencillo banco de madera en un lugar de retiro hinchable dotado con un cargador USB alimentado con energía solar. Sin lujos, el proyecto proporciona un espacio de trabajo tranquilo. La crisálida, a la que se accede por una puerta con cremallera, se acopla bajo el asiento de madera formando una piel opaca. La burbuja está confeccionada con materiales reciclados y reduce la idea del «hogar» a su más pura esencia: un espacio que alimenta dispositivos digitales y protege de los elementos.

Madera reciclada, nailon, placa solar, unidad de recarga USB

Goahti

Victor Leurs

Países Bajos

2009

Esta vistosa tienda de campaña de Victor Leurs reinterpreta los hogares nómadas tradicionales. Goahti es una de las catorce moradas incluidas en el festival Urban Campsite de Ámsterdam. Su forma roja cónica, que imita los paneles de madera rústicos de las viviendas en las que se inspira, se mantiene sujeta mediante unas cinchas de nailon que se entretejen en la parte superior e inferior de la estructura. Formado con paneles de fibra de vidrio, el cerramiento ligero y robusto se monta fácilmente y crea espacio suficiente para acoger una cama de matrimonio donde tumbarse a disfrutar de su luminoso y colorido interior.

Sin ruedas

Fibra de vidrio, cinchas de nailon

**Cápsula de
emergencia de Noé**

Cosmo Power

Japón

2011

He aquí una Cápsula de emergencia pensada para la élite que pueda
costeársela. Como la imperecedera Arca homónima, esta alegre
y pequeña vaina está diseñada para hacer frente a huracanes, seísmos
o tsunamis, un globo desafiante que flota en el agua, transpirable y
fabricado a prueba de impactos. Diseñada por los ingenieros japoneses
Cosmo Power, la cápsula se presenta en vivos colores para captar la
atención de los equipos de rescate. En su interior caben cuatro adultos
e incorpora un asiento con ventana. En épocas menos turbulentas,
la vistosa vaina de supervivencia sirve como casa de juegos infantil.

Acero, aluminio, forro térmico cerámico, acero inoxidable
para aplicaciones marítimas, fibra de vidrio

Refugio de emergencia Origami digital
LAVA
Australia
2011

Concebido para una exposición en Australia que exploraba las posibilidades del diseño en la construcción de refugios para situaciones de emergencia, el refugio Origami digital parte de un volumen pentagonal vaciado para crear su amorfo interior de madera. Inspirado en la estructura de una molécula de agua y en las cápsulas habitacionales prefabricadas, está formado por lamas de contrapachado. La ligera separación entre estas lamas proporciona una visión tamizada tanto desde el interior como desde el exterior. La estructura destaca por su llamativo volumen combado, por los bordes pintados de verde y por las luces LED del interior, en un efecto que, desde la distancia, recuerda a un farolillo encendido.

Sin ruedas

Contrachapado, luces LED

Cajas de escalada
para parques
Kodomo no Kuni
Anónimo
Japón
—

Ubicado en Kodomo no Kuni, o «El país de los niños», este proyecto se encargó para una inmensa reserva natural en Yokohama, Japón. Formadas por prismas hexagonales apilados, con estructuras resistentes y paneles de madera, las distintas unidades presentan perforaciones para facilitar la escalada. La estructura tiene la altura de tres módulos apilados y las diversas caras abiertas y cerradas crean espacios para entrar a cuatro patas. Las formas de madera generan espacios interconectados para esconderse y explorar, son robustas pero ligeras y pueden transportarse y ensamblarse *in situ*.

Madera, refuerzos de acero

APoC

IK Studio y
Canadian
Homelessness
Research Network

Canadá

2014

Este proyecto, que ofrece una solución respetuosa y barata para las personas sin techo, es un refugio ligero y modular fácil de transportar. La forma elíptica del APoC (siglas de prototipo de cápsula arquitectónica en inglés) viene dada por las planchas de abedul laminadas, baratas y maleables dispuestas formando una celda de doble capa y fijadas con tornillos y tuercas. El prototipo también se ha concebido como espacio recreativo para parques y zonas infantiles, en un intento por paliar el estigma social de dormir al raso. Con más de 200 000 personas sin hogar en Canadá, el APoC permite afrontar con optimismo la lucha por dotar de viviendas seguras y asequibles a quienes viven en las calles.

Sin ruedas

Abedul laminado, tornillos metálicos

Unidome

James Towner-Coston

Reino Unido

2014

Inspirada por la estructura segmentada de una naranja, la Unidome es una cúpula estable donde acampar, descansar, divertirse o jugar. Creadas por James Towner-Coston, estas cúpulas con estructura de madera son unidades ligeras fáciles de ensamblar. Con cerramientos de tela y acabados traslúcidos, los módulos ofrecen luz, sombra y privacidad. Como una yurta contemporánea, el diseño está coronado por una claraboya de resina polimérica termoplástica transparente que permite la entrada de luz natural difusa y enmarca vistas del cielo. Con una magnífica entrada que se abre como si de las alas de una gaviota se tratara, la Unidome es una alternativa brillante a los sistemas de vivienda modulares.

Madera de fresno, tejido laminado, madera, polietileno

Ruup

Academia de Artes
de Estonia

Estonia

2015

Ruup, un refugio de bosque que se funde con su entorno natural, es un proyecto en colaboración realizado por un grupo de estudiantes de arquitectura y ubicado en el municipio estonio de Võru. Cual megáfonos enormes, estas estructuras permiten practicar el arte de la meditación sosegada. Fabricadas casi íntegramente en madera, se han concebido como una «biblioteca en el bosque» que insta a las personas a detenerse y escuchar los sonidos de la naturaleza. Lo bastante grandes para que varias personas puedan acurrucarse en su interior y con el ancho suficiente para tumbarse, han albergado conciertos y han proporcionado refugio a senderistas y campistas. Su forma cónica ahusada permite transportarlas rodando a otros puntos del bosque.

Sin ruedas

Madera de pino

Dom'Up

Bruno de Grunne,
Nicolas d'Ursel

Bélgica

2015

Dom'Up, un proyecto realizado por un arboricultor y un arquitecto, es un refugio suspendido en los árboles en sintonía con su entorno. En lugar de batallar con las ramas, Dom'Up aprovecha el espacio entre los árboles para cubrir las necesidades de privacidad y apoyo estructural y para disfrutar las vistas del bosque. Una plataforma de lona de doble capa resistente a los rayos UV con cubierta de tela impermeable, una gran terraza y un interior espacioso, Dom'up provee espacio para entre dos y cuatro personas. Su estructura de acero galvanizado con suelo de madera natural crea unos cimientos sólidos para esta ingeniosa e inspiradora cabaña.

Estructura de acero, tela, lona impermeable, madera, cuerda, red

Galería inflable
Melissa Berry
EE. UU.
2009

Diseñada para exponer obras de arte en el festival El Cósmico de Texas, esta galería inflable prefabricada es ligera e itinerante. Con armazón de tubos de PVC, su cuerpo, integrado por tres grandes membranas de plástico, está remachado con un diseño regular de arandelas metálicas que le confieren un aspecto «guateado», una alusión a las obras de arte cosidas a mano expuestas en su interior. Con un coste de apenas 150 dólares, esta atractiva forma se ensambla mediante cables de plástico y cinta de embalar y se monta fácilmente en una tarde. La estructura flexible aporta sombra para guarecerse del implacable sol de Texas durante el día y compone un marco ondulante e iluminado de noche.

Sin ruedas

Tubos de PVC, plástico, arandelas metálicas, cintas de embalar, abrazaderas de plástico

Puente aéreo

Lambert Kamps

Países Bajos

2001

Este proyecto, uno de los varios experimentos con estructuras hinchables realizados por el artista Lambert Kamps, examina los límites de una estructura inflable de gran envergadura. El puente flexible, que puede salvar los diversos anchos de los canales de Ámsterdam, es lo bastante sólido para sostenerse a sí mismo y a las personas que lo atraviesan. Fabricado en lámina de PVC e inflado con ayuda de una bomba de aire, en esencia se trata de un tubo cuadrado y hueco que puede atravesarse y que, gracias a sus tres hileras de ojos de buey, proporciona vistas del canal. Una vez inflado, pasa de ser un sobre de plástico blando a convertirse en una estructura firme y estable y en un modo divertido de recorrer la ciudad.

PVC, malla de cama elástica, cuerda

Exo
Reaction
EE. UU.
2005

Esta resistente vivienda para cuatro personas, ideada tras el paso del huracán Katrina, cubre la necesidad básica de refugio. Modesta y con una estructura eficiente, la Exo es más estable que una tienda de campaña y más accesible que una autocaravana: una solución ideal para proporcionar un hogar tras un desastre natural. Inspirada en los vasos de poliestireno extruido apilables, duraderos y ligeros, la Exo provee alojamiento instantáneo, estable, ligero y seguro. Puede transportarse por carretera, en tren o en avión, y su estructura en dos partes es tan liviana como para que varias personas puedan trasladarla a mano. Las unidades se insertan en las ranuras de una base, se fijan con pasadores e incluyen mesas de oficina o camas plegables, así como enchufes incorporados.

Sin ruedas

Revestimiento compuesto, plástico, arena, luces LED

Tienda Trampolín
Atlantic Trampolines
Reino Unido
2005

Esta es la tienda de campaña ideal para los amantes de los saltos y las acampadas. Con 2,5 m de diámetro, las cúpulas se tensan sobre una cama elástica y componen el refugio veraniego por excelencia. Sostenidas por tres arcos de tubos metálicos plegables y fijadas a la estructura mediante unas bridas de velcro, las tiendas permiten disfrutar de una guarida impermeable donde dormir. Este modelo incluye ventanas y puertas de malla que se cierran totalmente con cremallera o se pueden dejar abiertas con la ayuda de botones alargados, sistema con el que se consigue ventilar sin peligro de que entren los bichos. Confeccionadas en poliéster resistente e ignífugo, las cúpulas plegables convierten las camas elásticas en casas de recreo en un abrir y cerrar de ojos.

Armazón de acero, tubos de metal, poliéster, malla

Rendez-vous avec la Vi(ll)e

Hans-Walter Müller

Francia

2014

Ligera, móvil y llena de aire, esta estructura efímera compone una bella construcción con vistas al parque Martin Luther King en Batignolles, París. Diseñado para albergar la exposición de tres días «La creación de Batignolles», el pabellón inflable creó un espacio luminoso e impermeable que contenía maquetas, vídeos y prototipos que explicaban el futuro de la reurbanización de la zona de Batignolles. Con 16 m de diámetro, la cúpula se acomoda entre dos accesos que sirven de estabilizadores. Fijada en todo el perímetro, alcanza rápidamente toda su altura con ayuda de una bomba de aire y crea un pabellón con vistas panorámicas de 360 grados.

Sin ruedas

Plástico, contrachapado, caucho, metal

Skum

Bjarke Ingels Group (BIG)

Dinamarca

2016

Diseñado por el despacho de arquitectos danés BIG, Skum es un toldo de burbujas inflables. Este pabellón estival itinerante, con capacidad para 170 amantes de la fiesta, es un elemento móvil que ya se ha instalado en el Festival Roskilde de Dinamarca, la Feria de Arte Chart y el ARoS Aarhus Kunstmuseum. Skum («espuma» en danés) se infla mediante dos turbinas eólicas y se ancla con ayuda de unos mínimos vientos. La iluminación la aportan luces LED incorporadas que crean un espacio bulboso resplandeciente de noche. Ahora bien, se trata de un mundo efímero. Cuando acaba la fiesta, Skum se desinfla y se guarda rápidamente... hasta la siguiente ocasión, claro está.

Plástico, turbinas eólicas, luces LED, cuerdas

Blob VB3

dmvA architecten
Bélgica
2009

Blob VB3, un refugio blanco y luminoso, es la solución del estudio belga dmvA a las restricciones urbanísticas burocráticas que les habían denegado reiteradamente el permiso para ampliar sus oficinas. Este lugar de retiro desafía las convenciones y las objeciones del Ayuntamiento, e incorpora una cocina, un dormitorio y un cuarto de baño en un único volumen de apariencia espacial. Con una estructura de madera enyesada y con relleno de poliéster, la estructura incluye espacios de almacenaje empotrados para aprovechar al máximo la superficie en planta. Un extremo de la cápsula se abre hacia arriba y crea una especie de porche. Las dimensiones son similares a las de los tráileres estándar para facilitar el transporte. Se trata de una respuesta inteligente al papeleo abusivo.

Sin ruedas

Estructura de madera, yeso, poliéster

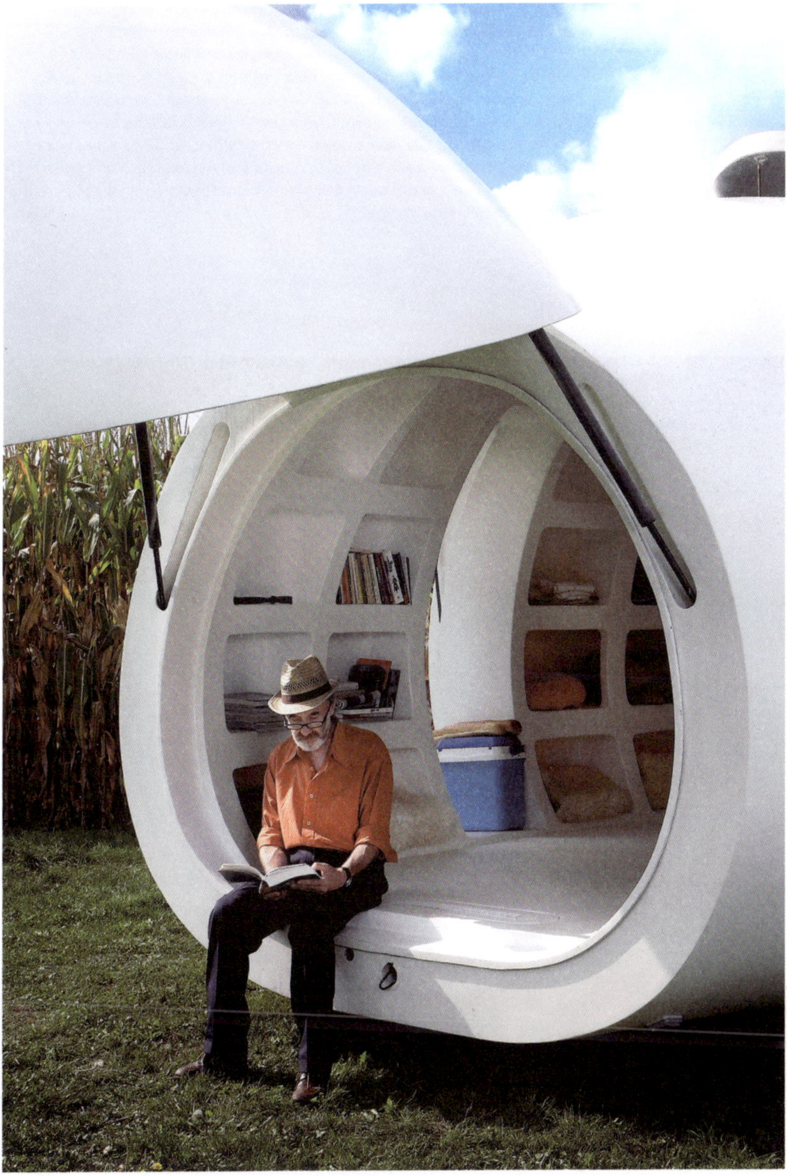

Polaris M

MUD Projects

Países Bajos

2013

Este innovador diseño se creó para Urban Campsite, un camping experimental situado cerca de Ámsterdam. La ecléctica propuesta aprovecha objetos encontrados y los reconfigura formando un cómodo lugar para alojarse. En lugar de añadir más material al paisaje urbano, MUD reutilizó un viejo silo de poliéster. Al colocar el objeto de lado y añadirle unas inusitadas patas de acero de un color verde brillante, el diseño se distancia del uso y la forma de sus piezas originales. Enmarcado por una entrada de vidrio con bisagras, el interior incluye bancos y una mesa de madera que completan la transformación del silo en un lugar donde comer, dormir y descansar.

Sin ruedas

Fibra de vidrio, metal, madera, metacrilato, acero, poliéster

OTIS – Espacio independiente óptimo para viajar

Green Mountain College

EE. UU.

2014

El espacio independiente óptimo para viajar (OTIS por sus siglas en inglés) es una visión alternativa del sueño norteamericano creada por 16 alumnos del Green Mountain College. Cabe en un remolque estándar y su estructura de madera incluye una sorprendente lista de prestaciones: cama, escritorio, fregadero, estufa de madera, lavabo y colector de agua de lluvia. El OTIS, móvil, económico y de escaso mantenimiento, cuenta asimismo con una placa solar de 120 vatios para alimentar electrodomésticos. Construido mediante fabricación mecánica con control numérico computarizado (CNC), el diseño no se centra en la propiedad sino en la vivienda. Diminuto, autosuficiente y remolcado por coche, invita a llevar una existencia nómada sostenible.

Chasis de acero, madera, vidrio, conducto de estufa DuraVent, placa solar

Refugio acogedor

Lambert Kamps

Finlandia

2013

Este refugio enrollado, una variación creativa de las grandes estructuras inflables, contraviene su estética militar, tal como se infiere de su nombre. En lugar de utilizar un caparazón de gran envergadura, el Refugio acogedor consiste en un estrecho tubo que se infla y luego se sella. Fijada mediante correas de color rojo vivo con hebillas ajustables, esta estructura autosuficiente aprovecha su propia fuerza inherente y puede ser manipulada para adoptar formas distintas. Su exterior de color tostado, parecido a un saco, contrasta con el interior, donde unas mantas de cuadros confeccionadas en lana crean el espacio «acogedor» al cual alude el nombre.

Sin ruedas

Tubos inflables, tejido para aplicaciones náuticas, mantas, cinchas

Ciudad encallada

Estudio de
arquitectura Mixuro
España
2014

Creado para las Fallas de Valencia, una celebración de cinco días de duración que concluye con una hoguera ritual, este proyecto es una obra colectiva hecha con cartón. Construida a modo de efigie arquitectónica por el conjunto de la comunidad, esta cúpula geodésica se compone de docenas de grandes triángulos, cada uno de los cuales expresa la identidad de distintos grupos de creadores que contribuyen a la estructura general. Situada sobre un suelo de arena, esta estructura ligera y modular creó un espacio efímero donde jugar, un entorno lleno de color y ambientado por los cambios de luz y sombra diurnos. A la conclusión de las Fallas, la cúpula se quemó en los actos de la *cremà*, una fiesta con fuego y petardos que tiene lugar en toda la ciudad.

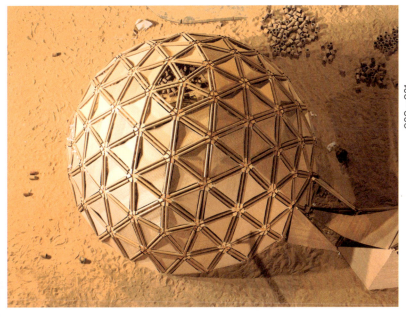

Cartón, contrachapado, madera, tornillos metálicos

Cabaña Corogami

David Penner

Architect

Canadá

2010

Con precisión japonesa y aire canadiense, este refugio para el hielo apareció de la nada bajo el manto de la noche. Añadido sorprendente al concurso anual Warming Huts de Winnipeg, su presencia no solicitada permitió a los ateridos patinadores disfrutar de su cálido fulgor. Fabricada con láminas de plástico corrugado, la forma ligera y resistente permite guarecerse de los penetrantes vientos. Su belleza radica en su simplicidad: cuatro pliegues forman una estructura estable y un cerramiento que deja pasar la luz acoge un amplio espacio en su interior. En invierno se fija regando las patas de contrachapado para que, al helarse, queden soldadas al hielo. En primavera, con el deshielo, las juntas se derriten y se puede recoger y guardar (ocupa solo 100 mm de ancho).

Sin ruedas

Plástico corrugado, contrachapado, tornillos metálicos

Espacio habitable
portátil

Winfried Baumann

Italia

2009

Consciente del aumento de nómadas urbanos, el artista afincado en Alemania Winfried Baumann creó «Sistemas para construir la vida», una serie de soluciones para personas sin hogar en la que trabaja desde 2001. Esta interpretación, llamada Espacio habitable portátil, se compone de jaulas de malla de acero apiladas, que se entregan con bolsas para transportarlas y sacos de dormir. Las jaulas proporcionan un mínimo de privacidad y seguridad y presentan el tamaño de una cama individual. Elegante y sobria, la propuesta recuerda a soluciones similares adoptadas frente al problema de la superpoblación acuciante de ciudades como Hong Kong. De manera sutil, el proyecto subraya el reto que representa no tener un techo bajo el cual vivir.

Malla de acero galvanizado, contrachapado,
sacos de dormir

Firefly
Garrett Finney
EE. UU.
2014

A medio camino entre una «caravana y una caja de herramientas», Firefly se inspira en la experiencia del diseñador Garrett Finney en la NASA. El resultado es un vehículo recreativo móvil con patas resistente, ligero y compacto. Firefly se puede transportar en un remolque o una camioneta y proporciona lo básico para vivir temporalmente. En el interior, el cerramiento con armazón de acero alberga el espacio justo para una cama de matrimonio plegable. Las ventanas en todas las caras y dos grandes puertas con bisagras permiten disfrutar de una experiencia al aire libre completamente envolvente. Un toldo amarillo regulable, atado con «codos» naranjas, protege del sol. Con espacio de almacenaje y depósitos de agua, podría ser la mejor apuesta para disfrutar de aventuras en la naturaleza.

Sin ruedas

Aluminio, espuma EPS

**Unidad de
investigación
de montaña**

General Design

Japón

2008

Emplazadas dentro de la residencia Kobayashi, un retiro rural para fines de semana, estas tiendas de campaña North Face con forma de cúpula y vivos colores pueden utilizarse durante todo el año. En pleno bosque y expuestas al clima, las cúpulas ofrecen tanto un alojamiento adicional como un campamento móvil. Con capacidad para hasta ocho personas y acondicionadas para acoger campamentos base, están diseñadas para soportar temperaturas extremas. Inspiradas en las estructuras geodésicas inventadas por Buckminster Fuller en la década de 1950, las cúpulas son intrínsecamente resistentes. De color amarillo como la yema del huevo, los modelos de dos metros son un equipamiento altamente técnico usado aquí por puro deleite.

Nailon, aluminio

Refugio acordeón

reCover

Matthew Malone,
Amanda Goldberg,
Jennifer Metcalf,
Grant Meacham

EE. UU.

2008

Este refugio en forma de acordeón para cuatro personas nos recuerda el papel que puede desempeñar la arquitectura en situaciones catastróficas. Construida en polipropileno, esta forma extensible está concebida como solución de respuesta rápida para situaciones de pérdida del hogar y desplazamiento. Fácilmente transportable por tierra, mar o aire, el refugio reCover ofrece una residencia temporal que provee un hogar barato y reciclable de manera rápida. Reforzados con materiales autóctonos para ofrecer un aislamiento y una comodidad mayores, estos refugios de una sola unidad pueden ensamblarse para acomodar a familias numerosas.

Sin ruedas

Polipropileno

Remolque fantástico

Cheryl Baxter

EE. UU.

2012

Efímera y fantástica, esta instalación consta de cinco columnas que se mecen sobre una base de remolque adaptada. Esta obra móvil combina sinuosos tubos de tela en tres partes con ventiladores industriales suspendidos de columnas de acero ancladas a la base del remolque. Cuando está desplegada, el aire agita las columnas mientras el nailon baila y la organza se desliza en torno a compartimentos ligeros a escala humana. El proyecto, que incluye asientos en la base del remolque, invita a los transeúntes a detenerse un rato en el interior de este sorprendente entorno urbano. Al anochecer, las columnas vuelven a metamorfosearse, cuando la iluminación LED integrada las convierte en faroles que bailan creando un espectáculo público fascinante.

Base de remolque, Aluminet, tejido antidesgarro Ripstop, ventiladores, acero, AstroTurf

Remolque A–Z

Andrea Zittel

EE. UU.

2000

El campamento de remolques A–Z West, situado cerca del Parque Nacional Joshua Tree, forma parte de una investigación más extensa de Zittel sobre qué es verdaderamente necesario para sobrevivir y qué es prescindible. Los doce remolques de acero y aluminio diseñados por la artista ofrecen un alojamiento espartano donde los visitantes pueden hospedarse dos veces al año a cambio de una hora de trabajo diaria. Enclavados entre las maravillosas formaciones rocosas del desierto, los remolques ofrecen un sencillo espacio con un colchón, perchas para la ropa y una rejilla de ventilación. Un panel transparente enmarca las vistas del cielo y el paisaje. Ligeras, estas cabinas se pliegan, transportan y reensamblan fácilmente.

Sin ruedas

Soportes de acero, contrachapado, plexiglás, algodón

**Puesto ambulante
para Bruuns Bazaar**

Bureau Detours

Dinamarca

2011

El diseño de este diminuto y acogedor puesto ambulante creado para la marca de ropa Bruuns Bazaar se ha inspirado en el encanto típico de una pequeña tienda de barrio. Reminiscente del glamur de los antiguos baúles de viaje, su piel negra de aspecto industrial oculta en el interior las perlas de la nueva temporada. El contenedor presenta un núcleo de contrachapado con detalles hechos a medida para colgar y apilar las prendas. Desde las perchas personalizadas y la caja registradora plegable hasta los espacios de almacenamiento que se transforman en expositores, todos los elementos del interior de este ingenioso comercio de una célebre marca de moda danesa están tallados en madera. La flecha de neón señala una experiencia de compras cálida e innovadora.

Sin ruedas

Contenedor de mercancías, contrachapado, luces fluorescentes

Graph

Rintala Eggertsson
Architects

China

2009

Creado para la exposición «Travesía: diálogos en torno a la arquitectura de emergencia» acogida por el Museo Nacional de Arte de China, Graph es una unidad modular que ofrece hogares estables y sólidos para situaciones de crisis. Ambas variaciones del diseño se han fabricado en madera laminada y están revestidas por una sobrecubierta textil que proporciona aislamiento e impermeabilidad. La forma rectilínea y compacta posibilita un fácil transporte: desmontado, el refugio se reduce a un kit de piezas delgado que puede llevarse hasta terrenos escarpados y remotos. Graph reúne los requisitos vitales del hábitat humano en tales situaciones: tranquilizador, robusto, ligero y barato, sus sencillas formas fomentan la recuperación práctica y emocional.

Contrachapado laminado, lona de plástico

Pequeña habitación móvil

Tian Yuan
y Xu Beiwen

China

2011

Esta diminuta habitación modular portátil diseñada por estudiantes de posgrado de la Universidad Forestal de Nankín, en China, es una solución barata para disfrutar de un espacio privado, fácil de montar y personalizable. Dentro de la estructura con estampado de damero, un lecho de cartones y pequeños cajones que se integran con el revestimiento conforma el humilde interior. La disponibilidad de estos materiales posibilita su fabricación a un costo asequible, con un precio de venta de unos 300 dólares. Dispuesta como un simple prisma cúbico, la Pequeña habitación móvil hace honor a su nombre y se monta y desmonta en menos de una hora.

Sin ruedas

Armazón de acero, madera, madera aglomerada, plástico, plexiglás

KODA

Kodasema
Estonia
2016

KODA, un diseño del colectivo estonio Kodasema, es una vivienda móvil que puede ensamblarse en un solo día y reconoce la importancia del hogar y del entorno. Sin cimientos, se construye con componentes prefabricados. Enmarcada por una cristalera integral encastada en la forma cúbica, se puede adaptar a diferentes usos, ya sea como casa de verano, cafetería, despacho o taller. El interior presenta una organización sencilla en un espacio diáfano con aislamiento térmico. Unas placas solares en la cubierta proveen electricidad sin conexión al tendido general. Pese a su planta diminuta, KODA contiene una cocina, un cuarto de baño, un dormitorio en un altillo y una terraza.

Hormigón, placas solares, vidrio

**Refugio de cestas
de plástico para
situaciones de
emergencia
ECS-p1**
Universidad
Americana de Beirut
Líbano
2014

ECS-p1 no es un problema matemático, sino una solución arquitectónica surgida de un proyecto en colaboración creado por alumnos de la Universidad Americana de Beirut. Concebido a modo de estructura temporal para situaciones de emergencia y construido con objetos cotidianos ampliamente disponibles y baratos, el proyecto usa dos componentes ubicuos: cestas de plástico y bridas para cables. El suelo, el techo y las cuatro paredes se construyen a partir de esta estructura básica entrelazada, en la que las cestas sin soporte presentan múltiples usos: espacio de almacenaje, asientos y mesas. Esta básica estructura, en cuyo sencillo interior penetra una luz moteada, es una respuesta práctica para emergencias provocadas por desastres naturales.

Sin ruedas

Cestas de plástico, bridas de plástico

Casa ligera

All(zone)

EE. UU.

2015

La Casa ligera, una señal de los nuevos tiempos, aborda el problema del coste de la vida en las ciudades. Encargada para la Bienal de Arquitectura de Chicago, esta microvivienda cuenta con una estructura de rejilla metálica revestida de polietileno que sirve de apoyo para el cerramiento de nailon y de tela sobre una base de contrachapado. En el interior, las zonas para vivir y trabajar, dormir y vestirse se delimitan mediante tejidos de opacidad diversa, que proporcionan distintos grados de intimidad. Está previsto ubicar los prototipos en edificios en desuso en ciudades tropicales, donde el clima es templado y los alquileres, altos. Con un precio de unos 900 dólares, la Casa ligera es una solución nómada que ofrece a sus inquilinos una vida urbana asequible.

Sin ruedas

Metal revestido de polietileno, nailon, poliéster, contrachapado laminado en plástico

A muchos lugares
Emmy Polkamp
Países Bajos
2015

Este hotel-tienda de campaña ambulante ideado por Emmy Polkamp revitaliza edificios en desuso alojando en ellos estos refugios móviles. Concebidas como una alternativa transportable y reutilizable para personas que cambian de ciudad, las estructuras de «A muchos lugares» permiten alojar a una o dos personas e incluyen una cama y espacio de almacenaje. Las tiendas, identificadas por un número gigante, constan de un armazón de madera y un revestimiento de lona en tono claro, y se embalan en cajas que conforman la base de la cama. En combinación con programas y comedores sociales, el proyecto revitaliza edificios urbanos abandonados y los abre a campistas y turistas en general.

Contrachapado, lona

Chiton

D'Milo Hallerberg

EE. UU.

2012

Como la concha de un molusco, Chiton se compone de un exoesqueleto que proporciona protección e intimidad en el desierto de Nevada. Parte de una serie de viviendas improvisadas desplegadas con gran inventiva en el festival Burning Man, esta propuesta de D'Milo Hallerberg hace un uso ingenioso de los tubos telescópicos. Compuesta por dos mitades de seis caras sostenidas por cuatro patas estables, Chiton es agradable a la vista. Bajo su característica silueta serrada, el armazón está forrado por una tela de nailon tensada. Este módulo, que protege del abrasador sol del verano, de las tormentas de arena y de los parranderos ruidosos, incluye asientos cómodos y crea un espacio común a la sombra para descansar y dormir entre fiestas.

Sin ruedas

Tubos de plástico, nailon

En-Fold

Woods Bagot

Australia

2013

Esta estructura plegable fue un encargo para la exposición «Refugios de emergencia» celebrada en Australia, una iniciativa para recaudar fondos que subraya el papel que desempeña la arquitectura tras un desastre natural. Este elegante cobertizo se concibió plegando hojas de papel de tamaño A4 para crear una estructura inherentemente resistente que aprovecha al máximo el mínimo material. Con una concertina de pliegues que da forma al toldo traslúcido, este refugio modular de «piel y huesos» presenta una forma autoportante que puede ampliarse para crear espacios de mayores dimensiones. Desmontable y estructuralmente eficiente, el diseño incluye un sencillo banco en forma de L para sentarse.

Acero, papel

Segunda vivienda
Eco móvil
Sanei Hopkins
Architects
Reino Unido
2008

Inspirado en una camilla abandonada de la Segunda Guerra Mundial, este pequeño cobertizo para jardín es económico y práctico. Concebido como una estructura móvil para una propiedad en Suffolk y con seis literas apiladas, el espacio aprovecha al máximo hasta el último rincón. Los remates de las literas sirven como escalera para subir a las camas superiores de esta estructura móvil construida con los restos de material de un área de juegos: plástico corrugado, revestimiento de aluminio y madera. Con ruedas extraíbles que se fijan y desinstalan inclinando el pabellón sobre un lado, se trata de un refugio tan ligero que bastan dos personas para moverlo, aunque también puede remolcarse en coche para cubrir distancias más largas.

Sin ruedas

Madera, plástico corrugado, aluminio corrugado, ruedas

**RDM (módulo de
despliegue rápido)**
Visible Good
EE. UU.
2013

El módulo de despliegue rápido (RDM por sus siglas en inglés) propone
una nueva solución para las viviendas de emergencia, además de una
alternativa viable a la inseguridad de vivir en una tienda de campaña.
Estables, modulares, ligeras y fáciles de transportar, las unidades constan
de un cerramiento de plástico muy resistente dotado de ventanas y
puertas con seguro y de una cubierta que aporta ventilación y protección solar. El módulo, ensamblado a partir de piezas, se monta en
menos de una hora. El resultado es un hogar sólido indicado para climas
diversos y ubicaciones remotas. Sus patas graduables impiden la entrada
de alimañas, evitan las inundaciones menores y permiten instalarlo en
terreno irregular, requisitos indispensables para situaciones catastróficas.

Refuerzos de acero, plástico, plexiglás, cuerda
de nailon, tela

Casa impresa en 3D

3M FutureLAB

EE. UU.

2014

Este ingenioso refugio hace realidad la idea aparentemente futurista de una arquitectura impresa en 3D. Creada por un estudio de urbanismo de la Universidad de California, la Casa impresa en 3D se ha fabricado con impresoras tridimensionales industriales. Su caparazón contiene elementos esenciales para la vida: una cocina, una cama elevada y una mesa y un aseo plegables. El diseño personalizado permite aprovechar todo el espacio, incluidas las zonas de almacenaje bajo el suelo. Producida en dos mitades con plástico con base de arena y cola artesanal, la casa se ha concebido como una pieza sobredimensionada de mobiliario para su uso tanto en interiores como en exteriores.

Sin ruedas

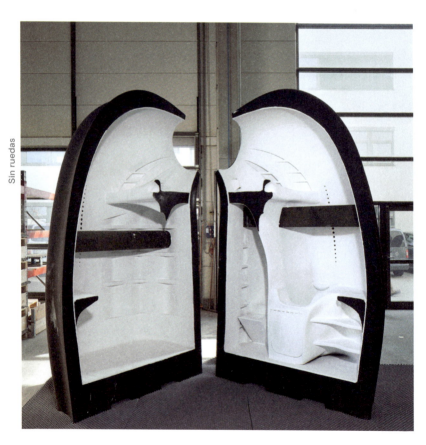

Plástico, cola

U–Dome

World Shelters

EE. UU.

2009

U-Dome es una construcción geodésica fabricada por la ONG estadounidense World Shelters, dedicada a crear refugios de transición para zonas catastróficas. Las cúpulas pueden alojar desde viviendas, hasta clínicas médicas, centros de ayuda humanitaria y almacenaje. De bajo coste y duraderos, estos hogares están fabricados con láminas de polipropileno corrugado troquelado que se pliegan creando un cerramiento completamente hermético. Impermeables, cuentan con puertas integrales y ventanas acrílicas practicables que permiten un acceso fácil y buena ventilación. Hermetizado con suelo de revestimiento plástico, el diseño puede transportarse y montarse fácilmente y está fabricado en materiales duraderos que permiten su reutilización.

Polipropileno corrugado, plexiglás, plástico

Travelbox

Juust

Alemania

2015

Este hogar autosuficiente para trotamundos ofrece una solución elegante para quienes se desplazan con poco presupuesto. Creado por Stefan Juust, Travelbox permite a sus usuarios llevar encima las comodidades del hogar, de manera rápida, segura y elegante. Esta caja de acero inoxidable y madera de solo 60 kg contiene todos los elementos necesarios del mobiliario: cama, mesa, silla y estanterías. No es necesario desechar y adquirir nuevos objetos cada vez que se instala en un nuevo sitio: el diseño de Juust plantea una vida acompañada por un marco para vivir. Construido en materiales robustos para soportar los golpes de los traslados, este elegante kit de piezas brinda a los nómadas un entorno familiar allá donde van.

Sin ruedas

Armazón de madera, aluminio, cama, mesa, bicicleta, sillas

Humano

Sin
ruedas

Una y dos
ruedas

Tres
ruedas

Cuatro ruedas

Cinco o + ruedas

Trineos

Agua

Cocina móvil

Universidad de Arte
y Diseño de Ginebra

Suiza

2013

Ideada como una ampliación alternativa a un edificio moderno, la Cocina móvil es una solución arquitectónica portátil que añade espacio útil sin afectar a los elementos existentes. En alusión a la ingeniosa variedad mundial de arquitectura vernácula portátil, este módulo móvil presenta un sencillo armazón de acero con dos ruedas de bicicleta. Decorada con parafernalia de cocina, incluidos armarios, iluminación y espacio de almacenaje, la pequeña unidad proporciona todo lo básico para cocinar en el hogar. La Cocina móvil, una de las cinco estructuras idénticas adaptadas a distintos usos, como librería y centro multimedia, es un dispositivo espontáneo que dinamiza el entorno.

Una y dos ruedas

Armazón de acero, contrachapado, placa de escayola, ruedas, menaje de cocina

Caravana
temporal
Tas-ka
Países Bajos
2014

Concebida como parte del festival del Barrio del Diseño de La Haya, que rinde homenaje al diseño holandés, esta caravana creada por Tas-ka es una de las muchas tiendas y exposiciones que aparecen en ubicaciones inesperadas. Fundada por los diseñadores Jantien Baas y Hester Worst, Tas-ka es una marca holandesa conocida por sus estampados y productos impresos. Esta caravana verde y blanca ofrece una solución temporal y magnífica para vender sus artículos, entre los cuales figuran cojines, libros y carteles. Perforada por inusitadas aberturas en acrílico que enmarcan los productos, esta modesta estructura móvil brinda a Tas-Ka una plataforma ideal para este evento de tres días de duración.

Chasis de acero, aluminio, caucho, acero corrugado, plexiglás, tablero de aglomerado

Sistema de caparazón de caracol

N55
Países Bajos
2001

El Sistema de caparazón de caracol, una de las múltiples intervenciones creativas del colectivo de diseño holandés N55, desafía el modelo de vida sedentario. Fabricado a partir de un depósito de polietileno cilíndrico con orugas de caucho recortadas de felpudos, el caparazón se traslada rodando (o remando, en entornos marinos) gracias a las guías, que funcionan como amortiguadores y facilitan el desplazamiento. Un orificio en una cara brinda acceso al caparazón, tan ligero que puede moverlo una sola persona. Junto a la entrada hay una bomba de sentina, un remo y una toma de aire, que permiten eliminar el agua sobrante, navegar por lagos, ríos o mares y contar con una ventilación agradable.

Una y dos ruedas

Polietileno, orugas, plexiglás, pernos de anilla de acero, bomba de sentina, remo, base de espuma

Caravana

Carwyn Lloyd Jones

Reino Unido

2015

El carpintero galés Carwyn Lloyd Jones creó su propio refugio de vacaciones aprovechando un remolque de segunda mano que transformó en una caravana *teardrop* iridiscente. Se trata de un refugio familiar compacto y fácil de remolcar con un peculiar revestimiento de 4000 CD desechados, que le aportan un deslumbrante acabado inspirado en las escamas de los peces. El diminuto espacio interior alberga una cocina, almacenaje y una zona plegable para comer y dormir, así como un inodoro de compostaje, todo ello fabricado con restos de madera. El coste del conjunto, construido con materiales reciclados, no llega a mil dólares. El sorprendente toque final de este hogar reluciente es su suelo hecho con discos de vinilo viejos.

Remolque, madera, tablero de aglomerado, CD, discos de vinilo, vidrio

Bikamper

Topeak

Reino Unido

2005

Bikamper es la opción ideal para los amantes del ciclismo y la acampada. Concebida para ser transportada en los cestos de bicicleta, esta diminuta tienda de campaña plegable pesa menos de 2 kg y se puede guardar en una bolsa. Desplegada, la sencilla estructura de tres caras, confeccionada en nailon antidesgarro Ripstop con una cremallera robusta, utiliza el cuadro de la bicicleta como soporte estructural. La entrada se sujeta al manillar. Una rueda de la bicicleta desmontada sostiene el extremo opuesto de la tienda y el conjunto se fija mediante vientos resistentes. Este refugio sencillo y fácil de montar para una sola persona, compacto y con un ensamblaje ingenioso, es una pieza ideal para la vida en la carretera.

Una y dos ruedas

Nailon antidesgarro Ripstop, nailon de tafetán, bicicleta, cuerdas, piquetas

Fietscaravan

Bicycle Caravan

Project

Países Bajos

2014

Concebido para practicar ciclismo en las provincias septentrionales de los Países Bajos, este proyecto ingenioso y sostenible es una caravana de alquiler destinada a la vida en movimiento. Su estructura curva mejora la aerodinámica y la construcción en madera ligera minimiza su carga. Remolcado tras una bicicleta estándar, este compañero de viaje para una persona incluye espacio para dormir, almacenaje integrado y una escotilla para cocinar y comer en la parte posterior. Equipado con mosquiteras, el interior se ilumina mediante una ventana panorámica con forma de medialuna y una amplia puerta de acceso. Tras una larga jornada en la carretera, la placa solar del techo provee electricidad para luces y dispositivos electrónicos.

Remolque, contrachapado, abrazadera de acero

Life Pod

Michael R Weekes

Estados Unidos

2016

Este módulo móvil facetado ofrece espacio para la vida en movimiento. El Life Pod, creado por el ingeniero Michael R Weekes, es una pequeña y acogedora unidad rematada por dos cúpulas geodésicas conectadas por un cilindro de diez caras con armazón de madera resistente. Revestido con láminas de contrachapado, este hogar cuenta con una capa de aislamiento de espuma termoplástica. Pese a su reducido espacio interior, Life Pod está concebido para dos personas e incorpora una gama sorprendente de comodidades, incluidos un baño y un fregadero. Una puerta de proporciones generosas y dos ventanas protegidas en forma de ojo de buey permiten darse un respiro del compacto interior.

Una y dos ruedas

Remolque, estructura de madera, contrachapado, espuma termoplástica

Mehrzeller

Nonstandard

Austria

2013

Esta propuesta ecléctica en respuesta al creciente interés por la vida itinerante es una caravana multicelular con interiores personalizados. A diferencia de sus predecesoras, con su habitual distribución fija, esta caravana se diseña mediante un «configurador» informático, una ecuación paramétrica que genera modelos a medida. El exterior blanco y anguloso de la Mehrzeller recuerda a una nube biselada sobre ruedas y halla continuidad en el interior, también inclinado. Con acabados y detalles determinados por el propietario, el amplio y pálido interior incluye una cocina generosa, un salón-comedor, un rincón para dormir y un cuarto de baño, todo ello delimitado por paneles exteriores brillantes.

Chasis de acero, planchas de yeso, madera aglomerada, ruedas, vidrio

Remolque clásico del sueño americano

American Dream
Trailers
EE. UU.
2013

Es imposible resistirse al remolque clásico del sueño americano, una caravana fascinante con un bote de remos integrado. Producido por el matrimonio Dahlman, este diseño recupera un clásico de la vida itinerante: el bote, sujeto con pasadores, ocupa su lugar habitual, la baca del vehículo, pero la construcción se actualiza con un cerramiento de fibra de vidrio. La caravana, con acabados personalizados y capacidad para dos adultos, cuenta con un robusto chasis de acero e incorpora una escotilla posterior que sirve de cocina básica. Cada modelo incluye un bote de remos al que pueden acoplarse un motor, remos y escálamos, lo cual lo convierte en un modo fácil y seguro de explorar lagos y ríos.

Una y dos ruedas

Chasis de acero, fibra de vidrio, plexiglás, contrachapado

Mi carroza
Olaf Mooij
Países Bajos
2015

Olaf Mooij se pasó la infancia construyendo formas ingeniosas a partir de objetos que sus padres habían guardado celosamente por si estallaba otra guerra. Mi carroza es el resultado del enfoque experimental y austero de Mooij, constante en todo su trabajo. La unidad móvil, que funciona como estudio de artista, es un batiburrillo de objetos encontrados: ruedas de carro de hierro, neumáticos y un gran cilindro de fibra de vidrio que se transforman en un miniestudio equipado con materiales de bellas artes, luces y un espacio para trabajar. Como si de una pieza del decorado de *Mad Max* se tratara, su aspecto excéntrico esconde un «refugio» itinerante en el que los artistas pueden crear en paz.

Una y dos ruedas

Fibra de vidrio, chasis de acero, aluminio, ruedas, contrachapado, plástico

Sauna Stoke 2.0

Mika Sivho

Canadá

2016

Esta sauna creada por un artesano finlandés es portátil, acogedora y auténtica. Quizá lo único fuera de lugar sea su ubicación, en la Columbia Británica, la provincia más occidental de Canadá. Inspirado por las saunas de su país natal, Sivho decidió paliar la nostalgia diseñando una sauna móvil que funciona con leña. Construidos casi por entero a mano, los distintos modelos de la sauna Stoke se han fabricado en cedro y tienen capacidad para seis adultos, una estufa y una leñera. Con poco más de 1000 kg de peso y anclada en un robusto remolque que sirve de base, la estructura puede llevar la comodidad, el calor y la conversación de la sauna allá donde Sivho escoja.

Remolque de acero, aluminio, cedro, estufa de hierro

Casa rueda

TMB Design Bristol

para Acroujou

Reino Unido

2008

Creada por la compañía circense Acroujou, la Casa rueda da vida a su historia mediante un escenario teatral rodante concebido como un telón de fondo móvil para el grupo de artistas callejeros Without Walls. El número acrobático a cargo de Jeni Barnard y Barney White narra un relato postapocalíptico. Los artistas ocupan el escenario móvil y el público se mueve con ellos siguiendo la historia a medida que se desarrolla. La Casa rueda incorpora elementos de arquitectura doméstica inspirados en la estética *steampunk*, como ventanas y puertas, una cocina, una mesa, una cama y un pequeño jardín. La colosal rueda aúna estos elementos eclécticos y, junto con el curioso relato, teje un hilo de vida del revés.

Una y dos ruedas

Armazón de acero, contrachapado, lona

Archivo II
David Garcia
MAP Architects
Dinamarca
2005

Concebido como parte de un proyecto de investigación de diseño que aúna espacios y libros, Archivo II es una biblioteca itinerante que brinda acceso a una colección de libros ambulante. La estructura de Garcia satisface las necesidades de personas que desean trasladar su biblioteca. Albergada en un gran círculo de madera con retranqueos profundos en los bordes, Archivo II es la solución perfecta. El proyecto se inspira en las bibliotecas del Extremo Oriente en una versión en miniatura que puede manejar una sola persona. Mientras que los libros son vehículos que transportan nuestra imaginación, esta biblioteca transporta el propio motor de dicha imaginación.

Contrachapado

I-H Cruiser

Winfried Baumann

Alemania

2008

El I-H Cruiser forma parte de la colección «Casas instantáneas», una extensa investigación del artista Winfried Baumann en torno a los sistemas de refugio para los sin techo. Este modelo es un ejemplo de sus múltiples e ingeniosas adaptaciones. El diseño de Baumann sustituye los omnipresentes cartones y papeles de periódico por una robusta estructura de aluminio con una cubierta térmica acolchada y reflectante. Sus diseños de viviendas instantáneas suelen incluir herramientas como un kit de primeros auxilios, un espejo, un silbato y una linterna. Como el resto de la serie, el I-H Cruiser es tan ligero que basta una persona para moverlo. La cama extensible se pliega y las patas pueden levantarse para transportar la estructura rodando a un nuevo emplazamiento.

Una y dos ruedas

Armazón de aluminio, ruedas, tejido térmico acolchado, espejo, silbato, linterna

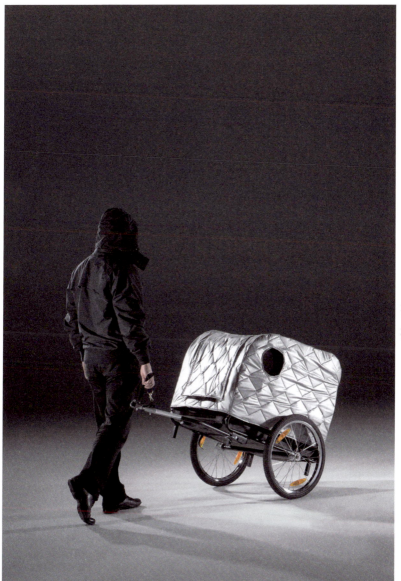

Foldavan

Wooden Widget

Reino Unido

2014

En respuesta al desafío de diseñar un vehículo de acampada ligero, plegable y bonito, Wooden Widget creó la Foldavan, una caravana extensible para bicicletas. La Foldavan es lo bastante pequeña como para transportarla en bicicleta y lo bastante grande como para proveer un lugar de descanso cómodo. Con una sencilla estructura de madera curva por la parte superior, el armazón con cerramiento de tela ligera viaja sobre dos ruedas resistentes. Plegado, este refugio presenta unas dimensiones compactas que permiten transportarlo en el portaequipajes de un coche. Desplegado, ofrece un espacio reducido pero práctico para una persona.

Una y dos ruedas

Armazón de madera, chasis de acero, PVC, ruedas de bicicleta

Cabaña Hütte

Sprouting Sprocket
Studio

EE. UU.

2014

La cabaña Hütte convierte la idea de una escapada en una cómoda realidad. Se trata de un elegante hogar lejos del hogar que recuerda la forma retro de los remolques *teardrop* clásicos. El acceso a la estructura de contrachapado y abedul báltico se efectúa a través de dos anchas puertas que se abren en toda su longitud. Una cubierta de lona de algodón completa el refugio. Pese a ser diminuta, esta estructura móvil ofrece un espacio cómodo para que duerman dos personas y cuenta con varias ventanas y un espacio de almacenaje mínimo para potenciar la sensación de amplitud. Con solo 408 kg de peso, consta de un armazón de aluminio, que permite a la mayoría de vehículos ligeros remolcarla por carretera.

Remolque, estructura de aluminio, contrachapado para aplicaciones marítimas, abedul, lona

Espacio móvil

Ohnmacht Flamm
Architekten

Alemania

2000

Creado por alumnos de la Universidad de Innsbruck y Ohnmacht Flamm Architekten, el Espacio móvil emplea delgadas láminas de contrachapado que pueden mecerse y rotarse desde el interior para viajar de un lugar a otro. Creado a partir de una forma curva diseñada mediante análisis digital tridimensional, el proyecto está cortado en planchas de madera planas ensambladas mediante pliegues que conforman sus superficies estables y dinámicas. Con paredes, techo y suelo, así como recovecos donde sentarse y recostarse, su interior para dos personas se convierte en un lugar de retiro poco convencional. Con solo redistribuir su peso, los ocupantes pueden mover y rotar el espacio para disfrutar de una experiencia verdaderamente diferente.

Una y dos ruedas

Contrachapado

Caravana *teardrop* retro Gidget

Gidget

Australia

2015

La Gidget, cuya estética recuerda a las caravanas retro clásicas, actualiza la versión original dotándola de aplicaciones contemporáneas. Su diseño deslizante patentado proporciona el doble de espacio interior que un remolque *teardrop* tradicional. Inspirada en la ideología que defiende un modo de vida sostenible, la Gidget es un refugio que puede remolcarse con automóviles estándar. La voluntad ecológica de la caravana continúa en el interior, con acabados de madera obtenida de fuentes sostenibles. Los detalles cuidados, como unas cortinas con estampado tropical, le imprimen un auténtico aspecto retro. Con una cama de matrimonio, agua a presión, luces LED y una placa solar, incluye una alarma de seguridad, una consola de entretenimiento y una cocina con fogones integrados.

Remolque de acero, aluminio reforzado, acero, fibra de vidrio

**Proyecto
de movilidad
autoelevador
(S/LMP)**
Mark Mack Architects
EE. UU.
2014

Incluido en la muestra «Truck–A–Tecture» de Kaneko, Omaha, el Proyecto de movilidad autoelevador S/LMP (siglas en inglés de Self–Lifting Mobility Project) cuestiona el aspecto que puede tener la arquitectura nómada. Con un sencillo remolque de dos ruedas dotado de todo lo necesario para la vida en movimiento, el proyecto reduce la vida a los elementos básicos. Este hogar, una estructura móvil adaptable, cuenta con espacios para cocinar, dormir y trabajar. Su rasgo más destacado es el anexo con el elevador de tijera, que acoge una superficie para dormir y trabajar protegida por un toldo extensible. El nivel inferior incluye asientos y almacenaje integrado y un cuadrado de césped. El S/LMP se pliega en el diminuto remolque y se transporta fácilmente.

Una y dos ruedas

Remolque de acero, armazón de acero, contrachapado, plástico

**Miniteatro
itinerante**

Aberrant Architecture

Reino Unido

2012

Inspirado por documentos históricos que hablan de una sala de conciertos improvisada creada por vendedores de carbón, este extravagante teatro móvil acoge a cuentacuentos y otras actuaciones. En el marco del Festival de Diseño Clerkenwell de Londres, el Miniteatro itinerante, integrado por tres compartimentos, reinventa las salas de música victorianas albergando distintos espectáculos. Construido con láminas de madera aglomerada pintadas de rojo, sus múltiples chimeneas están elaboradas con cubos de carbón apilados. Cada una de ellas se halla sobre un tragaluz y funciona como un gran embudo que canaliza el sonido al exterior. Remolcado por una autocaravana VW durante la semana del evento, el proyecto revivió la teatralidad de su predecesor.

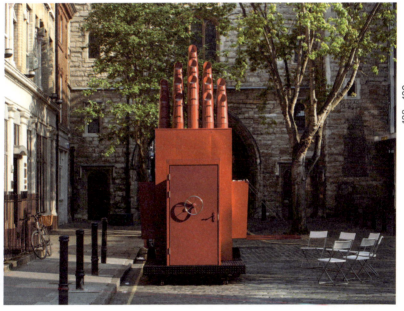

Remolque, madera aglomerada, vidrio, cubos metálicos para carbón

Room-Room

Encore Heureux
y G Studio

China

2008

Concebido como un aliado para situaciones de emergencia, Room-Room es un diseño para reconstruir hogares tras una catástrofe. Encargado para la exposición del Museo de Arte Nacional de China «Travesía: diálogos en torno a la arquitectura de emergencia», el proyecto proporciona los elementos indispensables para la existencia humana: un techo, un lugar de residencia y un espacio digno. Esta solución transportable viaja sobre dos ruedas y puede remolcarse con animales o una bicicleta. Durante los desplazamientos, proporciona un lugar de almacenaje, mientras que, una vez instalada, provee un lugar donde descansar. Para convertirla en una vivienda más permanente, el ligero armazón se invierte y crea un espacio a cubierto donde instalarse.

Una y dos ruedas

Armazón de aluminio, malla metálica, plástico, ruedas

QTvan

Yannick Read para
Environmental
Transport Association
Reino Unido
2011

Diseñada para proporcionar una caravana móvil a los usuarios de *scooters* eléctricos para discapacitados, esta diminuta caravana es la más pequeña de su género. Su reducido tamaño, que permite remolcarla por la acera, esconde una funcionalidad sorprendente. Pese a ser minúscula, en su interior caben una cama individual, un armario para bebidas, una tetera y un televisor de gran formato. Alcanza una velocidad máxima de 10 km/h, y una autonomía de hasta 16 km. Concebida en un origen para subrayar la importancia de la seguridad de los *scooters* para discapacitados (y de los seguros por averías), la QTvan ofrece un refugio seguro a quienes se quedan varados cuando se les avería el vehículo.

Aluminio, plexiglás, placas solares, ruedas

Caravana feliz
Derek Michael May
EE. UU.
2014

Inspirada en un remolque retro, la Caravana feliz es una versión contemporánea que conserva todo el carisma del clásico. Modulares y ultraligeros, estos resistentes remolques de viaje están fabricados en fibra de vidrio con núcleo de nido de abeja para proporcionar la máxima resistencia. El interior, un espacio amplio y transformable donde acampar, trabajar o transportar cargamento, se compone de pequeños módulos personalizables. Cada módulo, que puede incluir fregaderos, camas o mesas, se escala a medida, lo cual permite crear una Caravana feliz acorde a las necesidades de cada propietario. Al igual que el interior, se puede elegir el acabado del cerramiento de fibra de vidrio en uno de los siete colores retro disponibles.

Fibra de vidrio con aislamiento, acero inoxidable, placa solar, luces LED

MIU VI

Studio Orta

Francia

2002

He aquí una de las múltiples unidades de intervención móviles (MIU por sus siglas en inglés) concebidas por el Studio Orta como parte de su investigación para proporcionar ayuda en situaciones de emergencia. La robusta estructura de acero de este vehículo itinerante para uso público cuenta con diversos niveles donde pueden dormir hasta seis personas. Dotado de sacos de dormir también diseñados por el estudio, este híbrido entre un remolque y una litera ofrece espacio para descansar al tiempo que supone una contundente crítica social. Como sucede con otras piezas MIU, como el hotel Nómada u OrtaWater, se trata de una herramienta poética y llamativa que recalca las necesidades esenciales de cobijo, alimento y agua de las comunidades itinerantes.

Chasis de acero, armazón de acero, escalera de acero, lona, aluminio

Sauna para bicicleta
H3T Architects
República Checa
2012

Esta ligera y pequeña sauna dinamiza su entorno y a quienes se sientan en su interior. Diseñada por el colectivo checo H3T Architects, esta versión poco ortodoxa de una sauna es una caja donde sudar remolcada por una bicicleta. Construida con materiales ligeros, como láminas de policarbonato y lona, la construcción con armazón de madera ofrece espacio para seis personas. El acceso se realiza por una rendija en la membrana elástica exterior. El interior incluye una pequeña estufa de leña y bancos de madera clásicos. Aunque puede trasladarse donde a sus propietarios les plazca, la Sauna para bicicleta está concebida para albergar encuentros sociales y actuar como catalizador para transformar espacios públicos infrautilizados.

Una y dos ruedas

Armazón de madera, lámina de policarbonato, lona, bicicleta, estufa de hierro

Gypsy Junker

Derek Diedricksen

EE. UU.

2011

Una de las múltiples viviendas que ha construido Derek Diedricksen, el Gypsy Junker lleva al extremo la idea de los hogares diminutos. Diedricksen aplica sus habilidades como carpintero para remodelar palés de transporte, armarios y otros materiales recuperados y asentar su negocio creciente. Si bien las instrucciones para construir sus edificios pueden consultarse en libros autoeditados, el económico uso que Diedricksen hace de materiales reciclados conlleva que sus objetos sean únicos. El Gypsy Junker, por ejemplo, se ha elaborado con un palé, botellas de vino y plástico corrugado y cuenta con añadidos poco habituales, como un címbalo para reflejar el calor y un conducto de ventilación exterior construido con la base de una sartén.

Madera, botellas de vino, plexiglás corrugado

De Markies

Böhtlingk Architectuur
Países Bajos
1985

Disfrazada de una caravana normal, De Markies ofrece una maravillosa sorpresa para acampar. Sus dos lados se abren en acordeón y amplían el reducido interior, convirtiéndolo en un refugio luminoso que triplica el espacio original. El compartimento central ofrece un lugar para bañarse, cocinar y comer, además de espacio de almacenaje, y las ampliaciones de ambos lados crean amplias habitaciones adicionales. Un tejido de color mandarina envuelve el dormitorio privado, con espacio para cuatro personas. El lado opuesto se extiende más allá de su cobertura transparente y crea una espaciosa estancia para descansar mientras se contempla el paisaje. Esta llamativa e ingeniosa solución se alzó con el Premio de Diseño Público de Róterdam.

Acero, plexiglás, cuerda de nailon, lona de poliéster, madera aglomerada

Remolque *teardrop* para bicicleta

Matthew Hart Designs
Canadá
—

Esta bonita caravana *teardrop*, diseñada por un constructor de barcos, sirvió de vivienda aerodinámica portátil a Matthew Hart, quien la remolcó con su bicicleta mientras recorría la Columbia Británica. Construida con ruedas de bicicleta y fijada sobre un armazón robusto, consta de un cuerpo aislado con poliestireno y revestido de láminas de aluminio de escaso grosor. El interior está forrado de contrachapado e incluye una mesa plegable, un frigorífico, espacio para dormir y un fogón lo bastante grande para preparar café. Esta vivienda itinerante llamó la atención de miles de personas en su recorrido. Hart se dedicó a acampar con ella en parques, playas o cimas de montañas y a disfrutar de la vida en movimiento en lugares privilegiados.

Aluminio, aislamiento de poliestireno, contrachapado, armazón de acero, ruedas de bicicleta

The XS

So-Cal Teardrops

EE. UU.

2004

Los remolques *teardrop*, que antaño causaron furor, han sido sustituidos en gran medida por vehículos recreativos más actuales. Esta versión retro dota de una estética contemporánea a un favorito de otros tiempos. Estos remolques aerodinámicos con armazón de madera y revestimiento exterior plateado de aluminio anodizado impermeable son compactos y ligeros. El diseño, un espacio acogedor donde pueden dormir dos adultos, incluye una trampilla con bisagras en la parte posterior que, al abrirse, revela una cocina totalmente equipada. Forrados de contrachapado de abedul y personalizados con distintos acabados y accesorios, todos los remolques comparten la misma forma aerodinámica.

Una y dos ruedas

Chasis de acero, aluminio anodizado, madera de abedul, aluminio, vidrio

560 Ultra Raindrop

Camp-Inn
EE. UU.
2002

Para disfrutar de las salidas de acampada con estilo y comodidad, este brillante modelo es el remolque *teardrop* definitivo. Con un atractivo exterior de aluminio, el 560 Ultra Raindrop mantiene el encanto de sus predecesores y añade comodidades propias de la vida contemporánea. El interior forrado de abedul contiene una cama de matrimonio y la cocina incluye fogones, fregadero y agua corriente. La caravana cuenta además con circuito eléctrico y sistemas de calefacción y refrigeración. Creados por dos ingenieros amantes de las caravanas *teardrop*, todos los modelos de Camp-Inn se fabrican de manera individual. Esta versión extralarga incluye espacio para un sofá convertible en literas sin renunciar a la estética aerodinámica que caracteriza a estos remolques.

Remolque, aluminio, madera de abedul, vidrio, espuma aislante

Exile

José Ángel Vincench

Cuba

2012

Presentadas en la XI Bienal de Arte de La Habana, en Cuba, estas estructuras móviles con forma de letra que escriben la palabra E–X–I–L–E («exilio») son una declaración pública de la intención del artista. Instaladas sobre humildes remolques de acero, todas las caravanas ofrecen espacio para una persona, si bien permanecen deshabitadas con el fin de recalcar el significado de la obra. Exile, que representa a las personas exiliadas que viven lejos de sus países natales, aborda la idea del aislamiento, sea político o emocional. La obra se enmarca en la práctica artística más extensa de Vincench, en la que la disidencia y el exilio son temas recurrentes.

Una y dos ruedas

Chasis de acero, pladur, vidrio

**Honda Spree,
Estudio de
autonomía temporal**

Jay Nelson

EE. UU.

2006

Esta moto Honda, una de las primeras incursiones en la reutilización creativa adaptable, es un curioso híbrido que aúna el surf y la acampada en un único vehículo. El artista, Jay Nelson, un ávido surfista, utiliza aquello que encuentra disponible para construir sus obras improvisadas. Denominados «estructuras autónomas temporales» en honor a la anárquica escritura de Hakim Bey, los proyectos de Nelson se construyen para viajes o eventos específicos. Hecho con materiales reciclados que reducen el impacto en el medio ambiente, este trabajo, que transporta un importante cargamento, es uno de los numerosos ejemplos en los que el artista indaga en este tema.

Moto Honda, tubería de cobre, madera, lona

Cabaña de pastor
contemporánea
Thomas Alabaster
Reino Unido
2016

Inspirada en los veranos de su infancia en una cabaña desvencijada en un rincón del jardín de su casa, esta versión contemporánea de una cabaña de pastor rústica creada por Thomas Alabaster permite a sus inquilinos estar en comunión con la naturaleza, si bien cobijados en una cómoda casita con ruedas. El elegante espacio incluye una cocina de leña y un generoso tejado a dos aguas perforado por altas ventanas que inundan de luz natural el interior revestido de madera. Las paredes pintadas de blanco, unas ventanas ubicadas estratégicamente y un porche incorporado completan la espaciosa distribución, que contrasta con el robusto cerramiento corrugado que la rodea.

Una y dos ruedas

Acero galvanizado corrugado, vidrio, pino, acero

Microcaravana

Wide Path Camper

Dinamarca

2014

Ligera, compacta y fácil de transportar, esta caravana para bicicleta es una opción cómoda para disfrutar de la vida al aire libre. Inventada por Wide Path Camper, la minicaravana es un diseño en dos partes que se abre y cierra girando la parte posterior. Desplegada al máximo, la caravana proporciona espacio de descanso para dos adultos, además de asientos, almacenaje y una mesa plegable. Pese a estar construida con un revestimiento sólido y duradero, con tan solo 45 kg de peso, es perfectamente remolcable. Una vez concluida la acampada o el picnic al aire libre, la capucha de la estructura se reduce a casi la mitad de su longitud y eso es todo lo que hay que remolcar en la bicicleta.

Armazón de aluminio, fibra de vidrio, contrachapado, policarbonato

Remolque Pumba
Freedom Trailers
Reino Unido
2014

En respuesta a las limitaciones para transportar su carpa de techo para dos personas, Dave Stephenson concibió la inventiva gama de remolques Freedom Trailers. Fáciles de montar y útiles para recorrer largas distancias, estos robustos remolques ofrecen libertad y aventura. El Pumba, uno de los tres modelos, está equipado para su uso sobre terreno escarpado y para vivir largos períodos sin conexión a la red de suministros. En la estructura del remolque hay un frigorífico con congelador, un depósito de agua de 60 litros de capacidad y placas solares que proporcionan energía. Sobre la cubierta se despliega una plataforma con una tienda de campaña elevada, a la cual se accede por una escalera de mano. Debajo, un gran toldo suspendido proporciona espacio para dormir y almacenaje.

Una y dos ruedas

Trailer, armazón de acero, tienda de campaña, placa solar, luces LED

GO!

Sylvan Sport

EE. UU.

2007

GO!, que parte de la idea de «un remolque con incontables usos», es un motivo contundente para salir al aire libre. Su robusto remolque de acero, con armazón de aluminio soldado, proporciona una base compacta para la caravana desplegable, un modelo ultraligero construido por el fabricante de material para exteriores Kelty. Con una tienda de campaña elevada para dos personas, el diseño incluye cómodos colchones y paneles laterales plegables que permiten ampliar la base de la cama. La estructura de acero incluye espacio de almacenamiento adicional y una taquilla de seguridad integrada, así como un nivel superior en la cubierta para almacenar bicicletas, lanchas u otro equipamiento. El diseño puede remolcarse con cualquier vehículo.

Chasis de acero, armazón de aluminio, ruedas de caucho, nailon, madera aglomerada

Sommer–Container

Markku Hedman

Finlandia

2002

Con vistas a aprovechar al máximo su tamaño y el breve verano finlandés, el Sommer–Container es un hogar de una sola estancia para dos personas. Diseñada para pasar las vacaciones en los bosques, esta pequeña cabaña puede transportarse sobre un remolque estándar. Con la forma de una sencilla caja de cerillas de tamaño gigante, este refugio de madera consta de dos volúmenes: un cubo de color claro con un centro oscuro que se extrae y se introduce en un cubo más grande deslizándose sobre rieles. Este dispositivo retráctil permite duplicar el tamaño de la cabaña. Con un sofá-cama y una pequeña cocina incorporada, el contenedor puede cerrarse fácilmente de nuevo y remolcarse en busca de otro lugar idílico.

Armazón de madera, espuma de poliestireno, contrachapado, vidrio acrílico

Terrapin

Casual Turtle
Campers
EE. UU.
2014

Instalado sobre un remolque estándar, este hogar proporciona a sus inquilinos un contacto total con la naturaleza allá donde se instalen. Inspirada por los remolques retro y la filosofía del menos es más, la Terrapin combina la estética *vintage* con técnicas modernas. Portátil y ligera, está concebida para que pueda remolcarse con la mayoría de automóviles de cuatro cilindros. Su rasgo más sorprendente, la cubierta curva, aumenta el espacio interior de la cabaña y la hace más aerodinámica. El acogedor interior incluye espacio de almacenaje, una pequeña encimera y una banqueta convertible en cama, con ventanas en todas las caras y electricidad. La Terrapin se fabrica a mano, hecho que permite a los propietarios crear la caravana de sus sueños.

Remolque de acero, cedro rojo del Pacífico, PVC,
luces LED, vidrio

Concebido por Garrett Finney, un diseñador que ha trabajado para la NASA, este módulo con mínimo espacio causa el máximo impacto. Contenido en un cerramiento aerodinámico que permite remolcarlo con eficacia, se sitúa a medio camino entre una tienda de campaña y una autocaravana. Con su caparazón rígido y su techo blando y desplegable, provee espacio para que duerman dos adultos. En su diminuto interior hallamos una cama, una sencilla cocina y espacio de almacenaje integrado, así como depósitos de aguas residuales y limpias. El compacto interior se abre a la naturaleza mediante una amplia puerta de entrada y grandes ventanas. Las placas solares y el cuarto de baño permiten una vida autosuficiente al aire libre sin renunciar a ciertas comodidades.

Una y dos ruedas

Chasis de acero, poliéster, paneles compuestos de aluminio

Mini vaina de estudio

Relax Shacks

EE. UU.

2014

Fabricada para una profesora universitaria, esta diminuta vaina con ruedas es una creación de Derek Diedricksen en la que aplica su peculiar enfoque del uso de materiales reciclados. Con espacio para que duerman dos personas y lo bastante cómoda como para trabajar en su interior, está fabricada en gran medida con madera reutilizada, incluida la colorida pared posterior, hecha con restos de madera dispuestos a modo de retales y el suelo, recuperado de una casa de un siglo de antigüedad. Una de las paredes es una gran lámina traslúcida de policarbonato que se convierte en una puerta levantándola y apoyándola en dos puntales. Con amplio acceso al bosque, la puerta puede abrirse o cerrarse para disfrutar de paz mientras se corrigen exámenes.

Madera, Tuftex, poliuretano extruido, vidrio, plástico

BeauEr 3X

Eric Beau

Francia

2010

El BeauEr 3X, una caravana extensible, proporciona un espacio interior que triplica las dimensiones de su forma comprimida. Fácil de remolcar y muy espaciosa, la BeauEr 3X, con su forma cilíndrica, es la ingeniosa creación de Eric Beau. Su mecanismo deslizante telescópico permite extraer ambos extremos del núcleo central y provee espacio suficiente para un cuarto de baño, una cocina, un dormitorio de matrimonio y un comedor. La caravana se despliega en tan solo veinte segundos (basta con accionar una llave) y el mobiliario interior se coloca en su sitio de manera automática, para que uno pueda relajarse cómodamente y disfrutar.

Chasis de acero, poliéster, aluminio, plástico, madera aglomerada

Refugios

Joseph Griffiths

Australia

2012

Esta vivienda improvisada y hecha a mano es uno de los tres refugios de una serie construida por Joseph Griffiths para el festival Next Wave de Melbourne. En marcado contraste con su entorno, poblado de rascacielos acristalados, esta instalación rústica se ha fabricado con residuos recuperados en la ciudad. Las instalaciones de Griffith, que invitan a ser ocupadas, son provocadoras y lúdicas. Por ejemplo, este modelo reinterpreta la típica autocaravana de vacaciones. Pero a diferencia de las costosas caravanas fabricadas en serie, esta fascinante versión urbana se ensambla mediante la técnica del *collage*: combinando restos de maderas encontradas, un remolque, un techo pintado y una cúpula acrílica bulbosa.

Remolque, madera, acero, cuerda, pintura, metacrilato, vidrio, cinta adhesiva, tela, acrílico

Humano

Sin ruedas

Una y dos ruedas

Tres ruedas

Cuatro ruedas

Cinco o + ruedas

Trineos

Agua

Bicicaravana

Kevin Cyr

EE. UU.

2008

Accionada a pedales y con espacio para una persona, la Bicicaravana del artista Kevin Cyr es una ingeniosa y fascinante morada móvil. Este vehículo de líneas esbeltas y desgastado por el tiempo contrasta con la ostentación y el tamaño de muchas autocaravanas actuales. Cyr asume deliberadamente el rastro del tiempo: el óxido, los arañazos y las mellas. La Bicicaravana es una estructura alta y estrecha montada sobre un triciclo chino estándar. El modelo forma parte de la colección de la Fundación de Arte Oxylane y es más un concepto que una caravana, una obra de arte que recalca las diferencias entre la cultura estadounidense y la china: mientras que en la primera se conducen vehículos enormes, en la segunda se transportan grandes cargas en bicicletas.

Triciclo, aluminio corrugado, plexiglás, contrachapado, madera

Casa Triciclo

People's Architecture
Office + PIDO

China

2012

Como respuesta a la realidad social en China, donde, según las leyes del Gobierno comunista actual, está prohibido tener tierras en propiedad, este proyecto ofrece una alternativa errante: una vivienda a lomos de un triciclo. La casa se ha fabricado con paneles acanalados de polipropileno traslúcido que permiten la entrada de luz natural y garantizan que el compacto espacio resulte agradable y amplio. La vivienda contiene todo lo básico para vivir sin conexión a la red de suministros: fregadero, estufa, bañera, depósito de agua, espacio de almacenamiento y mobiliario que puede funcionar alternativamente de cama, mesa, banco o encimera. A modo de complemento de la casa y para tener un modo de vida itinerante totalmente sostenible, se ha creado también un Jardín Triciclo.

Triciclo, polipropileno plegado, ruedas

Housetrike

Bas Sprakel

Países Bajos

2014

Este modesto carrito para helados tiene una sorprendente doble función: un remolque transportado en bicicleta se transforma en una cama individual. Creado por el inventor holandés Bas Sprakel, el proyecto va destinado a personas sin hogar, nómadas y campistas, a quienes proporciona un refugio impermeable y seguro más fiable que una tienda de campaña (se puede cerrar con llave desde dentro). En lugar de cubas de helado, su interior extensible ofrece un cubículo–dormitorio; la superficie metálica superior proporciona un techo robusto y los ojos de buey de la base permiten la entrada de luz natural en el diminuto interior. Cuando se pliega el techo forma una mesa ideal para preparar café o comidas en un hornillo.

Tres ruedas

Triciclo, armazón de acero, madera laminada

Bufalino

Cornelius Comanns

Alemania

2010

Esta pequeña caravana, un compañero fiable para viajar solo, satisface todas las necesidades básicas de una persona. Concebida para que sus inquilinos disfruten de una mayor conexión con el entorno, se basa en un motocarro italiano de tres ruedas, el Ape 50 de Piaggio, y es tan robusto y eficiente como su modelo. Su diseñador, el alemán Cornelius Comanns, lo describe como una especie de campamento base que viaja contigo. Con comodidades estudiadas con detenimiento, incluye una cama, un frigorífico, espacio de almacenaje para objetos y agua y zonas para sentarse y cocinar. Con una fuerza equiparable a la del animal que le da nombre, el Bufalino es modesto en escala pero no en potencia.

Chasis de acero, pladur, plástico, aluminio, plexiglás

Casa Bao

Dot Architects

China

2012

Acolchada y móvil, la Casa Bao es un cubo de viaje sorprendente. Diseñada por los arquitectos chinos Dot, su forma se consigue inyectando espuma de poliuretano en aerosol en un molde de tela y madera. Normalmente esta espuma expansible queda oculta tras las superficies acabadas, pero aquí resulta visible, en una inversión de los conceptos de interior y exterior. Impermeable y térmicamente aislada, la Casa Bao cuenta con una pared corredera que brinda acceso a un espacio para dormir. La luz penetra en el interior a través de un panel de policarbonato transparente, situado en el techo, que también permite contemplar las estrellas. La Casa Bao («bulto» en mandarín) hace honor a su nombre: un experimento protuberante para vivir en movimiento.

Tres ruedas

Triciclo, espuma de poliuretano en aerosol, tela, madera, policarbonato

Ojos cerrados
DL Atelier
China
2012

Una pareja china diseñó esta instalación itinerante como regalo para el segundo cumpleaños de su hijo. Instalado sobre un triciclo modificado, el objeto ofrece una visión creativa del mundo. El interior de espuma extrusionada cuenta con un amplio armazón negro. Con sus capas tridimensionales de esponja negra agrietada, Ojos cerrados estimula la curiosidad táctil. Además de proporcionar espacio para la exploración infantil, se adapta para acoger distintos usos. Es posible que su pequeño dueño utilice la instalación para jugar con sus amigos en los diferentes espacios interiores; los adultos quizá prefieran utilizarla, inspirados por su nombre, para echarse una siesta.

Triciclo, espuma

Fin de semana

Carlos No

Portugal

2012

Tres ruedas

Consternado por la naturaleza desigual de las viviendas en los barrios de chabolas, Carlos No quiere evidenciar las casas improvisadas e inestables que los más pobres de entre los pobres suelen construir con desechos. Parte de una serie más extensa titulada Villa Bidão, Fin de semana ahonda en la preocupación de No por la injusticia. Construida con madera desechada y otros objetos recogidos de la basura, esta torre de madera raída se monta sobre un triciclo motorizado. En contraste con el lujo relativo de los fines de semana que disfrutan muchas personas, este vehículo expresa los aprietos que padecen las personas pobres. Con espacio solo para estar de pie, incómodo y frágil, el proyecto es una provocación reflexiva e inquietante.

Triciclo motorizado, madera, PVC, vidrio, nailon

25 Pedra de Sal

Jacinta y Casimiro
Costa

Portugal

2007

Jacinta y Casimiro Costa, diseñadores y padres, crearon 25 Pedra de Sal a partir de armarios de cocina recuperados. Esta pequeña unidad móvil para los cuidados del bebé también reconfigura componentes de una bicicleta infantil e incorpora tuberías en desuso, ruedas de recambio, una lámina de acrílico y un retrovisor de coche viejo. El resultado es una cuna de vivos colores que incorpora espacio de almacenaje para ropa de bebé, ropa de cama y productos para el cuidado de los pequeños, así como una cajonera-cambiador de pañales. Diseñada y construida con ingenio para los dos hijos de los Costa, esta unidad móvil es la cuna más moderna que circula por las calles.

Triciclo, armarios de cocina reutilizados, lámina de acrílico, espejo

Ta đi Ôtô

Bureau A

Vietnam

2013

Esta torre en un triciclo cautiva a muchos por varios motivos. Se trata de un espacio de escenificación de siete niveles que proporciona una base móvil para usos diversos. Creado a partir de una estructura de acero pintado de azul, el proyecto incluye una pequeña cubierta, luces y un ventilador a pilas. Encargada por Ta đi Ôtô, un bar y centro cultural local de Hanoi, esta plataforma itinerante ha albergado un puesto ambulante de comida, exposiciones de arte y muchas otras actividades. Construida en un campo cerca de Hanoi, se transportó a la ciudad por el método tradicional del pedaleo. El proyecto, que aprovecha conocimientos y experiencia locales, rezuma una sensibilidad auténticamente vietnamita.

Tres ruedas

Armazón de acero, lona, triciclo, planchas de madera

Agencia de
Diseño Móvil

Lava

China

2013

La Agencia de Diseño Móvil está fabricada con un triciclo motorizado (*sanlunche*) de segunda mano. Lava utilizó el vehículo como estudio itinerante durante la Semana del Diseño de Pekín. El objetivo del proyecto era ofrecer asesoría y crear logotipos para pequeñas empresas de la zona de Dashilan, desde fruteros hasta barberos. Lava utilizó cuestionarios bilingües para determinar las necesidades de cada cliente y las características de su encargo. La agencia móvil, que permitió una mayor interacción en este barrio histórico, transmitió a los empresarios locales el valor del diseño holandés, a la vez que proporcionaba consejos creativos sobre identidad corporativa.

Triciclo motorizado, acero, aluminio, plexiglás

Parkcycle Swarm

N55

John Bela, Till Wolfer

Azerbaiyán

2013

Triciclo, parque y activismo social todo en uno. El Parkcycle Swarm del colectivo holandés N55 es un parque modular, móvil e instantáneo. Sobre una base de tres ruedas, una estructura de aluminio ligera sostiene un pequeño recuadro de césped y permite transportar macetas y mascotas. El diseño de este jardín móvil está disponible de manera gratuita en Internet y su objetivo es fomentar la interacción social y la conciencia ecológica. Esta «herramienta abierta de planificación urbana», ya sea como un jardín de uso individual o un parque abierto, permite a los ciudadanos reclamar espacio público. Un proceso democrático de creación de espacios verdes que permite ensamblar un parque cuando y donde se quiera, simplemente transportando los módulos en bici.

Tres ruedas

Triciclo, aluminio, contrachapado, AstroTurf

Supertramp
Lehman B
Reino Unido
2010

El Supertramp, parte de una investigación en torno a modos de vida más sencillos, es un concepto de vivienda móvil diseñado por Lehman B para ser remolcado en triciclo. Con una envolvente de lona de color beige tensada holgadamente sobre un armazón de acero, esta pequeña vivienda con ruedas anticipa un estilo de vida urbano donde «menos es más» (una crítica de las reglas actuales). El acceso se efectúa a través de una gran puerta con cremallera que da paso a un sencillo interior, con una estufa de leña, chimenea y espacio suficiente para dormir. Este proyecto social y experimental incluye una «trampilla» practicable, una pequeña «ventana al mundo» que espolea las interacciones sociales con los transeúntes.

Tres ruedas

Triciclo, armazón de acero, lona, contrachapado

Casa errante
Kacey Wong
Hong Kong
2008

La Casa errante, una interpretación de la rica y variada cultura de Hong Kong creada para la Bienal de Arquitectura de Venecia, es una respuesta pertinente al incremento del coste de la vida en Hong Kong y al rápido aumento del número de personas sin hogar. El descarado proyecto de Wong abordaba un problema serio al tiempo que le sirvió de hogar temporal durante la exposición. Instalado sobre un triciclo robusto, habitual en las calles de China, el cuerpo con armazón de madera de la Casa errante presenta un acabado de revestimiento metálico impermeable, mientras que el interior ofrece espacio para un escritorio, una cama y almacenaje. La modesta forma de esta solución potencial para una vida nómada subraya un problema urbano creciente.

Triciclo, chasis de acero, aluminio, madera, vidrio

Triciclo de DJ 1.0

Jonathan S. Igharas

EE. UU.

2009

El Triciclo de DJ, proyecto de final de posgrado de Jonathan Igharas, se inspiró inicialmente en su investigación sobre los distintos tipos de triciclos y bicicletas de todo el mundo, desde los *rickshaws* de la India hasta los taxis triciclo vietnamitas. El Triciclo de DJ 1.0, dotado de un sistema de sonido accionado a pedales, es un elemento popular en las calles de Nueva York. Su diseñador, afincado en Brooklyn, lo creó con el fin de reclamar, dinamizar y mejorar el espacio público. Igharas se limita a aparcar su bicicleta en cualquier lugar de la ciudad y monta una sesión de música, invitando a los transeúntes a unirse a la fiesta improvisada. Esta inventiva estructura móvil consta de una tabla de mezclas de DJ resistente y ampliable protegida por una caja, todo ello montado en un triciclo.

Tres ruedas

Cuadro de triciclo, paneles de aluminio compuesto, acero, bambú

Operación

secreta 610

RAAAF

Studio Frank

Havermans

Países Bajos

2013

Espeluznante y sigilosa a partes iguales, la Operación secreta 610 es un ejercicio de investigación e historia. Con reminiscencias del ambiente de la Guerra Fría y con estética de armamento militar, este aparato no volador se concibió como un vehículo de investigación móvil con sede en la hoy desmantelada Base Aérea de Soesterberg. Con espacio para hasta diez investigadores invitados, se desplaza lentamente por la pista en desuso sobre unas bandas de oruga. Desde la distancia, su cuerpo blindado de acero ennegrecido, elevado 4,5 m del suelo por dos grandes patas con forma de ala, destaca en marcado contraste con el sereno paisaje de los tiempos de paz.

Acero, vidrio, ruedas de oruga

Humano

Sin ruedas

Una y dos ruedas

Tres ruedas

Cuatro ruedas

Cinco o + ruedas

Trineos

Agua

Cabaña de pastor
Collingwood
Güte
Canadá
2015

La cabaña de pastor Collingwood es una caravana moderna para pastores a años luz de su humilde predecesora. Diseñada por Güte, especialistas canadienses en caravanas de fabricación artesanal, su forma redondeada elimina las habituales distinciones entre paredes, techo y suelo y amplía la sensación de espacio en su minúsculo interior. Su revestimiento con tejas es ideal para mantener a raya el inhóspito viento y proteger del hielo y la nieve típicos de los gélidos inviernos norteamericanos. En el interior, la sencilla caravana de 4,5 m de longitud alberga una estufa de madera, literas y una cama de matrimonio plegable que se transforma en una mesa de comedor y bancos para sentarse.

Cuatro ruedas

Chasis de acero, contrachapado, metal galvanizado, cedro rojo del Pacífico, vidrio

Casa minúscula

Walden Studio

Países Bajos

2016

Esta interpretación contemporánea de una casa móvil sin conexión a la red de suministros presenta volúmenes simples y limpios, tanto por dentro como por fuera. Diseñada por Walden Studio, especialistas en viviendas compactas y eficientes, la Casa minúscula cuenta con altos techos y un gran porche frontal, que, sumados a los acabados en tonos claros del interior y a una generosa pared acristalada, potencian la sensación de amplitud. El espacio se aprovecha al máximo: desde el almacenaje oculto en las escaleras hasta el sofá esquinero que se transforma en una mesa de comedor. Revestida con paneles de pino de cultivo sostenible y aislada con lana de oveja, tres grandes placas solares proporcionan a la Casa minúscula toda la energía que necesita.

Chasis de acero, madera, pladur, aluminio, placa solar, vidrio

Proyecto de hogares para los sin techo

Gregory Kloehn

EE. UU.

2014

Preocupado por la falta de vivienda, Gregory Kloehn reutiliza material de desecho encontrado en contenedores urbanos para crear estructuras habitacionales *ad hoc*. Cada una de estas viviendas hechas a mano representa un modo ingenioso de aprovechar los recursos disponibles, recuperando todo tipo de residuos, desde electrodomésticos abandonados hasta acuarios y palés de madera. Construido sin coste alguno, el proyecto de Kloehn crea hogares únicos y proporciona seguridad a los nómadas urbanos. Todas las unidades tienen cerradura y están elevadas del suelo para evitar robos, inundaciones y la entrada de animales indeseados. Al ser ligeras, se pueden transportar fácilmente. Además, su movilidad permite sortear la burocracia urbanística.

Cuatro ruedas

Madera reutilizada, plástico, tela

Puesto ambulante

How About Studio

Reino Unido

2016

Diseñado para el Festival del Amor de Londres, este puesto ambulante ubicado junto a fuentes públicas vende crema solar y accesorios para el baño. Alicatado con azulejos en tonos degradados de blanco y azul, con una escalera de piscina y estructura de color rosa chicle, el carrito tiene ruedas de plástico para poder empujarlo entre la multitud. Cuando no está en uso, se abaten unas alas de acero inoxidable que protegen los productos expuestos. Durante el horario comercial, se abren para formar un toldo que da sombra, al tiempo que dejan al descubierto los detalles de bronce brillante de los armarios y cajones. Este diseño refrescante proporciona un respiro en el calor de este evento estival anual.

Acero, azulejos, ruedas, aluminio

hOMe

Andrew y Gabriella
Morrison

EE. UU.

2013

En línea con la tendencia cada vez más popular de contar con un espacio vital pequeño y asequible, en lugar de vivir en un edificio de viviendas convencional, esta casa con ruedas es una versión contemporánea de una minicasa. El hogar, de dos plantas, mide solo 20 m² y cuenta con todos los equipamientos básicos: cocina, cuarto de baño, comedor-salón–espacio de trabajo, dormitorio e incluso una estufa de leña. Con área de almacenaje oculta bajo la escalera y acabados sencillos de suelos de madera y paredes blancas, su limpio interior combina con el sencillo exterior revestido de madera. Construida por la pareja que vive en ella y sin la carga económica de una hipoteca o un alquiler, hOMe ofrece una alternativa válida para la vida doméstica.

Cuatro ruedas

Remolque, madera, vidrio, acero

**Cabaña para pescar
en el hielo n.º 885**

Anónimo

Canadá

2016

Retratado en Quebec como parte de «Cabañas en el hielo», una serie fotográfica de Richard Johnson, este diminuto refugio con ruedas cuenta con todo lo esencial para hacer frente al gélido invierno canadiense y está situado junto a un lugar para pescar en el hielo. Como el resto de las cabañas fotografiadas por Johnson, refleja tanto la personalidad de su propietario como la cultura de la pesca. Esta caseta de madera para dos personas, localizada en la bahía Ha! Ha! de Quebec, es un ejemplo sofisticado, en comparación con otras de su género. Las ruedas permiten retirarla antes de que el hielo se derrita. Apoyada sobre bloques de madera, ofrece una estabilidad temporal. Dispone, además, de una estufa de leña para combatir el frío.

Chasis de acero, madera, metal corrugado, vidrio

AERO-Mobile

Office of Mobile
Design

EE. UU.

2015

El AERO-Mobile se enmarca en la investigación de Jennifer Siegal sobre estructuras dinámicas y respetuosas con el medio ambiente. El proyecto fusiona movilidad y prefabricación en una vivienda itinerante que puede albergar múltiples funciones, tales como exposiciones de arte, oficinas de empresas emergentes y comercios al por menor. El espacio se levanta mediante un elevador de tijera y su volumen interno puede ampliarse desplegando unas alas de tela panelada. Como sucede en gran parte del trabajo de Siegal, el proyecto se ha creado con materiales industriales reciclados, incluido un elemento de carga unitario (ULD) aeronáutico recuperado y telas de veleros. Portátil y prefabricado, el AERO-Mobile es una experiencia edificante.

Cuatro ruedas

Camioneta, armazón de aluminio, lona de nailon, aluminio

Carro del futuro

Studiobird

Australia

2013

El arquitecto australiano Matthew Bird se inspira en precedentes como las diligencias del Salvaje Oeste y los carromatos gitanos para imaginar un hogar nómada para el futuro. Construido a partir de materiales encontrados y recursos diversos, como malla de alambre de acero, cúpulas de claraboyas, tubos de fontanería multiusos y cañerías de acero, el resultado es un hogar itinerante ligero. Su sorprendente forma romboidal, revestida de recortes de estera de PVC transparente, es lo bastante ligera como para que pueda maniobrarla una sola persona. Visto desde la cama hecha con manguera de jardín azul, el paisaje exterior, siempre cambiante, supone una liberación de las limitaciones habituales de tener una casa en propiedad.

Armazón de acero, ruedas de carro, estera de PVC transparente, escobillas, anillas de cortina de ducha, malla de alambre de acero

Refugio ambulante

Eduardo Lacroze

EE. UU.

2015

Con un carrito de la compra como elemento central, esta vivienda ambulante para los sin techo es una casa modular construida con paneles plegables. Concebido por el arquitecto Eduardo Lacroze, se trata de un refugio fácil de montar, simplemente con ayuda de un destornillador. La tabla lateral se abre y crea espacio para una cama individual con un colchón Therm-a-Rest integrado. Durante los desplazamientos, el espacio se comprime para poderse transportar sobre el carrito, de manera que los compartimentos de almacenaje quedan accesibles en todo momento. Ganadora del Premio de Proyectos Pequeños del American Institute of Architects, esta solución temporal para una persona es un intento positivo de abordar un problema endémico.

Cuatro ruedas

Carrito de la compra metálico, madera aglomerada laminada, pernos galvanizados

Castillo para los sin techo

James Westwater

EE. UU.

2008

Parte de un proyecto más amplio con el título general de «Castillos de contrachapado», esta versión de microarquitectura modular y móvil de James Westwater ofrece espacio para una persona. Concebido tras la crisis financiera de 2007-2008 y los problemas posteriores relativos a las viviendas en propiedad, este refugio móvil incorpora materiales recuperados y reciclados. *Collage* de señales de tráfico reflectantes, palés de madera contrachapada y restos de materiales de construcción, el Castillo para los sin techo se concibió para exponerse en galerías que cuentan con un público privilegiado. Equipado con libros, comida y otras provisiones cotidianas, subraya la necesidad de compasión hacia las personas sin hogar.

Contrachapado, señales de tráfico, ruedas de carrito

Midget Bushtrekka

Kamp-Rite

EE. UU.

2012

Concebida como compañera para viajes en bicicleta, esta tienda de campaña-remolque de cuatro ruedas está equipada con toda la parafernalia que se pueda desear. Su estructura proporciona espacio de almacenaje protegido de la lluvia y sirve de base para una tienda elevada. Compuesta por una plataforma plegable en dos partes, esta cama completamente cerrada cuenta con un cuerpo de nailon antidesgarro Ripstop, revestimiento de poliuretano impermeable y mosquiteras para dormir tranquilamente. Construida con marco de aluminio para reducir el peso, su nombre, que significa «Bushtrekka enana», alude a sus reducidas dimensiones: un volumen de solo 120 litros con el espacio básico para un breve viaje de acampada.

Cuatro ruedas

Remolque, estructura de aluminio, nailon antidesgarro Ripstop

Unidad móvil EDAR

EDAR – Everyone
Deserves a Roof
Project
EE. UU.
2007

Abreviación tanto del prototipo como de la organización sin ánimo de lucro Everyone Deserves a Roof («todo el mundo merece un techo»), esta unidad móvil es un invento del fundador de EDAR, Peter Samuelson. El robusto diseño de cuatro ruedas se ha concebido como una alternativa viable y segura para el número creciente de personas sin hogar. Diseñada para proporcionar un lugar donde dormir y espacio de almacenaje, esta unidad con forma de tienda crea un cerramiento seguro. De día, la tienda se recoge en jaulas laterales y la base para dormir se retrae, de tal manera que queda un carro móvil y compacto. Con cintas reflectantes, dispositivos de bloqueo de ruedas y freno, esta práctica estructura transmite un ideal encomiable: la dignidad humana universal.

Carrito metálico, colchón, toldo impermeable,
tela de malla

La Ópera
Rob Vos
Países Bajos
2008

En el extremo lujoso del espectro de «la vida bajo una lona», la caravana la Ópera es una «tienda de campaña» móvil para vacaciones con una forma que evoca las icónicas velas de la Ópera de Sídney. Su diseño prescinde de las molestas varillas, piquetas y camas de camping y ofrece el máximo confort. Con suelos de teca, el interior incluye camas ajustables electrónicamente, espacios de almacenaje empotrados, un frigorífico de carga superior e incluso un inodoro de cerámica. En la misma línea, el exterior está perfectamente equipado, con una zona portaequipajes de fácil acceso y una cocina plegable para uso al aire libre. Cuando la caravana está recogida, sus compactas dimensiones permiten trasladarla fácilmente.

Chasis metálico, poliéster, teca, poliéster con aplicaciones marítimas, cuerda de nailon, luces LED

**Carrito-tienda
de campaña**
Kevin Cyr
EE. UU.
2009

Producto de la fascinación del artista Kevin Cyr por la movilidad y
los automóviles, el Carrito-tienda de campaña convierte un carro de
supermercado de acero en una vivienda autónoma, mucho más sólida
que la mayoría de las tiendas de campaña. Además, incluye espacio para
guardar alimentos y herramientas, una tarima plegable para dormir y una
cubierta resistente. Desmontado, es fácil de desplazar, pues tanto la base
de madera como el colchón y la lona se recogen. Para abrirlo, basta con
accionar la manivela y elevar el techo. El proyecto, un experimento intere-
sante de vida itinerante, es también una crítica social en torno al carrito
de supermercado, un invento de la década de 1930 que hoy se asocia en
muchos casos a los vagabundos que viven en las ciudades.

Carrito de supermercado de acero, madera aglomerada,
nailon, lona

**Variante de vehículo
para los sin techo 3**
Krzysztof Wodiczko
EE. UU.
1988

Los vehículos para personas sin hogar de Wodiczko no pretenden ser ingeniosas viviendas, sino una crítica sobre «los aspectos simbólicos, psicopolíticos y económicos en juego en la ciudad». Sus unidades metálicas se transforman en espacios para dormir y lavarse, con sitio para guardar las latas y bolsas de plástico recogidas. Los prototipos han sido utilizados por personas sin hogar y se han expuesto en galerías de arte a modo de crítica social. Los paneles de malla y el plástico cauchutado se complementan con unas ruedas de tamaño irregular y un impresionante cuerpo metálico con forma de medio cilindro. El conjunto recuerda a un carrito de supermercado engalanado. Se trata de una mirada implacable a la dura realidad de las personas sin techo.

Cuatro ruedas

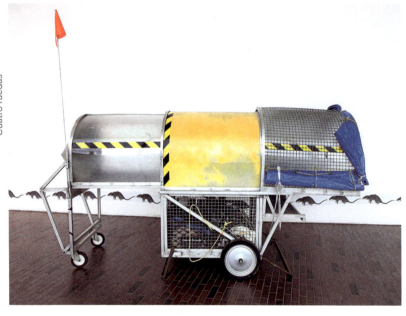

Armazón de acero, lona de poliéster, contrachapado, cuerda, ruedas, plástico

Casita Toybox

Frank Henderson,
Paul Schultz

EE. UU.

2015

La casita Toybox, con sus vivos colores, destaca en el sobrio contexto en el que se inscribe. Con una cubierta termoplástica energéticamente eficiente y con paredes de paneles de fibra de vidrio corrugado y cedro, el acogedor interior, organizado con esmero, incluye una cocina revestida de contrachapado, un salón, una mesa de comedor-escritorio y un dormitorio en un altillo. Consciente de la demanda creciente de un modo de acampada respetuoso con el medio ambiente, esta colorida caravana incluye opciones para instalar placas solares o generadores eólicos y macetas regadas con aguas residuales, gracias a lo cual satisface el deseo de su creador de proporcionar un hogar que ofrezca «paz, simplicidad, felicidad y recreación».

Chasis de acero, cedro, fibra de vidrio,
contrachapado, vidrio

Tripbuddy

Bill Davis

Reino Unido

2012

Tripbuddy, una alternativa llamativa y aerodinámica a las caravanas estándar, recurre a técnicas de diseño infográfico para crear una forma óptima que permite viajar sin preocupaciones. A diferencia de muchas de sus competidoras, está formada por una estructura monocasco integral moldeada, lo que reduce el efecto de arrastre al remolcarla y evita que se produzcan filtraciones o goteras cuando el tiempo es adverso. El acceso a su compacto interior se realiza mediante una trampilla posterior que da a las zonas integradas de alimentación, aseo, descanso y dormitorio, todas ellas acabadas con teca y piel resistente. Para los casos en los que dos es compañía y tres, multitud, un toldo integral amplía el espacio de la entrada y permite acoplar varias tiendas de campaña pequeñas.

Cuatro ruedas

Chasis de acero, fibra de vidrio, plexiglás

Nebula

Andrew Maynard
Architects

Australia

2013

Encargado por Arts Access Victoria para el Art Day South (un colectivo de artistas con discapacidades cognitivas), Nebula es un espacio de arte portátil con un programa flexible que permite convertirlo en galería, taller, sala de conferencias o teatro. Con capacidad para hasta dieciséis artistas, el característico caparazón colorido de Nebula introduce con orgullo el trabajo y las obras artísticas en la cultura urbana, sin las limitaciones de las ubicaciones marginales. La amplitud total de la estructura se revela cuando se despliegan sus paredes, que se convierten en plataformas encerradas por toldos de plástico en forma de acordeón que incluyen segmentos transparentes y de colores vivos.

Aluminio, madera, plástico

Porta Palace

Daniel Venneman

Países Bajos

2015

Esta casa móvil compacta y ecológica es una opción ligera y eficiente para vivir en la carretera. El diseño de Porta Palace aprovecha al máximo su minúscula planta mediante el uso de ventanales sobre la cocina y de una puerta de entrada con varios paneles de vidrio que crea sensación de amplitud en el interior. La plataforma para dormir, situada en un altillo, libera espacio; el acceso se efectúa mediante una ingeniosa mesa que hace las veces de escalera y de espacio de almacenaje. Fabricada con elementos respetuosos con el medio ambiente, incluido un revestimiento de madera pretratada y elementos de acero y vidrio 100 % reciclables, la caravana prevé el añadido futuro de placas solares para vivir sin necesidad de conectarse a la red de suministros.

Cuatro ruedas

Chasis de acero, madera, acero, iluminación LED

Golden Gate 2

Jay Nelson

EE. UU.

2014

Artista y surfero apasionado, Jay Nelson construye sus viviendas móviles de manera artesanal, cosa que le permite aprender nuevos procesos y desarrollar nuevas ideas con cada diseño. Esta segunda encarnación de su serie «Golden Gate», por ejemplo, es un *collage* arquitectónico: un lugar para descansar, meditar y disfrutar de escapadas de surf. Construida principalmente con madera, su forma redondeada incluye ventanas en forma de ojo de buey cuidadosamente ubicadas, una trampilla con forma de ala de gaviota y grandes parabrisas en la parte delantera y trasera. El Golden Gate 2, un vehículo fascinante y llamativo, alberga espacio para una cama y una tabla de surf y proporciona libertad para viajar.

200 – 201

Armazón de acero, madera, contrachapado, plexiglás, pernos metálicos

Trabajo sobre ruedas
IDEO
EE. UU.
2014

¿Por qué ir a trabajar si el trabajo puede venir a nosotros? Esta idea rompedora es la base de Trabajo sobre ruedas (WOW por sus siglas en inglés), un espacio de trabajo móvil y transparente diseñado por la consultoría internacional de diseño IDEO. Alimentado con fuentes de energía limpias, este vehículo anticipa el atractivo y la comodidad de trabajar a distancia. Su diseño proporciona una oficina climatizada, con controles de conducción autónoma y navegación GPS. Las estructuras de vidrio inteligentes albergan un espacio flexible para multitud de profesiones, desde dentistas hasta modistas, o un lugar para quienes desean disfrutar de las vistas. De pensamiento avanzado y en fase de desarrollo, WOW podría estar pronto en camino.

Cuatro ruedas

Vidrio, plástico, acero, aluminio, ruedas

Casa hoja versión 2
Laird Herbert
Canadá
2012

Frente al frío clima canadiense y la necesidad de dotar de un hogar a una familia de cuatro miembros, Laird Herbert concibió la Casa hoja. Esta vivienda móvil autónoma construida a medida combina la vida compacta con la apreciación de la luz y los espacios bien organizados hechos con materiales de calidad. El interior alberga zonas de comedor y cocina, un cuarto de baño optimizado y un diminuto altillo sobre el salón con una cama de matrimonio. La Casa hoja, panelada en cedro y acero corrugado y aislada con espuma aplicada con aerosol, cuenta con ventanas de triple vidrio que aportan un mayor aislamiento térmico. Los acabados de abedul y cedro del interior armonizan con el exterior y completan este estilizado espacio móvil.

Cuatro ruedas

Chasis de acero, cedro, acero corrugado, vidrio, pladur

Esmeralda

Tiny Heirloom

EE. UU.

2015

Espaciosa y llena de luz y de encanto, la Esmeralda hace honor a su resplandeciente nombre. Ubicado en Oregón, Tiny Heirloom es un negocio familiar especializado en la fabricación de viviendas móviles de alta calidad. Su lema a la hora de crear sus minúsculas casas es reducir al máximo el tamaño y actualizar el equipamiento: crear espacios compactos con materiales de calidad. Esta versión clásica con cubierta a dos aguas incluye una cocina con encimera de granito, un rincón comedor hecho a medida, un cuarto de baño y un salón, y extras como una lavadora y un armario para abrigos. Las paredes de madera pintada de blanco dan sensación de amplitud y su altura permite incluir una cama en un altillo y tragaluces.

Chasis de acero, acero, cedro, vidrio

Cowboy

Hummingbird
Micro Homes

Canadá

2014

Cowboy, una práctica y eficiente minicasa con ruedas, asequible para quienes desean practicar una vida itinerante, puede cabalgar hacia cualquier lugar donde sea requerida. Construido por la empresa canadiense Hummingbird Micro Homes, este modelo combina el estilo rústico con un diseño bien estudiado y está concebido para soportar los crudos inviernos septentrionales. Su fachada en dos tonos encierra una casita acogedora con cocina, cuarto de baño, salón-comedor y un dormitorio en un altillo. Revestida de madera y acero corrugado y con techos en tonos claros, cuenta además con abundantes ventanas. Colocada sobre un remolque de doble eje, esta pequeña y robusta casa de vaquero permite vivir una vida llena de aventuras.

Cuatro ruedas

Chasis de acero, acero corrugado, madera, pladur, vidrio

Casa hoja versión 3

Laird Herbert

Canadá

2015

Con base en Yukon, en el noroeste de Canadá, las diminutas casas móviles de Laird Herbert combinan un aspecto contemporáneo y actual con todo lo necesario para soportar los climas más fríos. La gama Casa hoja, uno de los modelos construidos por el despacho, es respetuosa con el medio ambiente y aporta prestaciones sencillas. La versión 3 cuenta con un revestimiento de juntas abiertas en dos tonos hecho de materiales reciclados. En el interior, los materiales sostenibles y naturales hallan continuidad con una chimenea de propano, una letrina de balde y un diseño solar pasivo. El pulcro interior está acabado con materiales no tóxicos, como contrachapado de abedul, lo cual convierte esta casa con ruedas en un paradigma del diseño ecológico.

Chasis de acero, cedro, madera noble, cartón yeso, aislamiento de espuma aplicado con aerosol, vidrio

Remolque Woody
Brian y Joni
Buzarde
EE. UU.
2012

Con un presupuesto limitado, sendas licenciaturas en arquitectura y un estilo de vida nómada, Brian y Joni Buzarde acometieron este proyecto como un ejercicio de optimismo aventurero. Apodado «Woody», su remolque fue la solución para tener un hogar cuando aún no estaban seguros de dónde establecerse. En lugar de alquilar una vivienda, invirtieron sus ahorros en esta casa móvil: una caravana angulosa revestida de cedro donde se aprovecha hasta el último rincón. Montada sobre un chasis de remolque adaptado, Woody contiene todo lo básico, además de algunas prestaciones que maximizan el confort, como una estufa de leña, una bañera, un armario para la ropa y unas generosas puertas correderas acristaladas que dan a una terraza.

Cuatro ruedas

Chasis de acero, cedro, armazón de acero, plexiglás, contrachapado de abedul

Casa Dragón de Luna
Zyl Vardos
EE. UU.
2016

Esta vivienda curvilínea de un dormitorio que parece sacada de un cuento de hadas surge de la unión de las habilidades de Abel Zimmerman Zyl como ingeniero y carpintero. La casa Dragón de Luna es una de las muchas casas artísticas que ha diseñado. El revestimiento con tejas y las complejas aberturas demuestran su voluntad de construir piezas personalizadas robustas y estructuradas. La zona del salón da sensación de amplitud gracias a su acabado unificado en madera tanto en paredes como en superficies y espacio de almacenaje. Unas diminutas cajas a modo de escaleras crean espacio de almacenamiento y conducen al dormitorio en el altillo. Con techos arqueados y ventanas llamativas, esta casa es perfecta para sumergirse en mundos reales e imaginarios.

Chasis de acero, contrachapado, vidrio, plástico, aluminio

Atlas

Blake Dinkins,
Lance Cayko,
Alex Gore,
Sarah Schulz

EE. UU.

2015

Atlas es un elegante refugio móvil que parte de la idea de que se puede potenciar la experiencia de acampar sin perder la conexión con la naturaleza. Revestida por un sólido armazón de acero y con una gran pared acristalada corredera que sirve de entrada, la estructura se abre a través de la tarima de madera con goznes y ofrece amplio espacio para relajarse en medio del paisaje. En el interior, los acabados de madera caracterizan la cocina, el salón y el dormitorio en el altillo, mientras que una puerta de acero cepillado conduce al cuarto de baño. La unidad es autosuficiente e incluye placas solares y un colector de agua de lluvia. A diferencia de su mítico homónimo, Atlas renuncia al peso de las trampas mundanales en busca de un lugar donde la vida es bella.

Cuatro ruedas

Remolque, armazón de acero, madera, vidrio, placas solares

Minioficina

Ikke en Pind

Dinamarca

2016

Esta cabaña móvil busca flexibilizar el entorno laboral, analizando los nuevos lugares y formas de hacer negocios. En respuesta a la necesidad del arquitecto de desplazarse para seguir las obras en marcha, la Minioficina es una solución itinerante para todo el año que incorpora un escritorio, una estufa de leña y un amplio espacio para almacenar objetos de papelería. Montada sobre un remolque, puede trasladarse fácilmente a cualquier lugar para reuniones con clientes, para colaboraciones con colegas o simplemente para inspirarse con un cambio de escenario. Revestida de paneles de madera, con un sobrio interior escandinavo, cada oficina se fabrica de manera personalizada y su coste, unos 12 500 dólares, es comparable a un alquiler comercial.

Remolque, paneles de madera, vidrio, pladur, estufa

Camión vestidor

Spiegel Aihara
Workshop,
Mobile Office
Architects

EE. UU.

2015

Esta tienda con paredes abatibles no es el típico lugar donde probarse lencería, pero True&Co encargó a Spiegel Aihara Workshop y Mobile Office Architects que crearan un vestidor móvil para dar a conocer al público femenino su gama de productos a la venta en Internet. Bien expuesta y de interiores acogedores, la tienda hecha con madera y acero se instala en zonas públicas y permite explorar y adquirir sus productos por el lado abierto a la calle; los vestidores, situados detrás, están revestidos con un tablero de paneles de vidrio transparentes y opacos. Este diseño proporciona intimidad, al tiempo que invita veladamente al voyeurismo, también por los productos en venta. Para trasladar el conjunto basta con desgoznar y plegar los volúmenes voladizos.

Cuatro ruedas

Chasis de acero, madera, vidrio

Koleliba

Hristina Hristova

Bulgaria

2015

Para disfrutar de unas vacaciones lejos de multitudes, esta diminuta casa diseñada por la arquitecta Hristina Hristova viaja sobre un remolque estándar. Koleliba (el nombre es un neologismo creado con las palabras búlgaras para «cabaña» y «rueda») saca el máximo partido a su modesto presupuesto. La cabaña presenta la altura de una habitación normal y cuenta con acabados de madera en tono claro que potencian la sensación de amplitud. El interior revestido de madera alberga una cocina, un cuarto de baño, armarios empotrados y una cama de matrimonio plegable. Enmarcado por una gran puerta corredera acristalada, el interior da a un porche con un banco de madera extraíble y un toldo retráctil que amplía el espacio útil a cubierto.

Chasis de remolque, armazón de acero, pino búlgaro, vidrio, lona, contrachapado

Vista

Escape Traveler

EE. UU.

2016

¿Es una cabaña? ¿Una caravana? Con su robusta estructura de madera, esta minúscula casa no resulta fácil de categorizar. Escape Traveler permite a uno o dos ocupantes acampar con todas las comodidades y, tal como sugiere su nombre, disfrutar de la conexión con la naturaleza, el gran atractivo de Vista. Tres grandes ventanales practicables interrumpen los muros de la zona del salón y el dormitorio y enmarcan las vistas del exterior. El interior está organizado en áreas de día y de noche, con un cuarto de baño y una cocina pequeños y amplio espacio de almacenamiento empotrado. Con interiores acabados en madera y revestida en el exterior con listones y acero corten, Vista ofrece una opción ingeniosa para vivir en comunión con la naturaleza.

Cuatro ruedas

Chasis de remolque, cedro, acero corten, vidrio

Filter Studio

Camera Buildings

Canadá

2014

Luminosa, espaciosa y asequible, esta pequeña casa con ruedas es una opción inspiradora para quienes buscan simplificar su vida. Creada para soportar los gélidos inviernos de Vancouver, su interior actual y sencillo halla continuidad en una fachada espartana. El proyecto, obra del especialista en viviendas de pequeño formato John McFarlane, satisface el sueño de su propietario de una vida más sencilla, con un hogar dotado de cocina, salón-comedor, cuarto de baño y una cama de matrimonio plegable. Su interior, donde abunda la luz natural, la convierte en una casa móvil única, con ventanas de suelo a techo rodeando la zona de día. Revestida de lamas de madera que aportan sombra y privacidad, esta casa con ruedas se puede remolcar fácilmente a un nuevo destino.

Acero, vidrio, madera, aluminio, pladur

Humano

Sin ruedas

Una y dos ruedas

Tres ruedas

Cuatro
ruedas

**Cinco o +
ruedas**

Trineos

Agua

Toldo del Pueblo

People's Architecture
Office
Reino Unido
2015

El Toldo del Pueblo es un artilugio con diez ruedas creado por el despacho de arquitectura de Pekín People's Architecture Office. Diseñado para acoger distintas actividades, el proyecto se concibió como un medio de dinamizar el apagado centro urbano de Preston, en el Reino Unido. El toldo aprovecha la experiencia de los arquitectos en la creación de carpas extensibles, bajo las que se crean espacios temporales como bares o restaurantes, espacios compartidos y animados para uso comunitario en las calles del sur de China. Cada unidad se despliega como un acordeón rojo hasta alcanzar una envergadura de 12 m; se pueden juntar varias para formar un espacio continuo, o bien contraerlas, según se requiera.

Cinco o + ruedas

Armazón metálico, poliéster, ruedas de bicicleta

Mercado nocturno en Bamdokkaebi

MOTOElastico
(Simone Carena
y Marco Bruno)

Corea

2016

Diseñadas para el mercado nocturno de Bamdokkaebi, en Seúl, que solo abre los fines de semana por la noche, estas llamativas estructuras móviles recubiertas con un tejido de PVC naranja son plegables y fáciles de guardar. Cada unidad, un armazón metálico en forma de V que se abre y se cierra como una tijera, se destina a un puesto de venta y se sostiene sobre un par de ruedas que permiten desplazarla de manera independiente. La composición abierta en zigzag (formada por un total de setenta módulos) proporciona vistas sobre el río colindante. Este mercado *dokkaebi* tradicional en Corea es como su homónimo mítico: una criatura que aparece de noche pero invisible de día.

Armazón de acero, láminas de PVC, ruedas

Biblioteca móvil A47
Productora
México
2012

Encargado por la organización sin ánimo de lucro Fundación Alumnos47, un programa de divulgación y aprendizaje cultural en México, este elegante camión blanco es una biblioteca móvil. Conocida como la A47, transporta un valioso cargamento cultural formado por unos 1500 libros. Además, ofrece una plataforma para debates y actuaciones. Sus paneles laterales de malla de acero se pueden abrir por completo y su suelo hidráulico en cinco partes se puede elevar para crear unas gradas en las que sentarse. Con un diseño atractivo, la A47 invita a consultar de manera informal los libros, así como a participar en presentaciones y programas culturales. Cuando no se utiliza, el proyecto simplemente se protege cerrando los paneles laterales.

Cinco o + ruedas

Camión, lámina metálica perforada, suelo hidráulico

Tienda de Arte Móvil:
quiosco Flip

MOTOElastico
(Simone Carena
y Marco Bruno)

Corea

2013

El quiosco Flip creado para la Fundación de Diseño de Seúl es una cabina de colores brillantes montada sobre unas ruedas resistentes. Parte de la Tienda de Arte Móvil ubicada en la explanada urbana de la fundación, su forma zigzagueante se despliega y ofrece el máximo espacio expositivo. El vistoso amarillo de la cabina, una interpretación contemporánea de los biombos coreanos o *byung-poong* que suelen usarse para separar estancias, atrae la atención. El quiosco, que acoge tanto eventos como promociones y ventas de productos de diseño, es lo bastante ligero como para que una persona pueda moverlo fácilmente, si bien también incluye un gancho para remolcarlo a otro lugar con ayuda de un automóvil o un carro.

Cinco o + ruedas

Chapa damero de acero, tablero semiduro
de fibras MDF, ruedas

Tienda de Arte Móvil: quiosco Cono

MOTOElastico
(Simone Carena
y Marco Bruno)
Corea
2014

Encargada por la Fundación de Diseño de Seúl, esta Tienda de Arte Móvil forma parte de un conjunto de tres puestos móviles de una originalidad asombrosa. Instaladas en espacios al aire libre, en la explanada del diseño de Dongdaemun, en Seúl, las unidades móviles acogen diversos eventos y se emplean también para la venta de productos de diseño. Esta variante incorpora conos de tráfico naranjas que, usados en masa, crean un revestimiento puntiagudo y vistoso fijado a una subestructura impermeable. Cerrada, la unidad queda completamente protegida por los conos naranjas, que definen una cabina llamativa y fácilmente reconocible en esta zona urbana superpoblada.

Estructura de acero, conos de tráfico, ruedas

Cabañas rodantes

Olson Kundig

Architects

EE. UU.

2009

Cinco o + ruedas

Esta serie de cabañas elevadas, situadas en un valle proclive a las inundaciones, reemplaza un campamento de vehículos recreativos. Diseñadas a modo de seis retiros vacacionales para amigos y familiares, las cabañas erigidas sobre plataformas de acero y madera permiten disfrutar de paz y tranquilidad. Sus interiores son cómodos y austeros, con acabados económicos y sin tratar, como corcho y contrachapado. Pese a su reducido tamaño, cada cabaña dispone de salón, dormitorio, cuarto de baño, estufa de leña y una amplia terraza que rodea el habitáculo para disfrutar de las vistas. Estas cabañas ingeniosas e idílicas se elevan sobre ruedas para protegerlas del clima húmedo y sortear la normativa municipal, que prohíbe las estructuras fijas.

Armazón de acero, vidrio, contrachapado, paneles de acero

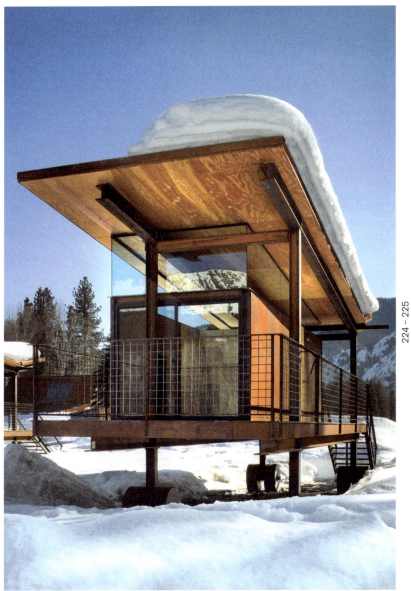

Vagón del Saber

Al Borde

Ecuador

2012

En esta reinterpretación de un vagón de tren clásico se distribuye sabiduría en lugar de cargamento. Si bien mantiene el rojo brillante de la compañía ferroviaria original, el Vagón del Saber es un espacio adaptado polivalente que acoge un aforo máximo de ochenta personas en su pequeño teatro al aire libre o veinte en un espacio de trabajo semicerrado. La estructura es fácil de reconfigurar y sus paredes laterales se han modificado para incluir asientos empotrados y sillas plegables. Un toldo ligero y retráctil protege del sol y de la lluvia. Como si de un maestro itinerante se tratara, el Vagón del Saber contacta con comunidades remotas mientras recorre la red ferroviaria litoral del Ecuador de uno a otro extremo.

Cinco o + ruedas

Vagón de tren, caucho, madera, lona

8rad² Solar

Nico Jungel

Alemania

2015

Más ecológica que un camión de reparto, esta bicicleta de carga promete ser una alternativa radical a los vehículos alimentados con combustibles fósiles. El diseño de Nico Jungel, consciente de la dificultad de hacer realidad las ciudades sin coches, invita a reflexionar sobre lo robusta y sostenible que puede llegar a ser una bicicleta de reparto. La 8rad², la versión de mayores dimensiones, viaja sobre ocho ruedas que soportan un inmenso cajón de mercancías. Pilotada y accionada por dos conductores, cuenta con un motor de energía solar de refuerzo para situaciones en las que solo la conduce una persona. A este vehículo resistente y versátil también se le puede acoplar un cerramiento de madera, que lo transforma de bestia de carga en una casa móvil.

Chasis de acero, estructura de madera,
plástico traslúcido, piezas de bicicleta

AMIE 1.0

Skidmore, Owings
and Merrill (SOM)

EE. UU.

2013

«Energía Integrada de Fabricación Aditiva» (AMIE por sus siglas en inglés) es un refugio impreso en 3D que explora el potencial de las fuentes energéticas renovables tanto en ubicaciones urbanas como remotas. Cuenta con un caparazón blanco de alta tecnología con rendijas a modo de branquias diseñado para ofrecer vistas del exterior y permitir la entrada de luz natural. La estructura, dotada de placas fotovoltaicas integradas en la cubierta, comparte su excedente de energía de manera inalámbrica con un vehículo impreso en 3D que la acompaña, que a su vez incorpora un generador alimentado con gas. En conjunto, el sistema representa las posibilidades latentes de los edificios energéticamente eficientes y de la tecnología inalámbrica.

Cinco o + ruedas

Refuerzos de acero, aluminio, panel solar fotovoltaico monocristalino, linóleo

Wothahellizat Mk1

Rob Gray

Australia

2001

Como un armadillo con ruedas, la Wothahellizat Mk1 se anuncia como la «casa motorizada más grande, rara y conocida» de toda Australia. Esta casa móvil e inconformista transforma un camión militar en un hogar seguro e itinerante con un peculiar revestimiento de placas de aluminio antideslizantes. Su forma de mole contradice el espacio y la inventiva del interior, que incluye una estancia con todo lo necesario para vivir, así como dos motos, un depósito grande de agua fresca, provisiones de alimentos para tres meses y «unas 90 botellas de cerveza». Wothahellizat Mk1, perfecta para los más aventureros, se desplaza por barro, arena y polvo y permite disfrutar de verdaderas aventuras en el interior de Australia durante varios meses.

Cinco o + ruedas

Carrocería de camión, vidrio, placa de aluminio antideslizante

Ovida de Getaway

Millennial Housing Lab
EE. UU.

2015

Getaway, que explora la viabilidad y la psicología de vivir en una casa
minúscula, contó con financiación del Millennial Housing Lab, una iniciativa
de los estudiantes de Harvard Jon Staff y Pete Davis. Con el fin de poner
a prueba cuán eficaz y acogedor podía resultar un espacio reducido,
encargaron la Ovida, un diminuto refugio disponible para estancias cortas.
Creada con materiales de calidad, explora la economía espacial y ofrece
prestaciones de confort en las profundidades del bosque. El exterior y el
interior están revestidos con maderas de texturas similares. No está claro
aún si las miniviviendas acabarán convirtiéndose en una opción general,
pero las casas de Getaway que se pueden alquilar cerca de Boston
y Nueva York permiten catar sus virtudes.

Chasis de acero, madera, vidrio

Studio Dental

Montalba Architects

EE. UU.

2014

Studio Dental lleva el dentista allá donde estés y, como mínimo, borra de un plumazo cualquier excusa para retrasar tu próxima visita al odontólogo. Diseñado por Montalba Architects con el fin de que nadie desatienda su dentadura, este elegante estudio con ruedas incluye una sala de espera, una zona de esterilización y dos consultorios para pacientes. De diseño compacto, el espacio se divide mediante paneles de madera fresada con un patrón perforado. Unos pequeños recortes en la parte alta de la cubierta permiten la entrada de luz sin que se pierda la intimidad. La convincente propuesta móvil de Studio Dental podría aliviar el dolor de las visitas al dentista.

Chasis de acero, metal, pladur, madera

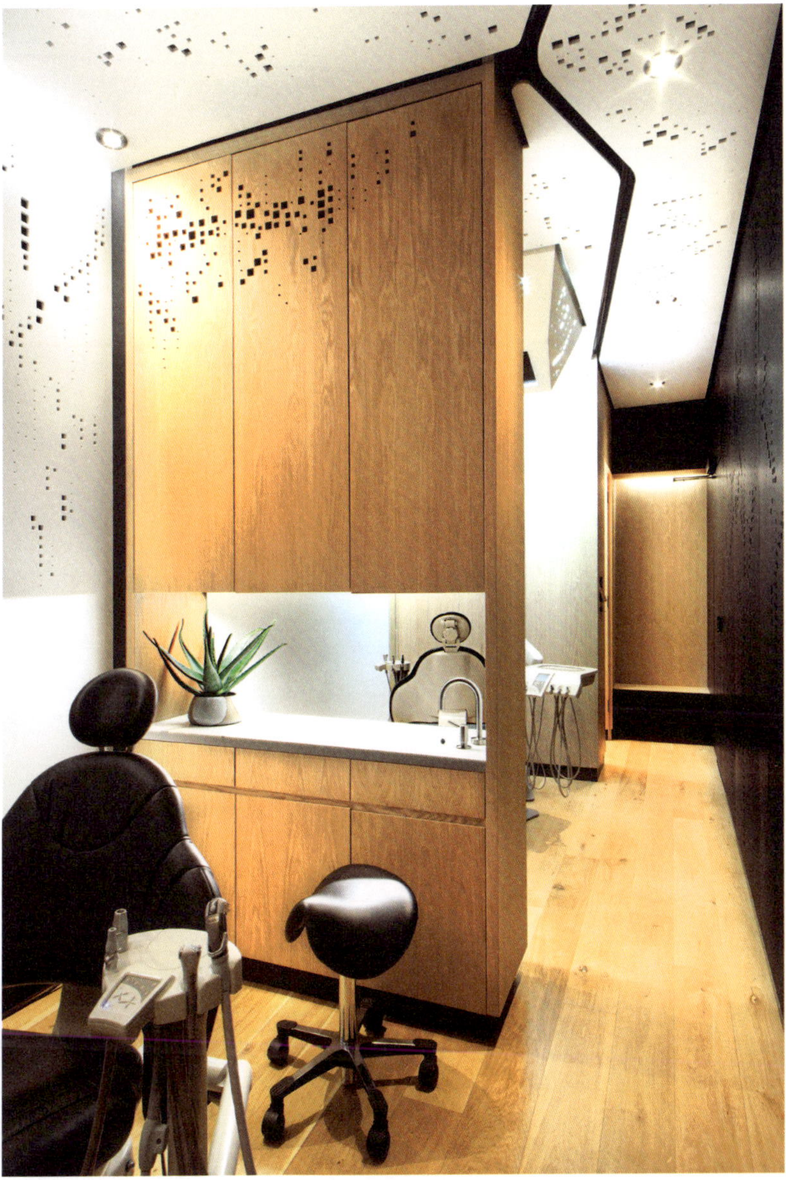

Humano

Sin ruedas

Una y dos ruedas

Tres ruedas

Cuatro ruedas

Cinco o + ruedas

Trineos

Agua

Ski Haus

Richard Horden
Associates

Suiza

1991

La Ski Haus es un refugio ligero —no apto para los más miedosos— que permite disfrutar de estancias en cumbres montañosas remotas, desde el Matterhorn hasta el Mont Blanc, o más allá. Este hogar móvil para grandes altitudes conquista los paisajes alpinos y ofrece vistas sobrecogedoras de las laderas nevadas. Fácil de transportar en helicóptero, cuenta con robustos fijadores para su aerotransporte, así como con cuatro patas hexagonales que garantizan un aterrizaje seguro y estable. Con espacio para cuatro personas, la Ski Haus, autosuficiente y con revestimiento de aluminio, incluye turbinas solares y eólicas que generan energía. Inspirado en la serenidad que transmiten los Alpes suizos, este refugio de alta tecnología ofrece protección a los esquiadores y escaladores.

Trineos

Armazón de aluminio, vidrio, turbina solar y eólica

Mailroom

Timothy
Smith-Stewart,
Charles Spitzack

EE. UU.

2014

Descrita como un santuario itinerante, esta «caja de correos», una envolvente instalación artística sobre el lago helado White Bear, Minnesota, colecciona anécdotas y secretos. Revestida con paneles de espejo y una puerta del color rojo de los servicios de correos de algunos países, su forma rectilínea reflectante descansa sobre un trineo de madera. En el interior, tres de los muros se inclinan hacia un único punto de fuga: un escritorio de madera donde se pueden leer las cartas manuscritas de otros visitantes y redactar sus propias misivas. La idea subyacente al proyecto, que invita a los visitantes a formar parte de una comunidad *ad hoc* compartiendo anécdotas y vivencias, es revelar la interconexión de todo el mundo mediante las historias contadas y leídas.

Contrachapado, espejos de Mylar, madera

Solar Arc

Aaron Marx

EE. UU.

2011

Este desenfadado refugio fue seleccionado para formar parte del programa anual Art Shanty Projects, que transforma la región helada del lago White Bear en Minnesota en una residencia de arte y un evento público con docenas de instalaciones para atraer a los vecinos al lugar. Inspirado por los centenares de cabañas para pescar sobre hielo que salpican los lagos de la región durante los meses gélidos, Solar Arc es una estructura poligonal negra montada sobre un trineo. Desde el interior, los visitantes pueden disfrutar de los juegos de luz cambiantes que se filtran a través del panel perforado del techo mientras se recuestan en una gran hamaca de cuerda.

Trineo de madera, armazón de madera, contrachapado, lona, acero, red

Cabaña para pescar en el hielo n.º 711

Punta Scugog

Anónimo

Canadá

—

La serie fotográfica «Cabañas en el hielo» con la que Richard Johnson documenta estas tipologías en todo Canadá tiene en este refugio de pesca rojo un ejemplo de los más llamativos. Además de guarecer del tiempo inclemente, ser transportables y proporcionar acceso al hielo, algunas cabañas incluyen elementos como una estufa de leña. Si bien todas comparten determinadas similitudes, la serie de Johnson captura sus idiosincrasias, como el Elvis pintado con aerosol que adorna la humilde fachada de esta cabaña en Punta Scugog, Ontario. Posada sobre un sencillo trineo de madera para poder trasladarla con facilidad cuando concluye la temporada de pesca en el hielo, esta sencilla estructura es un paradigma de arquitectura con encanto cotidiano.

Madera, metal, vidrio

Pabellón de cuerda

Kevin Erickson

Canadá

2012

Parte de un concurso anual de cabañas cálidas situadas a lo largo del río Assiniboine, en Winnipeg, esta propuesta ganadora emplea materiales comunes para crear una estructura escultórica que protege de temperaturas que pueden superar los cuarenta grados bajo cero. Montada sobre un trineo con un armazón de 12 nervios verticales de abedul envueltos con 128 capas de cuerda sintética, la cabaña se diseñó para hacer frente a la nieve y las ráfagas de viento y permite cobijarse de los elementos al tiempo que se disfrutan de vistas del interior y del exterior. La cuerda es tanto el elemento de refuerzo de la estructura como su revestimiento exterior. Su efecto tejido se consigue pasándola a través de más de 1500 agujeros perforados en la estructura de abedul.

Trineos

Cuerda, armazón de abedul, tornillos de acero, plataforma de trineo

One Eye Folly

Donald Lawrence

Canadá

2008

Esta extravagancia sobre hielo, a modo de instalación de arte, es un curioso híbrido entre barco y cabaña incluido en la exposición «*Follies sobre hielo*» celebrada en el lago Nipissing de Ontario. One Eye Folly consta de un casco de barco colocado sobre un trineo y cargado con una cabina revestida de baldosas de estaño estampadas que forman una envolvente texturizada. Con dos ventanas a modo de trampilla, remos y una puerta de un viejo cobertizo, la *folly* cuenta con una apertura que permite el paso de la luz y actúa como cámara oscura. Con reminiscencias de las atracciones marítimas de la era victoriana, esta especie de cámara estenopeica refleja tanto la superficie helada del lago como las otras obras incluidas en la muestra.

Madera, bote de remos, plástico, cuerda, piedra, micrófonos, hidrófono, trineo de madera

Sauna nómada
Marco Casagrande
Noruega
2012

Construida en las hostiles condiciones subárticas del lago Røssvatnet en Noruega, esta sauna sobre esquíes fue el resultado de un proyecto en colaboración de 20 alumnos del Taller de Arquitectura de Supervivencia dirigido por Marco Casagrande en un ejercicio para superar condiciones climáticas adversas. La estructura incluye una chimenea y espacio de almacenaje para combustible externos, mientras que en el interior acomoda una plataforma para la pequeña estufa y unas gradas para sentarse, así como un agujero sobre el hielo para darse chapuzones rápidos en el gélido lago. En invierno se desplaza por la superficie congelada empujándola; en verano, se coloca en una plataforma en la playa junto al lago, para disfrute de la comunidad.

Madera, metal

Cabina Sonido

Barry Prophet

Canadá

2010

Parte de la exposición de 2010 *«Follies* sobre el hielo» organizada por la WKP Kennedy Gallery, la Cabina Sonido es un generador de arte sonoro instalado sobre un trineo en las aguas heladas del lago Nipissing en la bahía norte de Ontario. Creada por Barry Prophet, compositor, percusionista y escultor, esta instalación en dos piezas consta de una caseta de pesca dotada de un largo resonador que se proyecta desde una de las paredes. La cabaña es una sala para escuchar los sonidos que genera en el exterior una caja de música cilíndrica fabricada con tuberías, varilla roscada, pernos de acero y bandejas de acero inoxidable recicladas. Al activarse, emite un sonido similar al del hielo quebradizo.

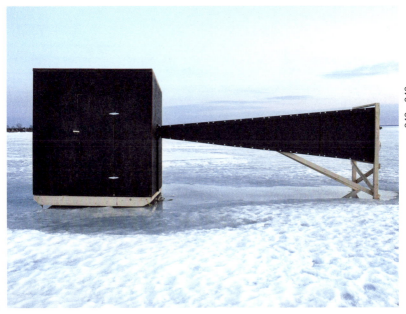

Contrachapado, tornillos de metal, trineo de madera

**Habitación bajo la
luz de las estrellas**
Raniero Campigotto
Italia
2016

Esta cabaña solitaria para acampar a grandes altitudes es una casita acristalada que cuenta con las Dolomitas como espectacular telón de fondo. Posada sobre esquíes, esta habitación doble aislada se ofrece en alquiler. Construida con sencillos materiales artesanos locales, la estructura con armazón de madera está revestida con paneles de vidrio que ofrecen vistas de 180 grados del asombroso y apacible paisaje nevado. Los visitantes pueden disfrutar de la comida y el vino de la zona que sirve el cercano hostal de montaña de Campigotto. La cabaña se encuentra a una altitud de 2055 m, lejos de la enloquecedora muchedumbre e ideal para contemplar las estrellas. El acceso a esta cabaña se efectúa en bicicleta, motonieve o con raquetas.

Trineos

Armazón de acero, madera, vidrio, esquíes

Sauna DW

Denizen Works

Finlandia

2011

Funcional por fuera y acogedora por dentro, la sauna DW es una versión contemporánea de la clásica tipología escandinava. Montada en un trineo de madera, esta estructura móvil es una solución para sortear la legislación urbanística local, que limita la construcción de edificios permanentes. Construida en la población finlandesa de Åland, la modesta estructura de madera autóctona cuenta con ventanas recicladas y un interior revestido de pino. Sobre terreno seco, se ancla temporalmente a unos bloques de hormigón, pero una vez el hielo se endurece vuelve a arrastrarse hasta la costa. Esta calentita cabaña es el refugio ideal donde entrar en calor antes de sumergirse en las gélidas aguas y supone un triunfo frente a los trámites burocráticos y el clima.

Trineos

Madera, estufa, vidrio reciclado, pino

Cabaña sobre trineo

Crosson Architects

Nueva Zelanda

2012

Esta ingeniosa Cabaña sobre trineo resuelve el desafío de disfrutar de un refugio móvil de playa. Con reminiscencias del *bach* local, término que designa una casa de vacaciones, la cabaña de madera aborda el problema de la erosión del suelo con unos grandes esquíes de madera que permiten desplazar todo el edificio hasta terreno firme con ayuda de una gabarra o un tractor. Esta vivienda de doble altura cuenta con un dormitorio de matrimonio, literas y una zona de cocina, salón y comedor, además de una terraza en la azotea. Con puertas integrales y ventanas cuidadosamente ubicadas, esta casa de vacaciones se abre a la naturaleza mediante una espectacular piel de madera plegable.

Madera, plexiglás, vidrio, acero

**Cabaña para pescar
en el hielo n.º 680
Lago Silver,
Nueva Escocia**

Anónimo

Canadá

2014

En un intento por documentar la singularidad material y el ingenio de las cabañas de pesca encontradas en parajes helados de Canadá, el fotógrafo de arquitectura afincado en Toronto Richard Johnson retrató esta diminuta cabaña en Nueva Escocia. Las cabañas para pescar en el hielo, también llamadas «refugios de pesca», se inscriben en una rica, variada e inventiva tradición constructora canadiense. Del tamaño de un humilde retrete exterior, esta cabaña apenas proporciona espacio para una persona. Revestida de aluminio, cuenta con una entrada y una franja de sencillas ventanas. Cuando a su dueño le conviene cambiar de lugar, la vuelca de lado y, sobre un par de esquíes, la transporta por encima del hielo hacia otro destino.

Trineos

Aluminio, plexiglás, cuerdas, esquíes

**Cabaña para pescar
en el hielo n.º 180
Lago Simcoe, Ontario**

Anónimo

Canadá

—

Richard Johnson fotografió esta cabaña como retrato substitutivo de su propietario ausente. Situada en el lago Simcoe de Ontario, la cabaña refleja el espíritu de alguien en movimiento. Parte de una tradición longeva, este santuario modesto, como los centenares que salpican los lagos helados de Canadá, ofrece alojamiento para que los pescadores no tengan que regresar a sus hogares cada noche. Esta cabaña con trineo incorporado resulta fácil de desplazar por una sola persona. El humilde exterior de alfarjía contiene lo esencial para pescar a temperaturas que pueden alcanzar los cuarenta grados bajo cero: un techo, cuatro paredes y un suelo con un orificio a través del cual lanzar el anzuelo bajo el hielo.

Trineo de hierro forjado, madera, vidrio,
tornillos de metal

Humano

Sin ruedas

Una y dos ruedas

Tres ruedas

Cuatro ruedas

Cinco o + ruedas

Trineos

Agua

Waterwalk 1
Spatial Effects
Países Bajos
2005

Esta estructura hinchable flota sobre el agua como un terrón de azúcar. Obra del colectivo holandés Spatial Effects, una empresa especializada en crear inflables insólitos, este modelo permite caminar sobre el agua en un contenedor transparente de gran formato. Lo bastante resistente como para alojar a varias personas, Waterwalk 1 está fabricada en PVC de alto grosor. Su membrana exterior sellada está rellena de aire, gracias a lo cual se crea un espacio ligero y transpirable. Los inflables, a los cuales se accede mediante una entrada con cremallera hermética, se fabrican a medida para ocasiones específicas. Esta vistosa versión presenta una piel de color naranja, una elección idónea para un país orgulloso de su selección, la Oranje.

Agua

PVC, cremallera

Waterwalk

Spatial Effects

Países Bajos

2003

Esta estructura hinchable rodante y transparente es un encargo para celebrar el centenario de la fundación de la ciudad de San Petersburgo. Las esferas, en cuyo interior se podía recorrer el río Neva, se concibieron como un gesto conmemorativo de las tradiciones navales conjuntas de Holanda y Rusia en el siglo XVIII. Inspirada originalmente en los experimentos realizados en la década de 1960 de caminar sobre el agua en globos, Waterwalk se ha perfeccionado con PVC duradero. Con cierres de cremallera herméticos, estas burbujas flotantes proporcionan flotabilidad durante un tiempo limitado. El viento y el esfuerzo humanos hacen avanzar esta ligera burbuja y transmiten la milagrosa sensación de caminar (o ir en bicicleta) sobre el agua.

PVC, cremallera

Casa en Eilbekkanal

Rost Niderehe

Architekten

Alemania

2009

Esta casa flotante es uno de los diez barcos que se encargaron para dinamizar el paseo fluvial del canal Eilbek de Hamburgo. Revestida de madera, la vivienda fusiona la comodidad de un hogar familiar con la aventura de vivir sobre el agua. Con espacio para vivir y trabajar, el motivo curvo del exterior se retoma en todo el interior. Comunicada por una escalera central, la planta se divide en zonas públicas y privadas: la planta superior acoge la cocina y el salón-comedor, mientras que en la inferior encontramos los dormitorios y una sala de estar. Si bien encaja como anillo al dedo en este vecindario, en caso de ser necesario podría trasladarse a otro atracadero con ayuda de un remolcador.

Agua

Madera, acero, pladur, vidrio

Arkiboat

Arkiboat

Australia

2003

Este proyecto flotante es el resultado de un encargo para crear un hogar bonito, ligero y al aire libre. Concebido como una casa de vacaciones para un ganadero de ovinos australiano y su extensa familia, para su diseño el arquitecto Drew Heath se inspiró en los farolillos japoneses. Con estructura de aluminio para potenciar su ligereza, el Arkiboat está apuntalado por tres muros interiores y un poste en cada esquina. Su sencillo interior de madera se inscribe en la estética *shoji* japonesa, con láminas de contrachapado y una planta dividida por puertas acristaladas correderas. Una tarima de madera a modo de terraza rodea todo el perímetro del Arkiboat, que lleva usándose como refugio de verano desde hace más de una década.

Fibra de vidrio, aluminio para aplicaciones marítimas, acero inoxidable, contrachapado revestido de poliuretano

Zendome

Zenvision

Alemania

2007

Este pabellón, que combina la fuerza tensil de una cúpula geodésica con la libertad de vivir sobre el agua, es un campamento flotante. La estructura con forma de semiesfera triangular se diseñó originalmente para su uso sobre tierra firme con distintas finalidades, pero puede utilizarse perfectamente sobre agua. Su forma ligera y estable con una amplia entrada circular incluye paneles transparentes y opacos para moderar la luz y la sombra. Construida en acero galvanizado con recubrimiento electrostático y una membrana de poliéster laminada en PVC, esta versión de la Zendome descansa sobre una construcción de acero soldado con tarima de madera. Este relajante lugar de retiro es ideal para dejarse llevar a la deriva y embarcarse en excursiones breves por el litoral.

Agua

Acero inoxidable, PVC, madera

Isla habitable A-Z

Andrea Zittel para
el Museo de Arte
de Indianápolis
EE. UU.
2009

Situada en el Parque de Arte y Naturaleza Virginia B. Fairbanks, esta cúpula flotante de seis metros de diámetro profundiza en la investigación de Andrea Zittel sobre el significado de «espacio personal». El Museo de Arte de Indianápolis utilizó esta isla artificial, un símbolo de autonomía, independencia, aislamiento y fantasía, como residencia de artistas.
A pesar de que el pequeño tamaño de la estructura solo permite cubrir las necesidades vitales más básicas, los artistas residentes tenían libertad de modificarla de acuerdo a su gusto personal. Fabricada principalmente en madera, fibra de vidrio y espuma y solo accesible por barco, la obra de arte de Zittel explora qué es esencial para la existencia humana.

Fibra de vidrio, espuma, madera

El Pez plateado

Flo Florian,
Sascha Akkermann
Alemania
2009

El Pez plateado es una alternativa acuática a vivir hacinado en tierra. Debe su nombre a su fachada argentada, que, por otra parte, la distingue de la mayoría de los hogares instalados en barcazas. Revestida de paneles de aluminio granulado para regular la diferencia de temperatura de las distintas estaciones, el acabado cumple a la vez con la voluntad de contar con una silueta distintiva que contribuye al ahorro energético. Organizada en dos niveles, con la cocina, el salón y el cuarto de baño en la planta baja y el dormitorio en la superior, incluye también una terraza de AstroTurf en la azotea. Los acabados interiores en blanco brillante y los grandes ventanales potencian la sensación de espacio y una mayor conexión con el paisaje en movimiento.

Agua

Armazón de madera, madera de alerce reciclada, aluminio, vidrio, pladur, cemento, AstroTurf

Quaypad

Gillard Associates,
WaterSpace
Reino Unido
2008

El Quaypad permite escapar de la rutina diaria de acudir al trabajo en oficinas situadas en la ciudad trasladando la semana laboral a un entorno acuático, más estimulante y menos aburrido. El interior incluye un escritorio y zonas de reunión enmarcadas por una gran pared acristalada. En la parte posterior de la embarcación, una escalera integrada permite acceder a la cubierta superior, que a su vez ofrece un espacio al aire libre en el que relajarse cuando el tiempo acompaña, además de albergar una turbina eólica para generar electricidad. Aunque Gales es célebre por sus días grises y lluviosos, esta oficina flotante prefabricada es idónea para su uso en climas más templados.

Plástico reforzado con vidrio, doble acristalamiento templado, acero inoxidable

**Pabellón croata para
la Bienal de Venecia**

República de Croacia
Ministerio de Cultura
Italia
2010

El pabellón de Croacia para la Bienal de Arquitectura de Venecia de 2010, cuyo diseño corrió a cargo de un equipo de 14 arquitectos, adoptó la forma de un pabellón flotante. Montada sobre una gabarra existente, la estructura se compone de más de 40 capas de varillas de refuerzo de acero (normalmente usadas para asegurar el hormigón). Cada rejilla se soldó *in situ* y posteriormente se cortó cada capa formando aperturas variadas. Con unas treinta toneladas de peso, la estructura resultante es un cerramiento diáfano enorme de metal oxidado. La estructura metálica, que enmarca el exterior del pabellón y ofrece una perspectiva difuminada del interior, se ensambló en los astilleros de Kraljevica, en Croacia, y se trasladó a Venecia con un remolcador.

Agua

Varillas de refuerzo de acero, gabarra de hormigón

Antiroom II

Elena Chiavi,
Ahmad El Mad,
Matteo Goldoni
Malta
2015

Antiroom II, resultado de un taller de la Asamblea de Estudiantes de Arquitectura Europeos celebrado en 2015 y dirigido por Elena Chiavi, Ahmad El Mad y Matteo Goldoni, es una isla artificial a la cual solo puede accederse por barco o nadando desde la orilla. Con una estructura de madera circular integrada por 28 pequeños segmentos, el proyecto está adornado con unas cortinas de gasa que parecen «respirar» cuando el viento sopla a través de ellas. Antiroom II flota suavemente en las aguas maltesas de Valletta y se ha concebido como una suerte de estoa básica, un pórtico clásico que, en este caso, sirve como escenario para el disfrute público y delimita una pequeña piscina interior entre el ancho y profundo mar que la rodea.

Paneles de madera, cortinas de gasa

Free Floating

Marijn Beije Design

Países Bajos

2012

Esta embarcación flotante de doble casco está pensada para atraer al público holandés más joven con un concepto de acampada ecológica. Construido con madera de tala responsable, este refugio sostenible incluye un dormitorio, un cuarto de baño y una terraza en la cubierta, así como un puesto de vigía en lo alto para avistar pájaros. El pequeño refugio, en el que pueden dormir hasta cuatro adultos, en dormitorios íntegramente acristalados, cuenta con placas solares que alimentan la iluminación LED. De día ofrece un lugar sencillo donde relajarse, así como terrazas para tomar el sol. De noche, la embarcación flotante mece suavemente a sus inquilinos hasta que quedan dormidos.

Agua

Madera, aluminio, vidrio, acero, placas solares

Creatura
Federico Forestiero,
Mark David Torrens
EE. UU.
2014

Una de las creativas propuestas de Beam Camp para retiros estivales destinados a jóvenes, Creatura es una estructura flotante construida sobre una plataforma de madera, con armazón también de madera y metal relleno de diversos materiales tejidos. Se precisa la colaboración de los campistas para accionar la rueda hidráulica, mientras un capitán en la cofa guía la criatura marina por el lago de New Hampshire para el que ha sido concebida. La estructura es el resultado de la misión principal del Beam Camp, que consiste en potenciar la adquisición de habilidades y conocimientos, abordar desafíos en colaboración y desarrollar el sentimiento de responsabilidad y la capacidad de orientar a los otros.

Madera, metal, plástico reciclado

Casa para inundaciones

Matthew Butcher
Reino Unido
2016

A flote sobre los tramos del estuario del Támesis proclives a inundaciones, esta estación meteorológica registra los efectos del aumento de los niveles de agua y pone en tela de juicio la relación entre los edificios y el entorno. Diseñado para ser remolcado, este proyecto nómada guarda un registro de las condiciones estacionales y locales en el estuario. Su ubicación cambiante y la influencia de la estructura en las mareas subrayan las repercusiones del cambio climático y del aumento del nivel del mar. La Casa para inundaciones, que queda varada en las marismas cuando baja la marea y flota cuando sube, invita a la reflexión acerca de cómo los edificios estáticos pueden abordar los desafíos de los litorales cambiantes.

Agua

Pontón de acero, alfarjías de madera, pladur

Sauna Wa

goCstudio

EE. UU.

2015

Concebida para uso recreativo en el lago Union de Seattle, la Sauna Wa se inspira en sus predecesoras nórdicas y se financió con una campaña de micromecenazgo en Kickstarter. Diseñada y construida con la ayuda de voluntarios, esta estructura de madera flotante encierra un interior caldeado en el que entrar en calor tras zambullirse en el lago. La sauna está fijada a un marco de aluminio bajo una tarima de contrachapado y su revestimiento de madera negra contrasta con su interior de cedro en tonos claros. Como sus equivalentes nórdicos, el proyecto invita a socializar inspirado por la voluntad de los arquitectos de dinamizar los cauces fluviales del lugar durante todo el año.

Armazón de aluminio, contrachapado para aplicaciones marítimas, cedro, pícea, barriles de plástico, estufa

Plataforma flotante

N55

Dinamarca

2000

Plataforma flotante, un proyecto del colectivo danés N55 accesible en el dominio público, se suministra con un manual de montaje que permite a cualquiera construirla. Provista de un pontón triangular flotante lo bastante resistente para sostener un edificio ligero, la estructura es una adaptación de la malla espacial modular de N55. Los numerosos paneles triangulares de aluminio y la estructura de rejilla de acero se ensamblan con una cubierta de abedul contrachapado y unos tanques de flotación de polietileno para crear esta peculiar estructura facetada. Este modelo corresponde al edificio Spaceframe plateado del colectivo, que adopta los mismos principios de la lógica modular de bajo coste presentes en todas sus estructuras flotantes.

Agua

Contrachapado de abedul, tanques de polietileno, aluminio, acero inoxidable

Sauna flotante

Rintala Eggertsson
Architects

Noruega

2002

Inspirada en la tradición de las saunas de las culturas finlandesa y noruega, esta versión lleva la idea al agua. La pequeña estructura de madera, que flota sobre un fiordo y solo resulta accesible en barco, ofrece un espacio donde purificar la mente y el cuerpo mientras se contempla el paisaje natural. El espartano interior incluye tres bancos de madera y una estufa de leña. Su cerramiento de paredes transparentes mantiene el calor en el interior al tiempo que ofrece vistas del espectacular paisaje en la distancia. Para refrescarse, los visitantes pueden sumergirse sencillamente en el agua a través de un orificio en la base de la sauna. De noche, iluminada por lámparas de gasolina, la sauna aislada se convierte en un farol refulgente.

Madera, laminado de plástico, tambores de plástico, estufa de hierro

**Casa flotante
en Seattle**

Ninebark Studios

EE. UU.

2013

Esta vivienda de dimensiones generosas define un nuevo estándar en cuanto a vida sobre el agua y responde al deseo de su propietario de contar con una casa flotante con las máximas credenciales ecológicas. Revestida parcialmente en cedro de extracción local reciclado, que proporciona intimidad y una protección eficaz frente a la lluvia, la casa se alza sobre una plataforma de troncos del siglo XIX recuperada. Su interior diáfano y luminoso incluye un amplio salón y comedor con forma de atrio enmarcado por una pared de acero ondulante que se eleva hasta una cubierta en ángulo con un mirador con vistas a la bahía de Portage. Un volumen inferior revestido en madera y apartado a un lado para mayor privacidad alberga el dormitorio, el despacho y el aseo.

Agua

Armazón de acero, acero corten, vidrio, cedro

DublDom 1.26

DublDom

Rusia

2015

Parte del hotel Paluba Park, en el río Zhabnya, esta cabaña flotante para un máximo de seis personas ofrece un alojamiento incomparable. Amarrado en la orilla, el modelo de cabaña DublDom 1.26, cuyo acceso se realiza por un embarcadero, es un sitio perfecto para relajarse junto al agua. El exterior de acero oscuro contrasta con los tonos cálidos y naturales de la madera sin tratar del interior. Un porche generoso con vistas al río sirve de vestíbulo de entrada al sencillo interior, con camas para cuatro adultos, cocina, comedor y una cama plegable para niños. Equipado con una cocina básica ideal para vivir una experiencia de acampada, se trata de una atractiva alternativa a un hotel tradicional.

Armazón de madera, paneles de madera, acero corrugado, vidrio

Refugios

Joseph Griffiths
Australia
2012

La serie «Refugios» de Joseph Griffiths fue un encargo para el festival de arte Next Wave de Melbourne. Construida con materiales recuperados de la basura, esta versión está concebida para pasar un rato flotando en el agua; su exterior con múltiples texturas yuxtapuestas a modo de *collage* recuerda a una balsa primitiva hecha de restos flotantes. Con accesorios típicos, como redes de pesca, luces de advertencia y boyas, este refugio es una invención encantadoramente azarosa. Descritas por Griffiths como «una especie de iniciativa romántica», las tres estructuras improvisadas de la serie evocan viviendas primitivas, en este caso reconstruidas con un cierto aire anárquico.

Agua

Caucho, madera, cartón, redes de pesca

Inusara
AODH Design
Irlanda
2016

Esta vaina flotante de Eoghan O'Broin se construyó con materiales recuperados de un edificio en ruinas. La embarcación evoca la fascinación de su creador por el silencio de las construcciones deshabitadas. Inusara presenta unas dimensiones reducidas intencionadas, en un esfuerzo por replicar el aislamiento que transmiten estos lugares olvidados. La fachada es de madera pero el cerramiento queda perforado por una gran claraboya de acrílico en el techo. El pontón, también de madera, se mantiene a flote gracias a unos contenedores de plástico azul: se trata de un proyecto que puede navegar y transportarse a enclaves fluviales remolcado por un tractor. Si bien su inusitada forma llama la atención en tierra, su diminuta escala ofrece un lugar de paz y silencio.

Madera, plexiglás, flotadores de polietileno

Watervilla Omval

+31 Architects

Países Bajos

2010

Atracada en el río Ámstel, esta elegante mansión flotante es uno de los varios diseños de +31 Architects que aprovechan al máximo la proximidad al agua de la que gozan los Países Bajos. Inscrita en la tendencia de las viviendas flotantes en el ámbito rural, esta vivienda de dos dormitorios adopta una estética contemporánea y cuenta con un amplio interior de planta abierta. El espacio principal de cocina-comedor se sitúa al nivel del agua, mientras que el segundo dormitorio, el estudio y el cuarto de baño se encuentran bajo la superficie. El dormitorio de matrimonio está ubicado junto a la amplia escalera, enmarcada por grandes paneles de vidrio que permiten la entrada de luz a los espacios situados en la planta inferior. Las terrazas adyacentes al salón ofrecen un contacto directo con el paisaje.

Agua

Aluminio, hormigón, vidrio, pladur, madera

Sealander

Sealander

Alemania

2011

Ni un barco de remos ni una caravana, Sealander es un concepto novedoso del fabricante epónimo que aúna la diversión de estar en el agua con la facilidad de transporte de los viajes por carretera. Con un casco laminado de fibra de vidrio reforzada, la embarcación cuenta con ruedas para poder ser remolcada por carretera, al tiempo que un chasis de cinc galvanizado impermeable permite usarla en el agua. Posee todos los elementos básicos para acampar con comodidad: un hornillo, asientos y una cama convertible. También se le pueden añadir elementos adicionales, como una ducha y un inodoro. Se trata de un diseño compacto, ligero y con ruedas con el que deslizarse como la brisa: aparque, desenganche el Sealander y llévelo rodando hasta el agua.

Fibra de vidrio reforzada, paneles acrílicos, acero inoxidable, ruedas

Casa flotante

Inachus

Sanitov Studio

Reino Unido

2012

Ante la falta de suelo edificable disponible en Londres, Inachus se instala en el río Támesis. Atracado en un inicio en los muelles de St Katherine, en el centro de la ciudad, este hogar flotante es un prototipo para viviendas futuras en la capital superpoblada. El impecable diseño de dos plantas se concibió para crear una vivienda elegante y contemporánea. La lujosa residencia alberga las estancias comunes en el nivel superior y los dormitorios y cuartos de baño en el inferior, y cuenta, además, con instalaciones de ahorro energético. Inachus está dotada de placas solares, una cubierta ajardinada y triple acristalamiento, además de una pared vegetal que purifica la calidad del aire en el interior.

Agua

Hormigón, madera, vidrio, placas solares

One of One

Monoarchitekten

Alemania

2009

Situada en un antiguo barrio obrero del centro de Hamburgo, esta nueva casa flotante en el canal Eilbek surgió de un concurso organizado por la ciudad con el objetivo de revitalizar las vías fluviales urbanas. Elegida como una de las diez propuestas ganadoras, One of One presenta un llamativo armazón metálico. Con un porte férreo y un diseño que recuerda a la tradición náutica, se trata de un barco con una distribución de planta abierta flexible. Organizado en dos niveles, es lo bastante espacioso para acomodar varios usos, desde un despacho hasta un apartamento de lujo o una discoteca. El volumen inferior está parcialmente escindido por una escalera de roble y en el nivel superior hallamos una sala de estar adyacente a la cocina y los cuartos de baño.

Acero, madera, chapa de aluminio, roble, vidrio

Freischwimmer

Tun Architektur

Alemania

2009

Agua

La casa Freischwimmer incorpora todas las comodidades domésticas en un volumen flotante que se adapta perfectamente a su entorno urbano. Este proyecto forma parte de una iniciativa experimental para habitar los cauces fluviales de Hamburgo. El piso inferior incluye un dormitorio, un cuarto de baño y balcones, mientras que el superior alberga el comedor, la cocina y una terraza en la azotea. El diseño comparte el espíritu innovador de otros proyectos piloto de la ciudad destinados a revitalizar las vías fluviales urbanas. Aprovechando al máximo el espacio con estancias luminosas, está formado por dos volúmenes principales, el inferior, de alerce, y el superior, de acero corten. La planta de arriba se puede levantar mediante una grúa para sortear los puentes de baja altura.

Hormigón, armazón de madera, acero corten, madera de alerce, vidrio

Casa flotante
en el canal Eilbek
Sprenger von der
Lippe
Alemania
2010

Al igual que sus vecinas, esta casa flotante en el canal de Eilbek, en Hamburgo, forma parte de un reducido conjunto de viviendas que se benefician de la revitalización de los cauces fluviales de la ciudad. Bello añadido a este canal que discurre por el interior del núcleo urbano, se trata de una casa flotante con dos niveles, con la cocina y el comedor en el superior y el salón, los dormitorios y un cuarto de baño en el inferior. El espacio útil del nivel superior se amplía mediante grandes terrazas de madera y ventanas de suelo a techo que permiten contemplar el canal. En contraste con su apacible ubicación residencial, el acabado en acero corten de la casa recuerda a las estructuras marítimas maltrechas, en este caso reinterpretadas desde un rotundo enfoque contemporáneo.

Armazón de acero, madera, acero corten, vidrio

Sauna flotante Kaluga
Rintala Eggertsson
Architects
República Checa
2008

Presentada en el Festival de Objetos Paisajísticos de Rusia, la sauna flotante Kaluga pertenece a un conjunto de estructuras temporales habitables que se diseñó para estancias breves de grupos reducidos. Creadas en respuesta al aumento de los desastres naturales, estas casas flotantes suponen un modo alternativo y respetuoso de interaccionar con la naturaleza. Imbuido por la cultura escandinava de los baños comunitarios, el proyecto incluye una sauna: un lugar donde entrar en calor tras zambullirse en el frío río Ugra. Fabricada en madera de pino, la sauna flotante Kaluga, uno de los cinco pabellones ubicados sobre pequeños pontones y enlazados por pasarelas, se distingue por el ejemplar de pino autóctono plantado en la cubierta.

Agua

Madera de pino, plástico, vidrio, estufa, madera

Barcaza Medusa

PNAT

Italia

2014

La Barcaza Medusa, un invernadero flotante, busca una opción diferente a las prácticas de agricultura intensiva en tierra firme; en su lugar, PNAT crea una embarcación autosuficiente destinada al cultivo local. Una estructura de madera con tambores de plástico reciclados sostiene el invernadero, que incluye unidades desalinizadoras de aguas limpias alimentadas por energía solar. Esta «granja» flotante dedicada al cultivo hidropónico es un prototipo que plantea una alternativa a la insostenible producción de alimentos y apuesta por una agricultura que aprovecha la energía del agua y del sol. La barcaza cumple con el objetivo del colectivo PNAT de aprovechar los procesos biomiméticos, no solo empleando la naturaleza como modelo, sino también como colaboradora.

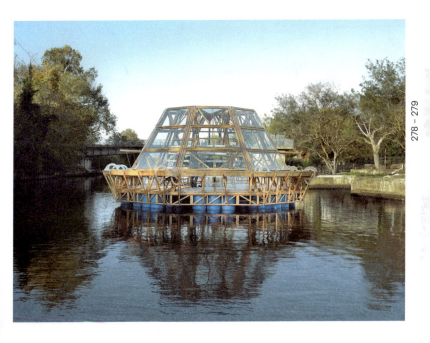

Tambores de plástico, vidrio, madera

Viewpoint

AOR

Reino Unido

2014

Situada junto a una reserva natural cercana a la ajetreada zona londinense de King's Cross, hoy reurbanizada, esta plataforma flotante es un apacible refugio revestido de acero corten desde el cual contemplar la fauna en el canal Regent's. Inspirado en los refugios finlandeses tradicionales conocidos como *laavus*, utilizados para la caza y la pesca, este diseño es una variante geométrica e incluye asientos y espacios para guarecerse en un interior de madera. El acabado armoniza con este entorno de pasado industrial y con los barcos que transitan por el canal. La Viewpoint, que permite disfrutar de un respiro de la vida urbana y avistar aves y fauna local, funciona como ampliación del parque natural a lo largo de los cauces fluviales del centro de Londres.

Agua

Acero corten, madera

Twin Blade

NIO Architects

Países Bajos

2010

Concebido como un paraíso flotante, Twin Blade ofrece un pedacito de vida perfecta. Para satisfacer las dispares personalidades de sus propietarios, esta casa flotante asimétrica destina zonas separadas a sus distintas profesiones. Bajo la plataforma de la planta rasante hay un espacio concebido como «sótano de sonido» para él, músico y compositor, mientras que «el desván de las imágenes» de la planta superior se ha ideado para ella, artista visual. Comunicados por una escalera que se enrosca por todo el centro de la estructura, ambos estudios están unidos por los niveles del dormitorio, el salón y la cocina. Revestido en acero resistente, el volumen cuenta con amplias vidrieras que aportan una mayor conexión visual con el paisaje.

Hormigón, madera, acero, vidrio

Wilcraft

Wilcraft Outdoors

EE. UU.

2006

Capaz de desplazarse tanto por agua como por hielo y por tierra, Wilcraft es un vehículo de aventuras diseñado para rodar y flotar por toda suerte de terrenos. Concebido originalmente como un aparejo para pescar en el hielo, su insólita forma le permite flotar gracias a su casco hermético de aluminio, a sus ruedas retraíbles y a la posibilidad de cerrar los orificios para pesca perforados en el casco. Deslizándose como un trineo o conducida sobre la aguanieve, esta embarcación para dos personas permite acceder a lugares remotos. La base del Wilcraft está aislada para protegerlo del frío y proporciona flotabilidad adicional a las ruedas neumáticas. En verano, el Wilcraft muda su piel gélida y se transforma en un eficaz vehículo de caza.

Agua

Aluminio, aislamiento, neumáticos de flotación

Cama en el agua

Daniel Durnin
Reino Unido
2015

La Cama en el agua, una respuesta a la falta de alojamiento temporal asequible en Londres, es una estructura experimental para estancias breves en la capital. En esencia se trata de una bicicleta que se convierte en un barco de madera, una suerte de casa flotante en miniatura que aprovecha los múltiples canales y cauces fluviales de la ciudad como lugares de acampada a corto plazo. La modesta habitación para una persona está construida sobre el casco de un bote y cuenta con laterales abatibles de vidrio y lona que permiten disfrutar de la vida al aire libre y de los paisajes. El barco cuenta con dos ruedas en la popa y un enganche plegable en la proa, de modo que resulta sencillo trasladarlo: basta con dejarlo flotar en la corriente o remolcarlo con la bicicleta.

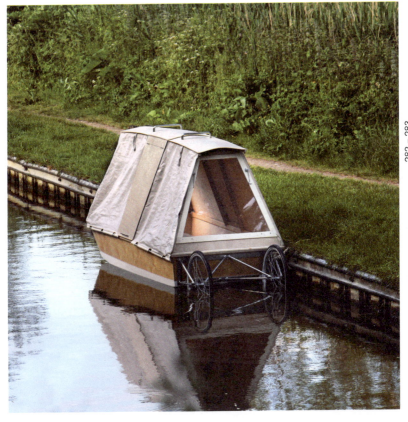

Madera, ruedas de bicicleta, contrachapado,
lona, plexiglás

Chalé acuático

Waterstudio

Países Bajos

2008

Las quince pequeñas viviendas flotantes diseñadas para la población holandesa de Jisp combinan comodidad y eficiencia. Concebidas para maximizar el espacio interior, cuentan con una zona básica de salón-comedor, cocina, cuarto de baño y una habitación de matrimonio. La mitad superior del volumen en forma de cuña crea un pequeño altillo para niños o invitados que recibe luz abundante gracias a unas ventanas de proporciones generosas. El revestimiento exterior de madera está concebido para envejecer con el paso del tiempo, en armonía con el entorno natural. Los chalés, ubicados sobre plataformas flotantes de hormigón, son ligeros y se pueden arrastrar con un remolcador.

Agua

Hormigón, armazón de madera, aluminio, vidrio

Casa Cotswolds

Eco Floating Homes

Reino Unido

2013

Diseñada como un espacio para invitados, esta casa flotante en un lago de Cotswolds es un refugio único para amigos y familiares. Con acceso directo al agua y el paisaje, la vivienda de dos dormitorios está rodeada por una amplia terraza de madera para relajarse bajo el sol en verano. En el interior, una estufa de leña permite vivir cómodamente en invierno. Como todas las casas de Eco Floating Homes, se trata de un proyecto sostenible, construido localmente a mano con materiales de procedencia ética acreditada. Este refugio, un encargo individual que refleja las preferencias de sus propietarios, incluye madera rústica reciclada, para una mayor sensación de calidez, y cuenta con azulejos en el interior que le aportan un rasgo distintivo.

Madera, acero, pladur, vidrio

D–Type

Floating Homes

Alemania

2012

Lugar de retiro flotante y casa moderna bien equipada, el concepto de Floating Homes, construido sobre un pontón de hormigón armado, ofrece las mejores prestaciones urbanas en un entorno natural. Cada interior se diseña de acuerdo con las necesidades de los dueños. Esta versión, la D–Type, es el modelo de mayor tamaño e incluye una terraza de madera en la cubierta. Con generosas ventanas de suelo a techo, el interior recibe abundante luz natural y ofrece una mayor conexión con la vida en el río. De planta abierta, cada unidad puede subdividirse según los requisitos individuales de cada cliente, alrededor de un cuarto de baño central. Estos hogares con capacidad para cuatro personas funcionan también como apartamentos urbanos o lugares de retiro en el campo.

Agua

Hormigón, madera, vidrio, aluminio

Casa flotante

Jean-Marie Finot,
Denis Daversin,
Ronan y Erwan
Bouroullec
Francia
2006

Hogar flotante para artistas residentes en el Centro Nacional de la Estampa y el Arte Impreso de Chatou, esta embarcación proporciona un lugar de retiro temporal e idílico para mentes creativas. La estructura de baja altura recuerda al perfil de las barcazas tradicionales, mientras que la limitada paleta de materiales refleja el modesto presupuesto del proyecto. Construido a partir de un armazón con revestimiento de aluminio y nervios externos de madera, el bote cuenta con cubiertas al aire libre en la proa y en la popa. En el interior, los sencillos acabados de madera y los grandes ventanales permiten disfrutar de magníficas vistas del paisaje y proporcionan un lugar adecuado para dar rienda suelta a la creatividad.

Aluminio, madera, vidrio

Cine flotante

Duggan Morris
Architects
y UP Projects
Reino Unido
2013

El Cine flotante alberga proyecciones y eventos y dinamiza las vías fluviales de la zona este de Londres. El diseño de Duggan Morris, ganador del concurso, se inspira en las clásicas gabarras estrechas y se construyó en el histórico astillero Turks de Kent. Esta interpretación a medida de la tipología de la barcaza incluye un volumen semitransparente con las gradas y la pantalla de cine. Unos paneles con formas romboidales resplandecientes anuncian la llegada del Cine flotante como un faro de bienvenida. El proyecto, que disemina un poco de la magia del cine y una dosis de espíritu de comunidad, recorre los canales del este de Londres durante la estación estival.

Agua

Acero, madera, metacrilato

Sauna marina

Scheiwiller Svensson
Arkitektkontor

Suecia

2006

En la tradición sueca de las saunas y los baños en aguas heladas, esta versión flotante lleva el concepto un paso más allá. En lugar de ubicar la cabaña a orillas de un río o lago, la Sauna marina se aloja directamente en el agua. Creada para los padres del diseñador, esta sencilla estructura, cuya envolvente de madera robusta se ve interrumpida por ventanas, flota sobre un pontón y ofrece unas vistas inspiradoras. Su exterior negro manchado crea una silueta definida, en contraste con el cálido interior de madera sin tratar, que acomoda una estufa de leña y clásicos asientos en bancos. El modelo original se ofrece en tres dimensiones: pequeño (para cinco personas), mediano (para diez) y grande (para quince).

Hormigón, madera, vidrio

Casa flotante en Seattle

Vandeventer +
Carlander Architects
EE. UU.
2011

Inscrita en la tendencia de las casas flotantes en boga en Seattle, esta lujosa versión se encuentra amarrada en el lago Union. En respuesta al encargo del cliente de construir una casa «al revés» se han ubicado los dormitorios en el nivel inferior y el salón sobre ellos. Esta original disposición permite aprovechar al máximo la luz y las vistas de las zonas compartidas, de planta abierta para potenciar la sensación de amplitud. Con terrazas en la proa y la popa, el nivel superior está revestido por una celosía de delgados listones de madera que combina con los acabados de toda la vivienda. En el nivel inferior, los dos dormitorios con cuartos de baño *en suite* quedan apantallados de la vista de los peatones mientras que la entrada acristalada translúcida provee tanto luz como privacidad.

Agua

Hormigón, vidrio, teca, paneles de cerámica, terrazo

**Casa flotante en
San Francisco**
Robert Nebolon
EE. UU.
2013

Este hogar, la primera estructura flotante diseñada por Robert Nebolon, entraña un cambio de estilo de vida radical para sus propietarios. Sin financiación para acceder al mercado inmobiliario terrestre de San Francisco, la opción de construir una casa flotante en la zona regenerada de Mission Creek se antojó una alternativa viable. Como las fábricas que antaño caracterizaron esta zona, el barco cuenta con una cubierta serrada en un nivel superior espacioso y lleno de luz que acoge el salón-comedor de planta abierta. En el nivel inferior se ubican los dormitorios y servicios, mientras que el sótano se destina a juegos y a otro dormitorio. Una escalera del color naranja del Golden Gate (detalle que se retoma en la entrada) comunica los niveles.

Hormigón, acero, vidrio, madera

Cabaña de playa flotante «Ted»
William Hardie
Reino Unido
2015

Esta cabaña de playa típicamente británica reutilizada dibuja una suave transición entre la arena y el mar. Su clásica forma con cubierta a dos aguas y su colorido revestimiento de madera son lo bastante pequeños y ligeros como para mantenerla a flote, con espacio suficiente para que cuatro adultos cocinen, cenen y duerman. El cerramiento de franjas de colores rodea un sencillo armazón de madera ubicado sobre una tarima flotante extensible que se mantiene con ayuda de bidones de gasolina vacíos. En el interior, el volumen abierto incluye un dormitorio en un altillo y sendas camas plegatín a cada lado de la estancia principal. Tachonada con diminutos ojos de buey y amplios ventanales en la parte delantera, esta cabaña es un lugar divertido para pasar un rato sobre el agua.

Agua

Madera, plástico, vidrio, cuerda, pladur

Casa con remos
Kacey Wong
Hong Kong
2009

Presentada en la Bienal de Urbanismo y Arquitectura de Hong Kong y Shenzhen, esta estructura flotante en miniatura es una intervención urbana de Kacey Wong. Un nuevo ejemplo de la característica mirada irónica de Wong sobre la cultura, la Casa con remos es una reinterpretación diminuta de los ubicuos rascacielos de apartamentos de Hong Kong. Revestida de azulejos de color rosa palo, con una ventana en voladizo, una unidad de aire acondicionado y una puerta de seguridad de acero inoxidable, sus rasgos típicamente hongkoneses descansan sobre una rudimentaria plataforma de barriles. La casa flota de manera precaria en el puerto de Victoria, en referencia a la multitud de pisos minúsculos que se venden por cifras exorbitantes.

Azulejos, tuberías de aguas residuales, acero inoxidable, barriles de plástico, vidrio, neumáticos, AstroTurf

MetroShip

MetroPrefab

EE. UU.

—

Este hogar flotante permite vivir frente al litoral sin el coste de adquirir tierras en propiedad. Concebido como alternativa a la reducida vivienda del diseñador, MetroShip fue evolucionando hasta convertirse en una espaciosa casa personalizable. Construida sobre un casco de catamarán de fibra de vidrio, MetroShip está en gran medida rodeada por paneles semitransparentes, similares a los biombos *shoji* japoneses. Las paredes, de vidrio reciclado insertado en una retícula de aluminio, permiten el paso de la luz natural y proporcionan aislamiento térmico. Además de la generosa altura de los techos, del espacio de almacenaje en la cubierta inferior y de la cocina y el salón integrados, esta versión cuenta con abundante luz natural y ofrece vistas espectaculares.

Agua

Fibra de vidrio, aluminio, paneles térmicos, acero, vidrio, madera

SayBoat

Milan Řídký

República Checa

2012

Esta elegante casa flotante aúna lujo y movilidad. Construida sobre la base de un pontón de acero, SayBoat es una vivienda para todas las estaciones del año. El espacio integrado de cocina, comedor y salón, que acapara gran parte de la embarcación, crea una gran estancia alargada con detalles en acero inoxidable y haya. Encima, un generoso dormitorio de matrimonio y un estudio dan paso a una terraza igual de generosa con un *jacuzzi* desde la que se disfruta de amplias vistas. La estructura revestida de madera está acentuada por esquinas redondeadas que suavizan la geometría del barco; las persianas, también de madera, aportan sombra y privacidad. Las barandas y el entarimado de acero inoxidable resisten el paso del tiempo y las mareas.

Madera, acero, vidrio, acero inoxidable

Habitación
subacuática Manta
Mikael Genberg
Tanzania
2013

Esta isla flotante privada facilita la magia de la inmersión subacuática al permitir que sus huéspedes disfruten de una noche bajo el agua sin necesidad de enfundarse trajes de neopreno ni tanques de agua. Parte del Manta Resort, frente a la isla Pemba de Tanzania, la lujosa *suite* de tres niveles permite disfrutar de unas vacaciones submarinas. A flote sobre el arrecife de las Mantas, la estructura incluye una plataforma de desembarque de madera noble con una zona de descanso y un cuarto de baño, y una terraza en la cubierta para tomar el sol y contemplar las estrellas. Bajo el agua, el dormitorio submarino cuenta en todas sus caras con ventanas que enmarcan vistas fabulosas de corales, bancos de peces tropicales y criaturas marinas que pasan nadando.

Agua

Madera, acero, vidrio

Cine Archipiélago
Buro Ole Scheeren
y Fundación Film on
the Rocks Yao Noi
Tailandia
2012

Por si pasar las vacaciones en las playas tailandesas no fuera ya lo bastante idílico, este proyecto lleva el cine a las transparentes aguas de la isla de Yao Noi. Tanto la balsa con las butacas como la enorme pantalla de este cine tropical se encuentran en una laguna. Aplicando las técnicas locales de las granjas de langostas flotantes, las sencillas plataformas de madera están integradas por ocho módulos individuales. Conectado por una cubierta que incluye un atracadero para barcas, el proyecto se ha construido con materiales reciclados y ofrece aforo aproximado para ochenta personas. Además, también repercute en los lugareños: distintas partes de la embarcación se regalaron a la comunidad de Yao Noi para que creara su propio parque infantil flotante.

Madera, cintas de caucho, bloques de espuma

Floatwing
Friday
Portugal
2015

Esta embarcación sostenible diseñada por un grupo de la Universidad de Coimbra, en Portugal, permite disfrutar de estancias en ríos y lagos remotos. Su diseño modular puede variar de longitud entre 10 y 18 m. Rodeados por paneles acristalados que se deslizan para dar acceso a la terraza, todos los modelos pueden personalizarse, si bien incluyen un cuarto de baño y una cocina compactos estandarizados. Además de las placas solares integradas, existe la opción de instalar una estufa de pellets y depósitos de agua y residuos para equipar completamente un barco que permite pasar hasta una semana lejos de todo. El conjunto se puede enviar a todo el mundo, pues la suma de sus componentes cabe en el interior de dos contenedores estándar.

Agua

Fibra de vidrio, acero, paneles Planitherm, madera de pino, placas solares

Drijf in Lelystad

Attika Architekten

Países Bajos

2012

Attika Architekten recibió el encargo de crear ocho casas flotantes en la provincia holandesa de Lelystad. Diseñadas de acuerdo con las necesidades específicas de ocho familias, las viviendas presentan diversas dimensiones, formas y colores, y hacen alarde de una gran variedad e individualidad cuando atracan en grupo en una vía fluvial amplia. Con predominio de los tonos grises y blancos acentuados por diseños personalizados, todas ellas presentan una anchura idéntica para poder atravesar incluso las esclusas más estrechas. En el interior, los hogares incluyen grandes terrazas, plantas de nivel dividido y generosos ventanales con el fin de aprovechar al máximo el espacio y brindar un acceso directo al agua.

Hormigón, madera, paneles metálicos, vidrio

MFS II
NLÉ
Italia
2016

Presentada en la exposición «Waterfront Atlas» de la Bienal de Arquitectura de Venecia, esta es la segunda versión de una escuela flotante diseñada para la laguna Makoko de Lagos, Nigeria. Esta estructura con armazón de madera en forma de A se sostiene gracias a grandes bidones de plástico azul. El proyecto de tres plantas de altura incluye aulas en el nivel central, protegido por pantallas azules, un patio de juegos en el inferior y un espacio al aire libre arriba. La energía se genera con células fotovoltaicas, y unos sistemas de recolección de agua posibilitan que la estructura sea parcialmente autosostenible. Esta simple forma flotante representa una alternativa para afrontar los efectos del cambio climático y proporciona una estructura educativa.

Agua

Madera, lona, bidones de plástico

Balsa Walden

Elise Morin,
Florent Albinet

Francia

2015

La balsa Walden toma su nombre del tratado decimonónico de Henry David Thoreau sobre la vida en los bosques y promueve una conciencia ambiental similar. A flote en un apacible lago de una región recóndita de Auvernia, la balsa Walden adopta las proporciones de la cabaña original de Thoreau. Unos paneles de vidrio acrílico protegen su espacioso interior, posado sobre una base de tablones de pino. Dispersados entre los paneles se encuentran tablones más cortos, los cuales crean un patrón errático que aporta una sombra moteada al interior. Movida por una bobina de cable fijada a la orilla, esta pequeña embarcación estimula una mayor conexión con la naturaleza.

Pino, vidrio acrílico, flotadores de polietileno, cuerda

Introducción

Humano

Sin ruedas

Una y dos ruedas

Tres ruedas

Índice de países

Índice de arquitectos, diseñadores, fabricantes y artistas

Notas

[1] «Le Futurism», Le Figaro, París, 20 de febrero de 1909

[2] Kimmelman, Michael, ponencia: «Boom Towns are Immigration Towns» impartida en «Cities in Migration», Conferencia reSITE 2016, Praga, 2016

[3] Organización Internacional para las Migraciones, Informe sobre las migraciones en el mundo de 2015. «Los migrantes y las ciudades: Nuevas colaboraciones para gestionar la movilidad», Francia: Imprimerie Courand et Associés, 2015, pág. 25

[4] Ibíd., pág. 27

[5] «Resistencia a los desastres naturales: marco para la implicación del sector privado», Foro Económico Mundial, Banco Mundial, Estrategia Internacional para la Reducción del Riesgo de Desastres de las Naciones Unidas, Ginebra, 2008, pág. 5

[6] De acuerdo con los datos de la Oficina del Censo estadounidense, los metros cuadrados de espacio vital por persona en un nuevo hogar han aumentado de 47 a 91 m^2 de media. Véase https://www.aei.org/publication/todays-new-homes-are-1000-square-feet-larger-than-in-1973-and-the-living-space-per-person-has-doubled-over-last-40-years/ (último acceso realizado el 11 de octubre de 2016)

[7] James, Oliver, Affluenza: When Too Much is Never Enough, Vermilion: Random House Group, Reino Unido, 2007

[8] Eaqub, Shamubeel; Eaqub, Selena. Generation Rent: Rethinking New Zealand's Priorities, Bridget Williams Books, junio de 2015

[9] Robinson, Melia. «College Student Built a £10,000 Tiny Home Instead of Living in a Dorm.», Disponible en: http://uk.businessinsider.com/college-student-builds-tiny-house-2016-1 (último acceso realizado el 10 de octubre de 2016)

Índice

Los números de página en *cursiva* remiten a ilustraciones

Créditos fotográficos

Phaidon Press Limited
Regent's Wharf
All Saints Street
Londres N1 9PA

Phaidon Press Inc.
65 Bleecker Street
Nueva York, NY 10012

phaidon.com

Primera edición en español 2017
© 2017 Phaidon Press Limited

ISBN 978 0 7148 7468 5

Directora editorial: Virginia McLeod
Editora de proyecto: Virginia McLeod
Asistente editorial: Henry Martin

Responsable de la edición española:
Capucine Coninx
Documentación gráfica: Annalaura Palma
Producción: Leonie Kellman

Diseño: StudioKanna

Traducción del inglés: Gemma Deza, Anna Tetas
y Elena Aranaz para Cillero & de Motta

Impreso en Rumanía

Y0-CXG-058

Prevention
of
Nuclear
War

Prevention of Nuclear War

Soviet Scientists' Viewpoints

A. N. Kaliadin
O. V. Bogdanov
G. A. Vorontsov

1983
UNITED NATIONS INSTITUTE
FOR TRAINING AND RESEARCH
801 United Nations Plaza, New York, New York 10017

United Nations publication

Sales No. E.83.XV.RR/31

CONTRIBUTORS

O. V. Bogdanov, D. Sc. (law), Institute of State and Law, USSR Academy
    of Sciences.

A. N. Kaliadin, D. Sc. (history), Chief of Department, Institute of World
    Economics and International Relations, USSR Academy of Sciences,
    member of the Scientific Research Council on Peace and Disarmament.

G. A. Vorontsov, D. Sc. (history), Vice-Rector of Diplomatic Academy,
    USSR Ministry of Foreign Affairs.

Translated from the original Russian by Yuri S. Shirokov.

CONTENTS

ANNEXES

ACKNOWLEDGEMENTS

The authors wish to thank the researchers from the Institute of World Economy and International Relations (Moscow), A. Kamynin, A. Grushetskaya and Z. Arzumanova, for their assistance in preparing the annexes to the present research report.

PREFACE

This book is the first of three studies UNITAR is devoting to Prevention of Nuclear War. The project under which these three studies were launched was initiated in 1982 in response to recommendations made at the XXXVIth Session of the General Assembly, that UNITAR focus greater attention on studies dealing with international peace and security, disarmament and the prevention of nuclear war. The project was approved by the UNITAR Board of Trustees later that same year.

It was decided at that time that not one but three manuscripts be produced on the prevention of nuclear war: One from a United Nations perspective, one from a United States perspective, and this, the first of the three in print, to reflect the viewpoint of Soviet scientists on the various political and strategic issues related to the prevention of nuclear war. The other two studies will follow shortly.

The research project in its entirety was envisaged as a comprehensive analysis of a subject of major interest to the cause of world peace, the threat of a nuclear war and of possible ways to avert it. It deals with the issues related to the development, production, deployment and use of nuclear weapons, and with the measures proposed for preventing the proliferation of these weapons by the nuclear and non-nuclear powers and for halting and reversing the arms race.

The world today is faced with an escalating arms race and by threats of possible nuclear war. This means that new efforts are necessary to remove the threat of war, to preserve international security and to impart insight into the positions of all the primary actors who influence our security. This UNITAR publication reflects the viewpoint of Soviet scientists and, together with the forthcoming two volumes, will constitute an important contribution to the understanding of the important problems this UNITAR project is meant to clarify.

The views and conclusions in this study are the responsibility of the authors and do not necessarily reflect the opinions of the Board of Trustees or officials of UNITAR. Although UNITAR takes no position on the views and conclusions expressed by the authors of its studies, it does assume responsibility for determining whether a study merits publication.

Michel DOO KINGUÉ
Executive Director

"Removing the threat of a world war — a nuclear war — is the most acute and urgent task of the present day. Mankind is confronted with a choice: we must halt the arms race and proceed to disarmament or face annihilation."

(Excerpt from the Final Document of the Tenth Special Session of the United Nations General Assembly, the first special session devoted to disarmament.) *

INTRODUCTION

It is now four years since the General Assembly of the United Nations held its tenth special session, the first special session devoted to disarmament in the history of the United Nations. It adopted a Final Document agreed upon by all Member States as one of exceptional significance, a veritable code of tasks and practical measures to be implemented to banish the scourge of war from mankind's life and to guarantee genuine security and a peaceful future for all nations. The approach adopted by that special session to a settlement of this problem, which it defined as "the most acute and urgent task of the present day," was based on an unambiguous and clear conception to the effect that in our day dependable international and national security cannot be guaranteed by an arms buildup, in the field of nuclear arms in particular, and by use of force in international relations.

The first special session devoted to disarmament went on record for international security to be strengthened by halting the arms race, primarily in the nuclear field, and by making progress along the path of détente and disarmament. It proclaimed as its ultimate goal in this context complete elimination of nuclear weapons and negotiations on a broad range of relevant questions as the basic means of solving the problems involved in nuclear disarmament.

Such is the stand taken by the world community on the most vital global problem. It is based on confidence that mankind's collective reason and collective will can check the fatal trend towards war, that nuclear catastrophe can and must be prevented. This fundamental conception has been reaffirmed and finalized in a number of resolutions adopted by the United Nations General Assembly at its subsequent sessions. It continues to enjoy broad public support in various countries of the world.

This explicit will of the world community notwithstanding, however, the nuclear menace to all has drawn closer, grown more real and larger than ever before. World tensions have escalated sharply, while the nuclear and conven-

* General Assembly resolution S-10/2 of 30 June 1978, par. 18.

tional arms buildup — the process of material preparations for war, in which the human race may perish at any moment — has assumed a critically dangerous, destabilizing character and a scale without precedent in the past. The world is gradually slipping down to the edge of an abyss, to nuclear confrontation. In his opening address to the twelfth special session of the General Assembly, the second special session devoted to disarmament, the United Nations Secretary-General Pérez de Cuéllar said: "Apocalypse is today not merely a biblical depiction; it has become a very real possibility. Never before in human experience had we been placed on the narrow edge between catastrophe and survival."[1]

All the blame for the current speed-up in the arms race and rising world tensions rests with the militarist circles of those States which, contrary to the letter and spirit of the Final Document of the first special session devoted to disarmament are rejecting a policy of détente, retreating from the principles of peaceful coexistence and negotiations, seeking military superiority and professing the idea of victory in nuclear war. What matters most now is to get down to practical work to solve the most urgent problems involved in removing the threat of truly apocalyptic proportions that hangs over all life on earth as a result of the nuclear arms race getting out of hand and the growing risk of thermonuclear war.

In the modern complex and socially heterogeneous world crises, conflicts, burning political, social and other problems may more than once bring nations to the critical line. It is important not to overstep it and, most important of all, to prevent a nuclear cataclysm.

It would seem that many are aware of the nature and possible consequences of thermonuclear war. Nevertheless, to this day many underestimate the reality of this menace and hope they will not be affected, that disaster will bypass them.

A sober analysis of facts and numerous testimonies by scientists and experts warrant the conclusion that mankind had created facilities for its own destruction unknown heretofore. The validity of this conclusion is evidenced by the enormous stockpiles of nuclear weapons, their continued production, accumulation and advancement on an unprecedented scale and at a frantic pace and by the trend towards their proliferation over the planet.

Few realize clearly that the development of military technology is undergoing deep and rapid change, pushing the world in the direction of nuclear catastrophe. Work is under way to develop new types of weapons which differ from earlier models by their much greater accuracy and the much shorter time they need to reach their targets — weapons that can be used for the so-called first strike. Under these conditions one may succumb to an illusion that it is possible to achieve decisive strategic superiority and win a nuclear war. This in turn leads to a situation where senseless doctrines of nuclear warfare to be used

[1] A/S-12/PV-1, p. 17.

2

to achieve foreign policy objectives may prevail over common sense. The changes in progress in military technology not infrequently go hand in hand with doctrines of "limited nuclear warfare," "demonstration nuclear explosions," "pre-emptive strikes," "theatre nuclear hostilities," and so on. Such doctrines, based on the premise that it is possible to wage and win nuclear war, call for a first nuclear strike as a rational way of conducting hostilities and bring mankind face to face with the danger of a general nuclear conflict.

There is imperative need for a renunciation of adventurous, aggressive military doctrines, for an obligation on the part of Governments to abide by a strictly defensive doctrine. This implies abandonment of attempts to gain unilateral military advantages, in particular a pre-emptive disarming nuclear strike capability, to upset the strategic parity. Speaking at the United Nations General Assembly's second special session devoted to disarmament, the Soviet Foreign Minister Andrei Gromyko said:

> "A genuine desire for peace requires the maintenance of the military-strategic balance ...
> ... So would it not be better to use it as a springboard from which to work towards agreement to lower its levels in accordance with the principle of equality and equal security?"[2]

The current stage of the arms race is especially hazardous in view of the increased risk of nuclear war breaking out by accident, in particular as a result of technical trouble, for instance, malfunctioning of detection and warning systems, human error or miscalculation.

As regards damage to the foundations of general security, the trend in development of the most destructive modern strategic armaments towards a sharp increase in the speed of their action is a cause for grave concern: the appearance of every new type of such weapons leaves the leaders of the relevant countries less time to take a decision on a retaliatory strike. In this situation the role of accidents and other factors difficult to control tends to grow and may be fraught with tragic consequences for the entire human race.

The steady increase in the number of nuclear warheads capable of a broad range of destructive effects, their deployment in new territories, the buildup of foreign nuclear arsenals in countries where such arsenals are deployed, for example in Europe, the use of nuclear weapons as a means of intimidation along with evolving doctrines for waging various variants of nuclear war, the steady widening of the range of countries capable of manufacturing nuclear weapons — all these factors result in ominous growth of the global nuclear threat to mankind. This process has yet another extremely negative aspect: work is in progress to develop new types of weapons over which it will be extremely difficult and even impossible to exercise control. This implies the likelihood of missing a chance to institute control over them by technical monitoring facili-

---

[2] *Ibid.*, pp. 38—40.

3

ties and to limit them by international agreements amenable to dependable verification. No less fearsome is the fact that the current state and development of international relations make nuclear catastrophe highly probable. Threats to use nuclear weapons poison, to no small degree, the international climate today. The process of curtailing normal intercourse, ties, contacts and negotiations between States, of fomenting mistrust of and prejudice against foreign nations, is now in evidence, dashing the hopes for lasting peace, disarmament and international co-operation that had arisen during the last decade, prodding nations towards self-destruction and blocking a settlement of vital national and global problems. In this situation reassuring voices may be heard from high places about the possibility of a "limited nuclear alternative," that is, a war which will wipe out only a part of mankind. This logic amazes one not only by its cynicism and inhumanity, this is also crazy logic: indeed, how can one hope to survive after setting off a mammoth dynamite explosion in a neighbouring room?

There is yet another logic, outwardly rational but just as suicidal in essence. It is professed by those who hope to maintain peace by the so-called "deterrence," by building up military, including thermonuclear, power. In fact the record of history and of international relations shows that preparations for war are a short cut to war.

Therefore, a reversal of the arms race, in the nuclear field first and foremost, down to complete eradication of nuclear weapons, has become more vital and crucial than ever before to the very survival of mankind and civilization. There is only one way to save the human race from an apocalyptic nuclear conflagration, that is to halt the arms race, to stop its new channels, to secure a maximum of restraint on the part of opposing blocs of States in their military activities, to ensure a mutual reduction of the level of military confrontation, disarmament, the normalization of the international situation and to conduct patient and constructive negotiations on nuclear disarmament. Only by firmly pursuing this line can one check the continued slide down to nuclear confrontation and look to the future with confidence.

Needless to say, the problem of nuclear disarmament has become much more complicated today. In addition to obstacles erected by the opponents of disarmament, there are quite a few objective difficulties. This is not a simple task as regards the political, psychological and technological aspects, which are attributable to the complexity of the very international process of limitation and reduction of the enormously inflated arsenal of nuclear arms. However, it would be a profound delusion to believe that it has become impossible in principle to turn back the trend of developments in the field of nuclear arms. States and peoples were confronted by formidable problems in their history but they did find a solution to them. A thorough analysis of the current situation leads one to conclude that nuclear disarmament can be implemented and the menace of nuclear war removed at the present stage as well as genuine security guaranteed to all countries and nations without detriment to the security of any side. This, however, requires wide-ranging political decisions to be taken at top government and intergovernmental levels. There is need for a corresponding political determination, for awareness on the part of statesmen, political and public leaders of their profound responsibility for mankind's destiny, an ability to subordinate current narrow selfish interests to universal human welfare and the common good. In the words of one of today's world political leaders and statesmen "To prevent nuclear war today is the supreme duty of the leaders of States to their own peoples, to mankind, to future generations."

The key to the problem of ending the growing danger of a world-wide nuclear missile war is to check the buildup of nuclear armaments on the European continent and to reduce them. Developments in the nuclear field in that part of the world in the next two or three years may largely determine the pattern of future international relations in general: whether they will follow the path of lasting peace and universal security or a path of dangerous balancing on the brink of real war.

The concentration of nuclear arms there and in the neighbouring sea areas is greater than anywhere else, amounting to a few thousand nuclear warheads and delivery vehicles having a broad range of capabilities with a rough parity between the combat potentials of the opposing sides.

The implementation of the current plans of deployment in Europe as of 1983, in addition to the nuclear forces available, of hundreds of new nuclear missiles capable of delivering a surprise first strike, could upset the present balance between the strategic forces of both sides and would have unpredictable consequences for the future. This would mean an extremely dangerous destabilization of the entire international situation, a long step towards nuclear confrontation. Current developments imperatively demand that the States concerned should undertake, as a matter of top priority and utmost urgency, joint efforts to reduce their nuclear forces in Europe, to prevent deployment of new nuclear arms in this region and to reduce the level of military confrontation on a basis of reciprocity. This task is of global significance since a nuclear conflict in Europe would inevitably grow into a world-wide war. The growing danger of nuclear confrontation in Europe cannot but cause concern to the entire world community.

The second special session of the United Nations General Assembly devoted to disarmament afforded statesmen of all countries a good opportunity to display their political wisdom, to reaffirm their allegiance to the Final Document of the first special session, to come forward with new important initiatives so as to halt the dangerous increase of tensions in the world and the senseless arms race, to save the living and future generations and to give a new impetus to negotiations on practical measures to limit armaments and achieve disarmament, which have long been overdue.

Such initiatives were put forward and although that second special session failed to adopt detailed decisions on the substance of the questions it had considered, the discussion of those initiatives helped to highlight the main problem facing humanity — that of prevention of nuclear war and of nuclear disarmament. The majority of States advocated taking vigorous steps to prevent the use of nuclear weapons by outlawing nuclear war and giving full effect to the provisions of the Charter of the United Nations banning the use and threat of force.

The present research report deals with the most crucial problems of preventing nuclear war, halting the arms race and achieving nuclear disarmament, as well as with factors which contribute or may contribute to their solution. The authors have also sought to explain the initiatives of the Soviet Union in this field, in particular those taken at UNSSOD-II, to substantiate and sum up practical recommendations which may help progress in the direction of consistent efforts to lessen and remove the nuclear war menace to mankind.

I. BASIC MEANS OF PREVENTING NUCLEAR WAR

A. Nuclear weapons and international law

Nuclear weapons occupy a distinctive place among modern armaments. The history of their development and their tremendous destructive potential immediately set them apart from other modern armaments. Nuclear weapons are much younger than other known weapons of mass destruction: they are only about 40 years old. Over this relatively brief period, however, they have assumed a greater military and political role than has ever perhaps been played by any type of armaments in the past.

The advent of nuclear weapons graphically demonstrated their ability to serve political as well as military objectives. It is broadly admitted today that the atomic bombing of Japan in the closing days of the Second World War was an act motivated by political rather than military considerations. The nuclear explosions over the Japanese cities of Hiroshima and Nagasaki failed to produce any essential strategic effect. Modern studies have proved that they caused mainly civilian casualties, without any serious damage to Japan's military potential.[3]

The destructive power of nuclear weapons shocked the world. Later it became the subject of dozens of books and numerous studies. Research undertaken in this field by the United Nations is widely known. In particular, two extensive studies on the effects of using nuclear weapons were carried out under the United Nations auspices in 1968 and 1980.[4]

The characteristics of nuclear weapons fully warrant their classification as weapons of mass (or wholesale) destruction. Indeed, it is an indisputable fact that their destructive power and capacity for inflicting human casualties are thousands of times greater than those of earlier types of weaponry.[5]

---

[3] In an authoritative Soviet study it is said in this context: "There was no strategic or tactical necessity to use the atom bomb. Therefore, the motive for this act was mostly political." *(History of Diplomacy,* vol. IV (Moscow, 1975), p. 720).

[4] "Effects of the possible use of nuclear weapons and the security and economic implications for States of the acquisition and further development of these weapons" (Moscow, 1970), p. 7; "Comprehensive study on nuclear weapons" (A/35/392), p. 53.

[5] For more details concerning the destructive capacity of nuclear weapons see chapter III below.

It is significant that it was precisely the advent of nuclear weapons that introduced into the vocabulary of international law the very concept of weapons of mass destruction. In the post-war period this concept came to be used to denote the tremendous destructive power of this and similar types of weapons.

The term "weapons of mass destruction" came to be widely used in United Nations documents. Its meaning was revealed in a definition formulated by the Working Committee of the United Nations Commission on Conventional Armaments in 1947, which reads as follows:

"Weapons of mass destruction should be defined to include atomic explosive weapons, radioactive material weapons, lethal chemical and biological weapons; and any weapons developed in the future which have characteristics comparable in destructive effect to those of the atomic bomb or other weapons mentioned above."[6]

Thus, the characteristics of nuclear weapons are considered here as a criterion of its own kind, by reference to which a given variety of armaments may be listed among weapons of mass destruction.

Indeed, the characteristics of nuclear weapons are a graphic example of many-sided destructive effects. These weapons are distinguished by a combination of immense explosive power with an intricate complex of various toxic effects on the human organism.

Today the qualification of nuclear weapons as weapons of mass destruction is universally recognized. This is evidenced, in particular, by the aforementioned study of 1980 on nuclear weapons prepared within the United Nations framework. It reads in part:

"Nuclear weapons are weapons of mass destruction. Their various effects may cover vast areas .... Protection in a nuclear war, when it exists, does so because of limits imposed on the strength of the attack. In this sense, mankind is faced with the absolute weapon."[7]

All this indicated with utmost clarity the necessity to ban and abolish nuclear weapons. Nevertheless, this objective has not yet been achieved. Nuclear weapons have not yet come under international law prohibition. For the time being international law contains no rules prescribing a renunciation of the use of such weapons or outlawing them. It is a matter for the future to lay down such rules. Already today, however, international law contains a number of important provisions aimed at limiting the proliferation of nuclear weapons and terminating their tests. This aspect of the problem will be discussed in greater detail below. It should be pointed out here that in a number of international documents, in particular in resolutions of the General Assembly of the

---

[6] *Yearbook of the United Nations, 1947—48*, No. 4, p. 477.
[7] "Comprehensive study on nuclear weapons" (A/35/392), p. 53.

United Nations the idea of outlawing the use of nuclear weapons has been expressed even more clearly in recent times.

In the 1970s a number of international agreements were concluded on the prevention of the use of nuclear weapons. They were an innovation in international practice; such agreements had not been known to exist in international law before. This refers to the following three documents: the Soviet-American, Franco-Soviet and Anglo-Soviet agreements.

The first and most significant of these documents — the Agreement between the Union of Soviet Socialist Republics and the United States of America on the Prevention of Nuclear War — was signed during the Soviet-American summit conference in 1973.[8] In article I of that agreement the parties declare that the aim of their policy is to eliminate the danger of nuclear war and prohibit the use of nuclear weapons and that they will act in such a way as to prevent the emergence of situations likely to cause a dangerous exacerbation of their relations, to avoid military confrontation and to rule out nuclear war between them or between each party and other countries. In other words, the USSR and the United States assumed an obligation to do all in their power to prevent nuclear war.

Needless to say, the fact that such a commitment was assumed by the two biggest nuclear Powers was of crucial significance. It is necessary, of course, for the aforesaid article I to be strictly observed in accordance with its letter and spirit. It should be pointed out in this connection that certain actions undertaken recently obviously run counter to the provisions of the Agreement of 1973. For instance, statements on "limited nuclear warfare" and a "pre-emptive" or "demonstration" nuclear strike in Europe as possible options are hardly compatible with article I. Indeed, this article clearly and unambiguously makes it incumbent on the parties to rule out the outbreak of nuclear war. The call for a "pre-emptive" first nuclear strike is an open challenge to the letter and spirit of the 1973 Agreement.

It would be relevant to recall in this context that the aforementioned Agreement provides for mechanisms to settle possible conflicts. Article IV makes provision that with a risk of nuclear conflict in evidence the parties shall immediately begin urgent consultations to avoid such a risk. This provision clearly indicates ways of removing the threat of nuclear war.

As pointed out above, the Soviet-American Agreement of 1973 is not the only effective instrument of its kind. A similar agreement between the USSR and France was concluded in July 1976 by an exchange of letters on the prevention of accidental or unsanctioned use of nuclear weapons.[9] Under that Agreement the sides undertook to carry out and improve measures "to prevent

---

[8] *The Code of Effective Treaties, Agreements and Conventions between the USSR and Foreign States,* issue XXIX (Moscow, 1975), pp. 27—28.
[9] *Ibid.,* issue XXXII (Moscow, 1978), pp. 34—35.

accidental or unsanctioned use of nuclear weapons," to notify one another of any "accident likely to cause the explosion of one of their combat nuclear devices and be interpreted as possibly detrimental to the other side." It is envisaged that all communication channels, including the "hot line" between the Kremlin and the Elysée Palace, should be used for such notification.

Another document of a similar kind is the Agreement between the USSR and the United Kingdom of Great Britain and Northern Ireland on the Prevention of Accidental Outbreak of Nuclear War, signed on 10 October 1970.[10]

It is very similar in content to the aforesaid provisions of the Franco-Soviet Agreement and contains the commitment of the two parties to implement and improve organizational and technical measures to prevent accidental or unsanctioned use of nuclear weapons, as well as to notify one another of any accident likely to set off an explosion of combat nuclear devices.

It can be stated on the whole that the agreements on the prevention of use of nuclear weapons have indisputably become effective instruments for removing the danger of nuclear conflict. Of course, to be effective to a maximum degree such agreements should affiliate all nuclear-weapon States; as long as this task is not achieved, the People's Republic of China, in particular, will remain outside the framework of such agreements. In principle, however, the positive role played by such agreements is indisputable. One should recall in this connection the numerous accidents (for instance, those involving American nuclear weapons), each of which was fraught with the potential danger of a world-wide nuclear conflagration.[11] The aforementioned agreements have not imposed a ban on the use of nuclear devices in war, but in their general import they are called upon to help achieve this objective. This accounts for their fairly great significance.

In recent times the United Nations has also taken certain steps in this direction. On 29 November 1972, the United Nations General Assembly, on the Soviet Union's initiative, adopted a resolution on the non-use of force in international relations and permanent prohibition of the use of nuclear weapons.[12] As a follow-up to this resolution in later years the United Nations adopted a series of important resolutions on the issue of prevention of nuclear war, limitation of the nuclear arms race, and complete eradication of nuclear weapons.[13]

In 1981 the General Assembly adopted, at its thirty-sixth session, on the Soviet Union's initiative, the Declaration on the Prevention of Nuclear Catastrophe.[14]

[10] *Ibid.*, issue XXXIII (Moscow, 1979), pp. 31—32.

[11] In the opinion of authoritative experts, there were at least 125 accidents involving American nuclear weapons in the period from 1945 to 1976 ("World armaments and disarmament", *SIPRI Yearbook, 1977* (Stockholm, 1977), p. 52).

[12] General Assembly resolution 2936 (XXVII).

[13] The problems involved in the termination of the nuclear arms race and the abolition of nuclear weapons are discussed in section F below.

[14] General Assembly resolution 36/100. France, the United Kingdom and the United States voted against the resolution. China did not take part in the voting.

The Declaration, which was approved by the majority of the United Nations Members, expresses the strong desire of peace-loving mankind to have the nuclear menace removed. It is pervaded with the idea of top priority of the issues of nuclear disarmament in the context of relevant negotiations and outlines specific first priority measures to be taken in this field: the use of nuclear weapons in warfare should be outlawed.

The most important provision in the Declaration is the definition of actions aimed at unleashing nuclear war: "States and statesmen that resort first to the use of nuclear weapons will be committing the gravest crime against humanity" (par. 1). This thesis is developed in the Declaration in circumstantial detail. The responsibility of those who will perpetrate the aforesaid criminal act is specifically emphasized in this statement: "There will never be any justification or pardon for statesmen who take the decision to be the first to use nuclear weapons" (par. 2).

The provision of the Declaration which resolutely denounces propaganda of the ideas of nuclear war merits special attention: "Any doctrines allowing the first use of nuclear weapons and any actions pushing the world towards a catastrophe are incompatible with human moral standards and the lofty ideals of the United Nations" (par. 3). This provision is directly addressed to advocates of the dangerous doctrines of "preventive nuclear war." The Declaration gives an unequivocal answer to the question of concern to all mankind, as to how one should assess actions prodding the world to nuclear war.

The Declaration as a whole will indisputably occupy a conspicuous place in the record of practical steps to prevent nuclear war. Its aim is to pave the way to a negotiated ban on nuclear weapons. This follows in effect from the text of the Declaration, in particular, from this provision: "The nuclear-arms race must be stopped and reversed by joint efforts, through negotiations conducted in good faith and on the basis of equality, having as their ultimate goal the complete elimination of nuclear weapons" (par. 4).

Such is, in general outline, the content of a number of effective international law instruments concerned with the characteristics of nuclear weapons. Summing up their content, it may be said that although no direct ban on the use of nuclear weapons has yet been formulated in modern international law, the general trend of development is precisely in this direction. The most conclusive evidence of this is the Declaration on the Prevention of Nuclear Catastrophe approved by the General Assembly at its thirty-sixth session. The assessment contained in it of a first nuclear strike is in accord with the law and consciousness of all humanity committed to peace. The Declaration paves the way towards a treaty banning nuclear weapons and it is aimed at helping to set up the requisite basis in international law for the conclusion of such a treaty. Progress in this direction is a vital necessity today.

B. Prevention of the use of nuclear weapons

In a situation where no general ban has yet been imposed on nuclear weapons, while the production and stockpiling of nuclear weapons are being continued, it is crucially important, of course, to find effective ways of preventing the use of nuclear weapons.

Nuclear blackmail and threats to use nuclear weapons are poisoning, to a fairly great extent, the international climate today. This development points to the vital need to reaffirm and reinforce those standards of international law which prohibit the use or threat of force. It is known that the United Nations Charter contains fundamentally important provisions to this effect. It makes it incumbent on all United Nations Members to "refrain in their international relations from the threat or use of force" (Article 2, par. 4). Under present conditions, it is necessary to give full effect to these provisions, emphasizing clearly, in particular, that they also apply to the most dangerous way of using force — the use of nuclear weapons.

It is precisely these objectives that were pursued by the well-known Soviet initiative undertaken within the United Nations framework in 1976: the proposal to conclude a world treaty on the non-use of force in international relations. The draft World Treaty on the Non-Use of Force in International Relations, submitted to the General Assembly at its thirty-first session,[15] made provision for banning the use of nuclear weapons as an inalienable part of a general renunciation of the use of force in international affairs. Article I of the draft makes it incumbent on States to refrain from "the use of armed forces and any types of weapons, including nuclear and other weapons of mass destruction."[16]

Such a commitment on the part of States would signify, apart from other things, a treaty ban on the use of nuclear weapons. It is indicative that at its subsequent sessions the United Nations General Assembly repeatedly adopted resolutions emphasizing the need for drafting and adopting a corresponding international treaty as soon as possible. Unfortunately, opposition from certain Western Powers is blocking progress in that direction to this day.

The problem of preventing the use of nuclear weapons was also the subject of another well-known initiative: the proposal to conclude an international treaty on no first use of nuclear weapons advanced at the end of 1976 by the States parties to the Warsaw Treaty.[17] This proposal was addressed to all 35 States which had taken part in the Helsinki Conference on Security and Co-ope-

---

[15] *Official Records of the General Assembly, Thirty-first Session, Annexes*, agenda item 124, document A/31/243, annex.

[16] "The Soviet Union in the Struggle for Disarmament", *Collected documents* (Moscow, 1977), p. 243.

[17] "The Soviet Union in the Struggle for Disarmament", *Collected documents* (Moscow, 1977), pp. 263–264.

ration in Europe and it opened with a reference to the Final Act of the Conference. That, of course, was not fortuitous; indeed, the Final Act deals in detail with the key aspects of security and co-operation on the European continent. For instance, the participating States of the Helsinki Conference recognized their common interest in "efforts aimed at lessening military confrontation and promoting disarmament which are designed to complement political détente in Europe and to strengthen their security."[18] The initiative of the Warsaw Treaty Powers was precisely a step in this direction.

The preamble to the draft treaty submitted by these Powers expresses the determination of the contracting parties "to prevent the use or threat of using nuclear weapons against one another." The achievement of this objective is specifically reinforced by the provisions of article I of the draft which reads in part: "To abstain from the first use of nuclear weapons against one another on land, at sea, in the air, and in outer space." This provision formulates a reciprocal commitment of the parties to renounce the first use of nuclear weapons against one another in all the four environments. Article II explains that this commitment applies "not only to the territories of the contracting States but also to their armed forces in whatever area of the world they may be stationed."

It follows from the meaning of these two basic operational articles in the draft that an obligation to abstain from the first use of nuclear weapons should be assumed by the four nuclear-weapon Powers: the USSR, the United States, the United Kingdom and France. As a result of this mutual renunciation the risk of nuclear war in Europe as well as in other areas of the world would be lessened considerably.

To gain a clearer idea of the practical implications of such an obligation, one should recall that it is precisely on the European continent that the main nuclear forces of the aforementioned four nuclear-weapon Powers are concentrated. Long before the advent of nuclear weapons Europe was often, and with good reason, called a "powder keg" as an allusion to the fact that that continent had been the theatre of numerous wars, including two world wars. Under present conditions where the line of demarcation between North Atlantic Treaty Organization (NATO) and Warsaw Treaty forces runs across Europe, the concentration of armaments here has reached unprecedented proportions.

Mutual renunciation of the first use of nuclear weapons in this region would impose on the four nuclear-weapon Powers a commitment to refrain from using nuclear weapons against one another, as well as against other European States. A tangible contribution would be made thereby to the strengthening of European security. Of course, this would not be a radical solution because of the limited geographical area where such a commitment would be in force and be-

---

[18] "In the name of peace, security and co-operation. The results of the Conference on Security and Co-operation in Europe held at Helsinki from 30 July to 1 August 1975" (Moscow, 1975), p. 31.

cause nuclear weapons themselves would not have yet been abolished. Nevertheless, the general positive significance of progress in this direction would be unquestionable. It would pave the way towards a subsequent reduction of nuclear armaments in Europe. Such developments would have a favourable impact on the situation in other regions of the world and would induce countries in other geographical areas to assume similar commitments.

In view of the negative reaction of NATO to the proposals of the Warsaw Treaty nations, they were supplemented in 1979 by a proposal to agree on refraining not only from the first use of nuclear, but also conventional weapons. This proposal, made by the USSR on 2 March 1979 and reaffirmed by the Committee of Foreign Ministers of the States parties to the Warsaw Treaty (Warsaw, 14—15 May 1979), was aimed actually at the conclusion of a non-aggression pact between the European Conference nations. However, it failed to meet with a favourable response on the part of NATO.

In the context of possible measures to reduce the danger of nuclear attack another important proposal deserves attention. In the summer of 1978, the USSR came forward with an initiative designed to strengthen guarantees of the security of non-nuclear-weapon States: the Soviet Union declared that it would never use nuclear weapons against States that had refused to produce or acquire such weapons and had none deployed on their territories. The relevant draft convention submitted by the Soviet Union to the United Nations General Assembly at its thirty-third session in the autumn of the same year contains a clearly worded obligation of nuclear Powers "not to use or threaten to use nuclear weapons" against the aforesaid countries.[19] Thus, the draft envisaged in fact a ban on the use of nuclear weapons against a specific group of States (which had refused to manufacture or acquire nuclear weapons and had none of them deployed on their territories).

The Soviet Union also repeatedly reaffirmed at a later time its preparedness to take practical steps in this direction. In February 1982, Leonid Brezhnev, General Secretary of the Central Committee of the Communist Party of the Soviet Union (CPSU) and President of the Presidium of the USSR Supreme Soviet, again called attention to this circumstance.

He stated that :

"The Soviet Union has already taken a pledge never to use nuclear weapons against States which have refused to manufacture or acquire such weapons and have none of them on their territories. We are prepared to give appropriate guarantees in treaty form as well to any of such non-nuclear-weapons countries, and we call upon all other nuclear Powers to assume the same obligation."[20]

[19] *The United Nations Disarmament Yearbook*, vol. 3 : 1978 (United Nations publication. Sales No. E.79. IX.3), p. 513.

[20] *Pravda*, 25 February 1982.

14

Although the Soviet initiative implies, in fact, a limited ban on the use of nuclear weapons, the favourable effect of such a ban would be manifest at least in the following two areas. First, it would indisputably limit the possible scope of nuclear exchange if a nuclear conflict were to break out, since countries which have refused to manufacture or acquire nuclear weapons and have no such weapons in their territory would not be among the belligerents. Secondly, such a ban might give an impetus to further progress in the same direction — towards a total ban on the use of nuclear weapons. Apart from these two aspects, one should not, of course, overlook the fairly great positive role the aforesaid measure would play in reinforcing the régime of nuclear weapons non-proliferation (see below).

It may be acknowledged on the whole that a series of constructive proposals have already been advanced to prevent the use of nuclear weapons. It is quite feasible to lessen the nuclear danger on the basis of these proposals. The implementation by all countries of the recommendations contained in the United Nations General Assembly's Declaration on the Prevention of Nuclear Catastrophe discussed in detail in section A above could play an enormously positive role in this context.

As is perfectly obvious, the present world situation demands that all States take effective steps in this direction without delay. Recently the attention of the world has more than once been riveted to the problem of a voluntary commitment by States to refrain from the first use of nuclear weapons.

Although some Western Powers, the United States and the United Kingdom in particular, declared, albeit with a few reservations, their intention to refrain from using nuclear weapons against non-nuclear countries, the position of principle of NATO on that question remains unchanged: it is prepared for the first use of nuclear weapons already in an early phase of hostilities in Europe. The Western stance on the issue of the use of nuclear weapons increasingly tends to change in a highly dangerous direction. The world hears calls for a "limited nuclear war" coming from the United States, as mentioned above. The fact that such calls are made by persons in positions of influence is arousing grave apprehensions. They cannot but worry all peace-loving mankind. The Soviet Union has resolutely denounced this approach to war. Leonid Brezhnev stated in this connection: "Only he who has decided to commit suicide can start nuclear war and hope to win it ... It would be good if the United States President also made a clear and unambiguous statement rejecting the very idea of nuclear attack as criminal."[21] Unfortunately, no such statement has yet been heard from the American side. It would be no exaggeration to say that this approach on the part of the United States to the question of using nuclear weapons is causing

[21] Ibid., 21 October 1981.

extremely grave concern in the world. Indeed, this is, in effect, a question crucial to the destiny of all mankind.

On 15 June 1982, the Soviet Union took a step of exceptional significance. Leonid Brezhnev, in a message to the second special session of the United Nations General Assembly devoted to disarmament,[22] stated the Soviet Union's pledge to refrain from the first use of nuclear weapons. This act is designed to facilitate a turn from today's dangers to a more dependable and lasting peace. If all nuclear-weapon States assumed the same commitment, this would in fact amount to a total ban on the use of nuclear weapons. Indeed, in the absence of a first nuclear strike there would be no nuclear exchanges. Military confrontation would lose its edge and the strategic balance and trust between nations would be strengthened.

The way outlined by the Soviet Union does not call for complicated diplomatic negotiations; solemn pledges made publicly by other States would be sufficient.

The Soviet Union's new initiative is a practical response to the Declaration on the Prevention of Nuclear Catastrophe adopted by the General Assembly in 1981, which proclaimed the first use of nuclear weapons the most heinous crime against humanity.

In summing up, it should be emphasized that the task of preventing the use of nuclear weapons is assuming first priority as regards its significance under present conditions. Mankind can and must be delivered from the danger of annihilation with nuclear weapons stockpiled in the world. Further measures to prevent unsanctioned or accidental use of nuclear weapons and the possibility of a surprise attack could contribute to this end. A treaty ban on the first use of nuclear weapons could be an effective instrument for preventing nuclear war.

C. Banning nuclear-weapon tests

This is a highly important issue, directly related to the task of lessening the risk of nuclear war.

The role played by experimental nuclear explosions in the post-war development of military technology has been exceptionally great.[23] Since the advent of the atomic age experimental nuclear explosions have been a key component of the process of qualitative improvement of nuclear weapons of mass destruction.

---

[22] A/S-12/PV.12, pp. 22—30.

[23] Tests make it possible to verify the correctness of theoretical estimates of scientists and engineers concerning such major characteristics of nuclear warheads as weight, size, explosive power, destructive effect, etc. Explosions are carried out to verify the dependability of existing nuclear arsenals and to test new models of nuclear warheads, as well as to help research and development work on new types of nuclear warheads.

They have become a potent factor in stepping up the arms race and in the increase of the nuclear menace, accounting on the whole for the steadily rising level of armaments and the growing danger of nuclear war.

Over the years since the end of the Second World War more than 1,000 experimental nuclear-weapon explosions have been carried out. They have largely contributed to the expansion of nuclear weapons into a vast complex of facilities for destruction, varying with regard to their purpose, capacity and means of delivery of nuclear warheads to target. Tests continue to play an important part in sustaining the frantic pace of the arms race, undermining international stability and increasing the risk of nuclear war. These tests are connected with the most active and dangerous trend in the arms race — the qualitative improvement of weapons augmenting the destructive potential of instruments of mass annihilation and tending to aggravate the disastrous consequences of a possible nuclear war. Tests are connected with the development of new nuclear-weapon types and systems possessing ever more varied destructive capabilities and, what is especially dangerous, producing a considerable destabilizing effect in peacetime. In particular, they are a factor prodding armed forces development in the direction of first strike capability for waging nuclear war (in contrast to the function of deterrence). Nuclear-weapon tests thereby complicate efforts to guarantee international security and to limit and reduce armaments. In his report on the economic and social consequences of the armaments race and its extremely harmful effects on world peace and security the Secretary-General of the United Nations said:

"New technologies open the way for new doctrines. These in turn give an appearance of rationality to the deployment of weaponry embodying these technologies. At the same time they increase the dangers of war and alter the terms of the disarmament equation, rendering it more complex and more intractable."[24]

It will be recalled that nuclear-weapon tests cause grave direct harm to human health by polluting man's natural environment, which is especially true of nuclear explosions on the ground surface and in the atmosphere, aggravate radiation hazards in various regions of the world and are a factor contributing to international political tensions. All this has lent the task of banning nuclear-weapon tests high priority in the struggle to lessen the nuclear menace to mankind, to limit nuclear weapons buildup and advancement and to prevent development of new types and systems of such weapons.

In the 1960s and 1970s, certain steps were taken on an international plane in the direction of banning nuclear tests. In 1963, the Treaty Banning Nuclear

[24] Report of the Secretary-General on the economic and social consequences of the armaments race and its extremely harmful effects on world peace and security of 12 August 1977 (A/32/88), p. 14. The report points out the destabilizing potential of such new nuclear-weapon systems as MARV warheads, long-range cruise missiles, compact small-yield nuclear weapons, enhanced radiation (neutron) weapons, and so on.

Weapon Tests in the Atmosphere, in Outer Space and under Water was concluded in Moscow by the USSR, the United States and the United Kingdom. Today, a total of 110 States are party to this Treaty.[25] The Treaty imposed a ban on explosions in the aforesaid environments of any types of nuclear weapons and all other nuclear explosions, including explosions of devices designed for peaceful purposes; it also prohibited underground nuclear explosions causing radioactive fall-out beyond the territorial limits of the State under whose jurisdiction or control they were carried out (underground nuclear-weapon tests were thereby also partly limited).

The Moscow Treaty made it possible to reduce considerably the scale of nuclear tests in the atmosphere (until 1975, such explosions had been carried out by the People's Republic of China and France, which refused to accede to the Treaty; since 1975, China alone has gone along with nuclear tests in the atmosphere). The preamble to the Treaty makes provision for further steps to be taken in the direction of a comprehensive treaty to achieve the cessation of all nuclear-weapon-test explosions for all time and to put an end to the pollution of man's environment with radioactive fall-out. This commitment was later reaffirmed in the Treaty on the Non-Proliferation of Nuclear Weapons.[26]

States and social forces seeking a comprehensive ban on nuclear tests rely on the Moscow Treaty, which helps co-operation in the cause of nuclear arms limitation. The Treaty retains its political significance as the first wide-ranging multilateral agreement in the field of military-political détente which set the stage for the all-important process of co-operation between States belonging to different systems in this area. Certain positive results have been achieved on the path outlined by the Moscow Treaty. In 1974, the USSR and the United States signed the Treaty on the Limitation of Underground Nuclear Weapon Tests.[27] The Treaty bans underground explosions having a yield exceeding 150 kilotons. The next step towards the solution of this problem was the Soviet-American Treaty on Underground Nuclear Explosions for Peaceful Purposes of 1976,[28] which laid down definite rules for carrying out such explosions.

However, the efforts to solve the problem of complete termination of nuclear weapons tests have not been altogether successful. First, not all of the nuclear Powers have acceded to the Moscow Treaty of 1963. As said in the foregoing, one of the nuclear Powers even went ahead with nuclear tests in the atmosphere.

---

[25] United Nations, *Treaty Series*, vol. 480, No. 6964, p. 43. Another 15 States have signed the Treaty but have not yet ratified it.

[26] For the text of that Treaty, see General Assembly resolution 2373 (XXII).

[27] See *Official Records of the General Assembly, Twenty-ninth Session, Supplement No. 27* (A/9627), annex II, document CCD/431. The Treaty has not been ratified. The Soviet Government declared its readiness to ratify it at any time; the American side deferred ratification.

[28] A/31/125.

Second, underground nuclear tests widely ranging in yield are not covered by the ban.[29]

What matters most is the fact that tests continue to be a way of improving nuclear weapons and augmenting their combat effects, and enable the arms race to be carried on, increasing thereby the danger of nuclear war.

Continued testing will further step up the arms race and lend a new dimension to the nuclear war danger. This state of affairs is glaringly inconsistent with the desire of the world community and the vast majority of the United Nations Members to have experimental nuclear explosions ended for good. Attaching crucial importance to achieving the complete cessation of nuclear-weapon tests, the United Nations General Assembly has adopted more than 40 resolutions on that issue.

The Final Document adopted by the first special session of the General Assembly devoted to disarmament in 1978 reads in part: "The cessation of nuclear-weapon testing by all States within the framework of an effective nuclear disarmament process would be in the interest of mankind" (par. 51). It contains a provision urging the parties to negotiations on the issue of banning all nuclear-weapon tests to complete these negotiations as early as possible and to submit their results "for full consideration by the multilateral negotiating body with a view to the submission of a draft treaty to the General Assembly at the earliest possible date." The General Assembly, at its thirty-sixth session in 1981, adopted resolution 36/84 reaffirming its conviction that a treaty to achieve the prohibition of all nuclear-weapon-test explosions by all States for all time was a matter of the highest priority. It urged all States members of the Committee on Disarmament to enter into corresponding negotiations within the Committee's framework.

It should also be pointed out that broad public circles in various countries of the world are appealing for an early conclusion of a treaty imposing a total ban on all nuclear-weapon tests and demanding a resumption of negotiations on this issue.[30]

An analysis of various aspects of the problem of banning nuclear tests shows the absence of any reasonable grounds to justify postponement of the relevant negotiations and the conclusion of a treaty.

The overwhelming majority of experts in various countries of the world today share the view that the potential risks involved in continued nuclear weapons testing exceed by far any possible risks involved in a cessation of such tests. Now that the world is witnessing the start of a new spiral in the arms race leading to nuclear catastrophe, it is necessary that world opinion realize the grave danger

[29] See A. N. Kaliadin, *Problems of Banning Nuclear Weapon Tests and Proliferation* (Moscow, 1976).
[30] Suffice it to refer in this context to materials of the International Conference of Non-Governmental Organizations held at Geneva from 31 March to 2 April 1982, entitled "World public opinion and the second special session of the United Nations General Assembly devoted to disarmament."

to mankind resulting from destabilization caused by highly advanced military technology developed in the process of tests. The aggravation of the international situation lends growing urgency to a resumption of talks and an early conclusion of the relevant agreement. This would demonstrate the political determination of States in possession of nuclear arsenals to halt the arms race and to co-operate in the cause of averting the danger of nuclear war, would strengthen the régime of non-proliferation of nuclear weapons and give the requisite momentum to a process of nuclear disarmament. A comprehensive ban on nuclear-weapon tests could prevent the development of new types of nuclear weapons. It would contribute substantially to a normalization of the international situation and to the creation of a favourable political climate for the consideration of other arms limitation and disarmament issues.

It should be pointed out that certain positive factors conducive to the achievement of this task are available at present. Fundamental preparatory work has been carried out in the course of discussions for over 25 years on the problems of banning nuclear-weapon tests at various levels, in particular through diplomatic channels, within the framework of international organizations (the United Nations, the Committee on Disarmament, and others) and at scientific conferences. The military-political, organizational, scientific, technological and other aspects of the problem, including facilities to verify compliance with an agreement banning nuclear tests, have been studied in profound detail.[31]

In his report entitled "Comprehensive nuclear-test ban"[32] issued on 23 May 1980, the Secretary-General of the United Nations again called the attention of the world community to the fact that verification of compliance no longer seemed to be an obstacle to reaching agreement and that all scientific and technological aspects of that problem had been studied so thoroughly that only a political decision was needed to reach a final agreement. The Secretary-General stated that "this problem can and must be solved now."

Of fairly great significance is the fact that a draft treaty on the complete and general prohibition of nuclear-weapon tests submitted by the Soviet Union has been under consideration at the relevant international forums on disarmament since 1975.[33]

In 1977, Sweden submitted her own draft treaty on the prohibition of nuclear-weapon tests to the Committee on Disarmament.[34]

In 1977, the USSR, the United Kingdom and the United States opened tripartite talks with the object of drafting a treaty on a general and complete ban on nuclear-weapon tests and a protocol to it concerning nuclear explosions

[31] See E. K. Fedorov, *Scientific Aspects of Political Negotiations* (Scientific Research Council on Peace and Disarmament, Moscow, 1981).

[32] A/35/257.

[33] General Assembly 3478 (XXX), annex.

[34] Document CCD/526 of 1 March 1977.

for peaceful purposes. Appreciable progress was made at those negotiations. The sides reached agreement on important issues concerning a future treaty (agreement on the need to ban any nuclear-weapon tests in all environments and to establish a moratorium on nuclear explosions for peaceful purposes, on the procedure of the treaty's entry into force, etc.).[35]

The parties not only outlined a future treaty but also worked out in detail many of its provisions, including those referring to verification of compliance. It remained, in effect, to settle just two or three issues to complete the treaty. Its conclusion would have been an important step which would have seriously limited the further destabilizing nuclear arms race.

In the autumn of 1980, however, the tripartite talks were broken off by the Western Powers.

The record of contributions of the Committee on Disarmament to the solution of a number of problems involved in banning nuclear tests merits close attention. For a few years the Committee had on its agenda the question of a nuclear-weapon-test ban. While the tripartite talks were in progress the Committee went ahead with a discussion of various aspects of the weapon-test problem and assisted, in effect, in drafting the agreement. The Committee and a special group of scientific experts working within its framework to consider measures of international co-operation in detection and identification of seismic phenomena[36] directly contributed, in particular, to developing a system of seismic control over compliance with the nuclear-test-ban agreement. The Group prepared a report, which was approved by the Committee on Disarmament in March 1978.[37] That report recommended the establishment of a global network of national stations to be maintained by States on a voluntary basis to assist verification of compliance with the nuclear-test ban. The relevant information would be supplied to international data collecting centres it was recommended be set up in Moscow and Washington. The report also suggested, as a measure feasible technologically, the institution of international centres in other localities, in the southern hemisphere in particular, to collect more comprehensive information on seismic phenomena from that part of the world. The Group recommended that communication channels of the World Meteorological Organization be used for information transmission. In March 1978, the Group was requested to study the scientific and methodological principles of possible experimental testing of the global network of seismic stations to be set up for international exchange of seismic data under the nuclear-weapon-test-ban treaty.

[35] For more detailed information on the understanding reached at the tripartite talks see the tripartite report to the Committee on Disarmament, document CD/130 of 30 July 1980.

[36] The *Ad Hoc* Group of Scientific Experts to Consider International Co-operative Measures to Detect and Identify Seismic Events was set up by the Committee on Disarmament in July 1976.

[37] *Official Records of the General Assembly, Thirty-third Session, Supplement No. 27* (A/33/27), vol. II, document CCD/558 and Add. I.

The participation of all the five nuclear Powers in the work of the Committee on Disarmament enables it to play a more active part in this field. They could work out the relevant agreements jointly with the non-nuclear States seated in this body.

In April 1982 the Committee on Disarmament formed a working group on nuclear-weapon tests. In line with its mandate, problems of verification and compliance with the future treaty will be discussed with a view to making further progress towards a nuclear-test ban.

It is important that discussion of the problems of verification may not be used to delay the drafting of an agreement as a whole — as, unfortunately, has more than once been the case in the past. Such discussion may not be artificially divorced from the concrete objective of the arms limitation measure itself, that is, a nuclear-weapon-test ban.

In the current situation, where the need for a new impetus for solving the problem of nuclear tests is particularly evident, the following steps might be useful:

(a) Resumption of tripartite talks between the USSR, the United Kingdom and the United States on the basis of the positive record of the past so as to fulfil the tasks set before the negotiators in 1972;

(b) Cessation without delay of all experimental nuclear explosions as a provisional measure for the period of the negotiations imposing a moratorium by the five nuclear Powers;

(c) Invitation to leading scientists from various countries to take part in efforts to bring to the notice of Governments and the public at large data and scientific forecasts concerning the lethal effects of nuclear-weapon tests, both in the context of radioactive pollution of the atmosphere, the earth surface and the subterranean environment, as well as the extent of harm to human health, and in the context of aggravation of the risk of nuclear war;

(d) Mobilization of world opinion, with active assistance from non-governmental organizations, to gain wider support for the cause of banning all nuclear-weapon tests in all environments.

D. Banning nuclear neutron weapons

Under present conditions, where full-scale production of neutron weapons is now under way in the United States, the problem of the legality of this new instrument of warfare has assumed added acuity. Is this weapon compatible with the time-honoured humane standards of international law designed to afford the civilian population whatever protection is possible against the perils of war? Does it not overstep the limit of necessity in the conduct of warfare?

These questions are by no means of purely academic significance. They are worrying the masses in all parts of the world.

International law has never been indifferent to the character of weaponry used in the prosecution of war. As far back as antiquity certain rules were laid down banning the use of inhuman tools of war which caused indiscriminate loss of life, mutilation or cruel suffering of peaceful civilians. Later, such practices led to the conclusion of international treaties under which the signatory States renounced the use of such weapons. A conspicuous place among them is held by the St. Petersburg Declaration of 1868.[38] That Declaration not only imposed a ban on one of the specific varieties of weapons (explosive shells less than 400 grams in weight) but also formulated some major provisions concerning differentiation between legal and illegal instruments for waging war. Those provisions have retained their significance to date; what is more, they are quite applicable to present conditions. Among the illegal instruments for waging war, the St. Petersburg Declaration listed weapons "which, on inflicting injury, cause unnecessary suffering to people already disabled or make their death inevitable." As is envisaged in the Declaration, the use of such weapons would be against the "laws of humanity." This provision is applicable to many modern instruments of destruction, including the neutron bomb.

It is necessary to mention in this context other well-known international documents: the Hague Conventions on the laws and customs of war. One of them — the 1907 Convention Regarding the Laws and Customs of Land Warfare — contains a number of major provisions valid to this day. Among them are the bans on the use of poison or poisoned weapons and on the use of weapons, projectibles or substances capable of causing unnecessary suffering. Those provisions of the Hague Convention signified another step in the direction of banning all barbarous kinds of weaponry. The neutron weapon may be qualified as a weapon causing unnecessary suffering.

In this context it is necessary to describe, if only in brief, the principal characteristics of the neutron weapon. In the unanimous opinion of experts, its main distinction is its capability to exterminate all life within its hitting area. Intensive radioactive emission characteristic of the neutron weapon dooms the population of the affected locality to certain and agonizing death but leaves material property intact. The latter fact strikingly illustrates the inhuman character of the neutron weapon.[39]

The following is a description by experts of the effect of a one-kiloton neutron warhead (intended for missiles adopted by the United States Army): the shock wave and light emission cause devastation within a radius of 200—300 metres;

---

[38] See the collection *International Law in Selected Documents* (Moscow, 1957).
[39] V. S. Emelyanov, *The Neutron Bomb: A Threat to Mankind* (on extraordinary hazards of nuclear neutron weapons), Moscow, 1981.

at the same time, invisible neutrons possessing enormous kinetic energy fly further and easily penetrate clothing, armour and brick walls. They are deadly to man within a distance of 800 metres from the focus of the explosion. Half of those overtaken at a distance of 1,400 metres will die within a month. Others may be afflicted with fatal diseases of slower onset. As evidenced by a notable Western geneticist, the effects of the neutron weapon are distinctive in that the period in which it may cripple a human being is unlimited, and even after a few generations following the use of this weapon deformed babies maimed by radiation after-effects will be born.[40]

Naturally, such characteristics of the neutron weapon fully warrant its classification as an instrument of mass destruction. The relatively small (as compared with other types of nuclear weapons) explosive power of a neutron charge does not change in principle one distinction typical in general of all nuclear weapons: destruction of all life within the hitting area. This fact is the best evidence to the effect that the advent of neutron weapons has supplemented the list of specific varieties of instruments of mass destruction. In this sense the definition of neutron weapons in a publication of the World Peace Council is perfectly correct. It reads in part:

"This is a nuclear weapon of mass destruction ... even more dangerous than all types of nuclear weapons developed and tested heretofore, including atomic and hydrogen bombs. Specialists in nuclear technology see its exceptional danger particularly in that it is easier to use and in that its lethal effect is more strikingly expressed and entails worse consequences than do conventional nuclear weapons."[41]

Recently, the lethal effects of the use of neutron weapons have been explained not only by military and technical experts but also by members of the medical profession whose voices are heard more and more often. Academician I. Chazov, Chairman of the Soviet Committee "Physicians for the Prevention of Nuclear War", writes as follows:

"This is one of the most sophisticated varieties of thermonuclear offensive arms, which is, just as the atom bomb, an instrument of wholesale destruction. The annihilation effect of this weapon is primarily due to neutron emission causing radiation sickness and death."[42]

These characteristics of neutron weapons certainly furnish sufficient grounds for extending to them what are known general (or blanket) bans existing in modern international law. Such bans are intended to cover newly-developed inhuman varieties of armaments which have not yet been specifically prohibited. The most significant example of a general ban is the well-known "Martens clause"

---

[40] Pravda, 25 May 1978.
[41] Ban the Neutron Bomb (Helsinki, 1977), p. 12.
[42] Pravda, 13 August 1981.

contained in the aforementioned 1907 Hague Convention Regarding the Laws and Customs of Land Warfare.[43]

In short, the meaning of this reservation is that any variety of armaments not envisaged in the Hague Convention (the neutron weapon unquestionably belongs among them) may be considered legal only if they conform to the universally recognized principles of international law, as well as the "laws of humanity" and the "dictates of the public conscience." [44]

One cannot fail to see that the neutron weapon does not meet these criteria. As far as the "laws of humanity" are concerned, the history of military technology contains few examples of weapons quite as inhuman. Speaking of the "dictates of the public conscience," the most conclusive argument here is the broad campaign of protest against the neutron bomb. It evidences more clearly than any words that world opinion is resolutely opposed to this new barbarous variety of nuclear instruments of destruction.

As regards the characteristics of the neutron weapon which are incompatible with the elementary rules of humaneness, it should be emphasized that its use would inevitably lead, in particular, to wholesale extermination of the civilian population in the areas under attack. It will be recalled, however, that the conduct of warfare causing indiscriminate civilian casualties has long been regarded as illegal. As far back as antiquity a rule was laid down forbidding the use of weapons against civilians (based on discrimination between combatants and non-combatants). It was mentioned by Hugo Grotius who wrote in his time: "We are given weapons... against armed soldiers." He referred to the necessity in fighting a battle "to be careful to avoid even unintentional killing of innocents," to spare children, women, and old people.[45] The use of neutron weapons, wiping out all life, would run counter to all such rules firmly established in international law.

The neutron weapon is a variety of nuclear facilities for annihilation. Naturally, it cannot be separated from other nuclear weapons. This means that any use of neutron weapons is bound to trigger an all-out nuclear war. Therefore, the arguments offered to prove that a limited nuclear war is an acceptable option obviously do not hold water. In the Western countries, it is true, those who came up with such ideas have not yet abandoned them. Today they are widely circulat-

[43] F. Martens was the Russian representative to the Hague Conference of 1907.
[44] The clause reads as follows:
"Pending the time when it will be possible to issue a more complete code of the laws of war the High Contracting Parties deem it appropriate to acknowledge that... in cases not included in the regulations... the inhabitants and the belligerents remain under the protection and the rule of the principles of the law of nations, as they result from the usages established among civilized peoples, from the laws of humanity and the dictates of the public conscience."
(International Law in Selected Documents, vol. III (Moscow, 1957), p. 41.)
[45] Hugo Grotius, *De jure Belli ac Pacis* "The Law of War and Peace" (Moscow, 1956), pp. 702—704.

ing reassuring statements to the effect that neutron bombs (or enhanced radiation weapons, as they prefer to call them in the United States) do not threaten the world with an all-out nuclear war. Such arguments, however, will convince nobody today. Indeed, the use of any variety of nuclear weapons, including the neutron bomb, will inevitably open the door to the use of all existing nuclear forces. In short, the neutron bomb is the potential detonator of an all-out nuclear war. The neutron weapon reduces the threshold of nuclear war by eroding the boundary between conventional and nuclear warfare. According to NATO experts, it is intended for use in tactical situations in an early phase of a potential military conflict in Europe. In other words, it is intended for a first nuclear strike. This accounts for its immense threat to mankind. The neutron weapon may trigger off a "quiet" outbreak of world-wide nuclear war from the territory of thickly-populated Europe.

Realizing that the appearance of neutron weapons in one country will inevitably induce other countries to produce them, the Soviet Union has repeatedly offered to the United States renunciation of production on a basis of reciprocity. Those proposals were declined.

Today it is more important than ever before to take urgent steps to do away with the neutron menace. Opposition to production of neutron weapons is mounting and stiffening. A practical way to a settlement of this issue is outlined in the proposals advanced by a group of socialist countries a few years ago. On 10 March 1978, Bulgaria, Czechoslovakia, the German Democratic Republic, Hungary, Mongolia, Poland, Romania and the USSR submitted to the Committee on Disarmament a draft international convention on the prohibition of the production, stockpiling, deployment and use of nuclear neutron weapons (CCD/559).[46] That document is designed to safeguard mankind effectively against this new barbarous variety of weapons of mass destruction and provides for a complete ban on neutron weapons, that is, not only a renunciation of their use but also a ban on their production or adoption by the armed forces of States. Thus it was proposed that the most radical and effective form of prohibition be imposed on neutron weapons. In August 1981, the Soviet representative to the Committee on Disarmament proposed that an *ad hoc* working group be urgently set up within the Committee's framework to draft the convention (CD/219). This proposal was opposed by the Western members of the Committee. In view of the absence of a consensus, no working group was instituted.

The United Nations General Assembly, in the resolutions adopted at its thirty-sixth session, reaffirmed the urgency of the task of banning neutron weapons. The General Assembly approved for the first time, by a majority of votes, resolution 36/92 K on the prohibition of the nuclear neutron weapon, which

[46] *The United Nations Disarmament Yearbook*, vol. 3: 1978 (United Nations publication, Sales No. E. 79. IX.3), pp. 510—511.

requested the Committee on Disarmament to start without delay negotiations in an appropriate organizational framework with a view to concluding a convention on the prohibition of the production, stockpiling, deployment and use of nuclear neutron weapons.

E. Non-proliferation of nuclear weapons and regional measures to lessen the risk of nuclear war

Under present conditions the significance of measures to secure the non-proliferation of nuclear weapons has assumed a new dimension.

Non-proliferation of nuclear weapons and termination of the arms race are two aspects of the problem of lessening the risk of nuclear war. The nuclear arms race concerns the quantity and quality of nuclear weapons (it is sometimes called "vertical" proliferation of nuclear arms), whereas non-proliferation affects its spatial aspects (i.e. "horizontal" proliferation of nuclear weapons). In a number of United Nations documents it is acknowledged that a further widening of the range of countries in possession of nuclear weapons is likely to build up tensions to a still higher pitch, cause still greater instability in the world and increase the probability of general nuclear war, including a nuclear conflict flaring up by accident.[47] Conversely, the risk of war involving the use of such weapons would be largely lessened by effective measures to prevent the emergence of new nuclear-weapon States, to reinforce security guarantees for non-nuclear countries, to prevent deployment of such weapons in the territories of States where none exist at present, to set up nuclear-free zones in various regions of the world, as well as by other measures to promote regional and universal security.[48]

The Final Document of the first special session of the United Nations General Assembly devoted to disarmament reads, in particular: "It is imperative, as an integral part of the effort to halt and reverse the arms race, to prevent the proliferation of nuclear weapons" (par. 65). This Document contains an appeal to all States to assume a commitment to help prevent the spread of nuclear weapons *(ibid.)*.

Under present conditions the Treaty on the Non-Proliferation of Nuclear Weapons, which came into force on 5 March 1970, is an effective instrument

[47] For more details see *Effects of the Possible Use of Nuclear Weapons and the Security and Economic Implications for States of the Acquisition and Further Development of These Weapons* (United Nations publication, Sales No. E.68. IX.1); *Comprehensive Study on Nuclear Weapons* (United Nations publication, Sales No. E.81. I.11).

[48] These problems are discussed in a number of works by Soviet scientists and specialists. See, for instance A. N. Kaliadin, *Problems of Banning Nuclear Weapon Tests and Proliferation* (Moscow, 1976); A. A. Roschin, *International Security and Nuclear Weapons* (Moscow, 1980); O. N. Bykov, V. V. Zhurkin, A. N. Kaliadin *et al.*, *Urgent Disarmament Problems* (Moscow, 1978); A. G. Arbatov, *Security in the Nuclear Age* (Moscow, 1980).

for the co-operation of States on the international scene to prevent the spread of nuclear weapons, to lessen thereby the danger of a nuclear conflict and to secure the use of atomic energy for constructive purposes. At present, 118 States are parties to this Treaty and 5 other States have signed it but have not yet completed the ratification procedure. It makes the basis for the present international régime of non-proliferation of nuclear weapons. This régime incorporates a system of obligations, formulated in the Treaty, on the part of States in possession of nuclear weapons and non-nuclear-weapon States concerning non-proliferation of such weapons; a system of verification (safeguards) of compliance with the main provisions of the Treaty carried out by the International Atomic Energy Agency (IAEA); and the so-called London arrangement of 1979 between the main nuclear exporting countries whereby the parties were to authorize the transfer to other countries of nuclear materials, equipment and technology, subject to compliance with specified conditions to prevent their use for manufacturing nuclear explosive devices. At the regional level, the universal régime of nuclear-weapon non-proliferation incorporates the Treaty for the Prohibition of Nuclear Weapons in Latin America (Treaty of Tlatelolco), which entered into force in 1968. The parties to the Treaty (22 States) assumed certain commitments not to acquire nuclear weapons, not to deploy such weapons in their territories and to accept the corresponding measures of verification on the part of IAEA.

The United Nations General Assembly greatly contributed to the reinforcement of the non-proliferation régime and to the broad involvement of States in the non-proliferation Treaty. In a number of its resolutions it called on States which had not yet acceded to the Treaty to do so at the earliest possible date. The conferences held to discuss compliance with the Treaty on the Non-Proliferation of Nuclear Weapons in 1975 and 1980 also played an effective part in this field. They established no violations of the main provisions of the non-proliferation Treaty. The conferees put forward a number of proposals to strengthen the régime of nuclear-weapon non-proliferation. The record of compliance with the Treaty shows that not only does it play a key part in preventing a continued spread of nuclear weapons all over the world but it also lessens the risk of nuclear war. All countries, both large and small, nuclear and non-nuclear, industrially advanced and developing countries, equally benefit from reinforcement of the non-proliferation régime. All of them would lose from a loosening of this régime, regardless of which part of the world they may be situated in. The very fact that almost 120 States are parties to the non-proliferation Treaty is in itself conclusive evidence that it has gained broad international recognition and that an obligation to renounce nuclear-weapon proliferation has now become a widely accepted standard of modern international law, which has to be reckoned with by those countries which have not yet acceded to the Treaty.

Although the sphere of operation of the non-proliferation Treaty has widened, two nuclear Powers — China and France as well as a number of "near-nuclear" countries remain outside of it to this day. Among them are such countries bent on developing their own nuclear weapons as South Africa, which is defying by its racist policy not only Africa but the entire world community as well,[49] and Israel, whose policy is generating sharp conflicts in one of the most explosive regions of the world.[50] Also, there have been press reports of plans to develop nuclear weapons in Pakistan.

The efforts of non-nuclear countries to acquire nuclear weapons are causing great concern to the world community and stepping up tensions, not only in individual regions but throughout the world as well.

The task of strengthening the universal régime of non-proliferation of nuclear weapons assumes added importance in view of the accelerated process of building up in an ever larger number of countries a scientific, technological and industrial potential which can be geared to production and, in particular, in view of the rapid development of nuclear power engineering, international trade in nuclear materials, equipment and technology.

It is expected that towards 1985 about 30 countries which have no nuclear weapons today will have nuclear reactors with a total potential capacity to produce about 30,000 kilograms of plutonium annually, which is sufficient theoretically for the manufacture of 4,000—6,000 20-kiloton atomic bombs a year.

The non-proliferation Treaty could play an even more effective role in lessening the danger to mankind resulting from the spread of nuclear weapons if it were joined by all States having the atomic industry or planning to build it in the future. It is vitally imperative, therefore, to continue efforts to persuade other countries to accede to the Treaty so as to lend it a truly universal character.

Under present conditions the task of lessening the risk of nuclear war could be facilitated by taking a series of measures to reinforce the régime of non-proliferation of nuclear weapons and to narrow the territorial sphere of nuclear armaments. These measures are as follows:

The accession to the Treaty by other States, primarily those which have a potential to develop their own nuclear weapons.

The institution of effective guarantees to prevent international co-operation in the peaceful uses of atomic energy from becoming a channel for nuclear weapons proliferation.

The special system of IAEA safeguards established within the framework of the non-proliferation Treaty has proved its dependability and effectiveness. At present, IAEA has under its inspection a total of 844 nuclear installations:

---

[49] See *South Africa's Plan and Capability in the Nuclear Field* (United Nations publication, Sales No. E.81.I.10).
[50] See the report of the United Nations Secretary-General on Israeli nuclear armament of 18 September 1981 (A/36/431).

atomic power plants, nuclear fuel plants, uranium enrichment plants, irradiated fuel regeneration plants, research reactors and critical assemblies. IAEA exercises its monitoring functions in all non-nuclear States parties to the non-proliferation Treaty performing practical work in the peaceful uses of atomic energy. According to article III of the Treaty, development and widening of the IAEA monitoring activities are a dependable means of preventing the use of fissionable materials to manufacture nuclear weapons and other nuclear explosive devices. Of important significance is the improvement of the IAEA inspection system, the performance of research, scientific and engineering work to strengthen safeguards.[51]

Many non-nuclear-weapon countries have requested that international organizations be granted access not only to their own civilian nuclear installations but also to those of nuclear Powers. In view of those requests for strengthening the equal status of such countries, the Soviet Union declared, at the second special session of the United Nations General Assembly devoted to disarmament, that it was prepared, as an act of good will, to conclude with IAEA an agreement on the extension of the Agency's inspection to a part of its civilian installations — to a few atomic power plants and research reactors.

Strengthening security guarantees for non-nuclear-weapon States would be an important measure, the implementation of which would indisputably reduce the danger of using nuclear weapons and would help reinforce the non-proliferation régime.

At the time of drafting the non-proliferation Treaty, a number of non-nuclear-weapon States requested security guarantees against nuclear attack or the threat of such attack. Those requests were reflected in documents: United Nations Security Council resolution 255 (1968) of 19 June 1968 and the analogous statements made in the Security Council by the representatives of the USSR, the United Kingdom and the United States in connection with the adoption of that resolution.[52]

It will be recalled that, as far back as 1966, the USSR was prepared to have included in the non-proliferation Treaty an article banning the use of nuclear weapons against non-nuclear States parties to the Treaty which have no nuclear weapons on their territories. No such article, however, was incorporated in the Treaty. In response to the repeated appeals from non-nuclear States to the nuclear Powers, the Soviet Union, in May 1968, declared that it would never use nuclear weapons against those States that had refused to manufacture or acquire nuclear weapons and had none of them on their territories. The USSR expressed its willingness to conclude special agreements on this subject with

---

[51] The USSR is actively involved in scientific research to improve safeguards. Leading Soviet research institutions and factories are performing research on improvement of safeguards and training inspectors of IAEA.
[52] See *Official Records of the Security Council, Twenty-third Year*, 1430 H meeting, paras. 7—19, 21—30 and 32—44.

any of those non-nuclear States. Other nuclear Powers also made statements on security guarantees.

At the thirty-sixth session of the United Nations General Assembly, the USSR put forward a proposal to conclude an international convention on that issue. The convention was to be based on a formula that the USSR had advanced in May 1978. The General Assembly approved the idea of concluding the convention and the Soviet draft convention was submitted to the Committee on Disarmament.

Various formulas of guarantees have been under examination by the Committee since 1978. The advantage of the Soviet formula over others, the Pakistani formula in particular, consists in that it embraces the largest possible number of non-nuclear States, including the non-nuclear member-nations of military alliances.

Under present conditions, the problem of strengthening security guarantees for non-nuclear States assumes ever greater urgency. No appreciable progress, however, has been made in negotiations. The reason for this, in our view, is the desire of some nuclear Powers to have a wide choice of options for using nuclear weapons and to maintain their nuclear forces in foreign territories.

The General Assembly, at its thirty-sixth session, adopted two resolutions requesting the Committee on Disarmament to continue negotiations with a view to reaching an early agreement on effective international arrangements to assure non-nuclear-weapon States against the use or threat of use of nuclear weapons.[52] The resolutions referred to the broad support by the world community for the idea of working out and concluding an international convention on this issue.

In our view, the conclusion of precisely an international conventional would provide the most effective solution to this problem. What is more, as a first step all nuclear Powers could — as they are called upon to do in General Assembly resolution 36/94 — make analogous solemn declarations on refraining from the use of nuclear weapons against non-nuclear States having no such weapons on their territories. The Security Council could approve such declarations.

The régime of non-proliferation of nuclear weapons could be substantially reinforced by agreement between the nuclear Powers to refrain from future deployment of nuclear weapons on the territories of States where no such weapons exist at present. The conclusion of an international agreement on this issue would be an important measure restricting the territorial sphere of nuclear armaments and would lessen the risk of outbreak of nuclear war. Such an agreement could provide for a commitment by the nuclear Powers not to deploy nuclear weapons on the territories of those countries where no such weapons exist at present, regardless of whether or not they are allied with the relevant States. Such a

[53] General Assembly resolutions 36/94 and 36/95.

31

commitment should be of a universal character, i.e. extend to any non-nuclear-weapon State which has no nuclear weapons on its territory and cover all varieties of nuclear weaponry — combat nuclear systems, storage of nuclear warheads, bombs, shells, mines, etc.

Along with the commitments of the nuclear-weapon Powers, the non-nuclear-weapon countries should undertake to refrain from any steps leading directly or indirectly to the deployment of nuclear weapons on their territories. Such an international arrangement, which would be binding on the parties involved, would be a step towards a wider goal — the complete withdrawal of such weapons from the territories of foreign States — contributing thereby to the geographical limitation of nuclear weapons, and would eventually result in their total abolition.

In 1978 the Soviet Union put forward at the United Nations proposals on that issue, declaring that it was prepared to assume a corresponding obligation, and called upon all other nuclear Powers to follow suit. The General Assembly, at its thirty-third session in 1978, adopted a resolution calling upon all nuclear-weapon States to refrain from stationing nuclear weapons on the territories of States where there were no such weapons at that time and calling upon all non-nuclear-weapon States which did not have nuclear weapons on their territories to refrain from any steps which would directly or indirectly result in the stationing of such weapons on their territories.[54] A total of 105 States voted in favour of that resolution. In 1979, the General Assembly recommended to all States to study the possibility of concluding a corresponding international agreement and, at its thirty-fifth session, requested the Committee on Disarmament "to proceed without delay to talks with a view to elaborating an international agreement on the non-stationing of nuclear weapons on the territories of States where there are no such weapons at present."[55]

At its thirty-sixth session the General Assembly again addressed the same request to the Committee on Disarmament and expressing its deep concern about the plans and practical steps leading to a buildup of nuclear-weapon arsenals on the territories of other States, called upon all nuclear-weapon States to refrain from further action involving the stationing of nuclear weapons on the territories of other States.[56]

The need to stabilize the strategic situation in the world and to prevent nuclear catastrophe dictated the necessity of accelerating the drafting and conclusion of an international agreement on the non-deployment of nuclear weapons on the territories of States where there were no such weapons. In our opinion, such a measure would not be prejudicial to the security of any side.

Measures to set up nuclear-free zones in various regions of the world greatly contribute to reinforcing the régime of non-proliferation of nuclear weapons,

[54] General Assembly resolution 33/91 F.
[55] General Assembly resolution 35/156 C.
[56] General Assembly resolution 36/97 E.

32

to strengthen regional security and to settle the related problems of prevention of nuclear war.

The final document of the first special session of the United Nations General Assembly devoted to disarmament reads in part: "The process of establishing such zones in different parts of the world should be encouraged with the ultimate objective of achieving a world entirely free of nuclear weapons" (par. 61). At that special session, the General Assembly expressed itself in favour of measures to help implement the Treaty for the Prohibition of Nuclear Weapons in Latin America, to establish nuclear-free zones in different regions of the world. For the time being, however, the efforts to set up nuclear-free zones have been successful in Latin America alone.[57]

The problem of establishing nuclear-free zones is closely associated with that of the non-proliferation of nuclear weapons. This connection has been pointed out in a number of resolutions of the United Nations General Assembly. The principal aim pursued by the establishment of any nuclear-free zone is to prevent the proliferation of nuclear weapons on a regional scale to safeguard the States of that region against their possible involvement in a nuclear conflict, against the danger of nuclear war.[58]

Obviously, measures of a regional character such as the establishment of nuclear-free zones should have their specific distinctions from global measures. At the same time, however, it is important to secure such forms of regional measures that would enable States situated outside the relevant region to take part in their planning, if they are expected to undertake definite commitments in relation to the States of that region.

There can be no standard model of a nuclear-free zone. Every region has its own specific characteristics, which should be taken into account when drafting an arrangement concerning that region. This, however, does not rule out the need to work out some general requirements which may be applied to the concept of a nuclear-free zone and which are determined by the tasks facing nuclear-free zones and their place in the general system of international security.

In our view, such general requirements might be as follows: a renunciation by the participating States of the zone of the production and acquisition of nuclear weapons or other nuclear explosive devices, as well as direct or indirect

[57] The Treaty for the Prohibition of Nuclear Weapons in Latin America (Treaty of Tlatelolco) was signed and came into effect in 1967 and 1968, respectively. (Additional Protocol II of the Treaty contains an obligation of the nuclear Powers to respect the status of the Latin American nuclear-free zone and makes it incumbent upon States possessing *de jure* or *de facto* territories in Latin America, i.e. France, the Netherlands, the United Kingdom and the United States, to comply with the provisions of the Treaty.) At present all nuclear Powers are parties to Additional Protocol II. The Netherlands, the United Kingdom, and the United States are parties to Additional Protocol I; France has signed the Protocol but has not ratified it. See *Latin America: Problems of Armaments and Disarmament*, Scientific Research Council on Peace and Disarmament (Moscow, 1982).

[58] See "Nuclear-weapon-free zones", August 1977 (United Nations document OPI/585).

control of such weapons or devices, and an obligation not to permit the deployment of foreign nuclear weapons within the limits of the region. It is necessary to secure that such zones should be really free from nuclear weapons, and the relevant agreements should not contain any loopholes for violations of the nuclear-free status of those zones. For their part, the nuclear Powers must strictly respect the status of a nuclear-free zone and refrain from using or threatening to use nuclear weapons against the States of the zone. Agreements on nuclear-free zones must conform to the effective standards of international law.

As far as the geographical limits of nuclear-free zones are concerned, it can be seen from the proposals put forward that such zones may cover whole continents as well as geographical regions (Africa, northern Europe, the Balkans, the Middle East, etc.), or groups of countries and individual States. In any event, the boundaries of a nuclear-free zone must be strictly defined by agreement between all the States concerned.[59]

Over the last few years non-nuclear countries have shown a growing interest in the establishment of nuclear-free zones. The vast majority of the States Members of the United Nations have repeatedly expressed themselves in favour of establishing zones free from nuclear weapons, and the United Nations General Assembly has adopted corresponding resolutions.[60]

One should note specifically the growth of interest in this idea in government and public circles in the countries of northern Europe.[61] Discussions on the issue indicate that the countries of that region are interested in strengthening their nuclear-free status as a safeguard against their involvement in a nuclear conflict. They have displayed an interest in the Soviet Union's proposals. In particular, the USSR has expressed its willingness to undertake a commitment to refrain from the use of nuclear weapons against the countries of northern Europe within a nuclear-free zone. Such a guarantee could be formalized by concluding either a multilateral agreement with Soviet participation or bilateral agreements with each of the countries concerned in the zone. Needless to say, the significance of establishing such a zone for the States within it would be greater if they were granted similar guarantees by the NATO nuclear Powers. The USSR has also expressed its willingness to discuss with the interested countries the question of other measures concerning its own territory in the area neighbouring the nuclear-free zone in northern Europe.[62]

[59] Special report of the Conference of the Committee on Disarmament entitled "Comprehensive study of the question of nuclear-weapon-free zones in all its aspects," subsequently issued as a United Nations publication, Sales No. E.75.I.7.

[60] The conclusion to the effect that the establishment of nuclear-free zones would reduce the probability of nuclear weapons being used against the countries situated in such zones is contained in the *Study on All the Aspects of Regional Disarmament* (United Nations publication, Sales No. E.81.IX.2 prepared by a group of government experts appointed by the Secretary-General of the United Nations).

[61] See "A Nuclear-Free Zone and Nordic Security," a special issue of *Ulkopolitikiikka* (The Finnish Institute of International Affairs, Helsinki, 1975).

[62] *Pravda*, 27 April 1981.

One cannot fail to see serious difficulties and political obstacles to the establishment of nuclear-free zones in a number of regions where acute conflict situations are in evidence (the Middle East, southern Africa). Even in these explosive areas, however, steps are being taken in the direction of establishing nuclear-free zones.

We believe that it is necessary for the world community, primarily the nuclear-weapon States, to give effective support to the aspirations of the peoples in various regions for establishing zones completely free from nuclear weapons, to take part in a constructive discussion of proposals to this effect and to assume commitments as guarantors of the nuclear-free status of such zones. Such actions would be in complete accord with the tasks of strengthening the régime of non-proliferation of nuclear weapons and lessening the risk of nuclear war.

1. Nuclear arms reduction on a regional basis [63]

This question has been raised on the practical plane in relation to the European continent as one of the important measures to guarantee regional security and, primarily, to lessen the risk of nuclear conflict. It is closely bound with another task already mentioned above, namely, with securing a renunciation by nuclear-weapon States of further actions to deploy nuclear weapons in the territories of other States (in this case in the European context).

The Soviet-American talks on nuclear arms limitation in Europe which began at Geneva in November 1981 gave rise to hopes for lessening tensions, increasing trust between nations and averting the formidable danger of a nuclear conflict in Europe, which would inevitably grow into a world-wide nuclear war.

Beginning with the 1950s the United States has deployed in Europe and in the neighbouring sea areas, nuclear weapons directed against the USSR, which have come to be known as "forward-based systems." Naturally, the Soviet Union could not take up a stand of indifference to this fact and had to deploy defence facilities in its own territory in numbers counterbalancing those American weapons.

Further, the American nuclear potential cannot be considered separately from the relevant forces of the NATO allies of the United States. These include the missiles and the air force armaments of the United Kingdom and France. *In toto*, the British and French medium-range nuclear weapons, which at present consist mainly of land- and sea-based missiles, can now deliver to targets up

[63] See *Study on All the Aspects of Regional Disarmament* (see footnote 60 above); USSR Academy of Sciences, *Problems of Military Détente* (Moscow, 1981); Scientific Research Council on Peace and Disarmament, *Europe Before the Choice* (Moscow, 1981); Soviet Committee for European Security and Co-operation, Scientific Research Council on Peace and Disarmament, *The Threat to Europe* (Moscow, 1981); Baskakov V., *For Military Détente in Central Europe* (Moscow, 1978).

to 4,500 kilometres away about 600 nuclear warheads, it being known that after the modernization of various facilities now in progress the number of warheads will increase considerably.

The principle of parity and equal security dictates the need to discuss and settle the problems of medium-range nuclear arms limitation in Europe simultaneously and in organic connection with the problems of United States forward-based nuclear forces.[64]

In the field of medium-range nuclear weapons aimed at targets in Europe there is now a rough parity between NATO and the USSR (approximately 1,000 units on each side). However, in accordance with a decision taken in 1979, NATO plans to deploy in Western Europe, beginning in 1983, in addition to existing NATO facilities, about 600 new medium-range Pershing-2 nuclear missiles and cruise missiles.

The Soviet Union has proposed a freeze on the number and quality of the medium-range nuclear weapons of both sides in Europe for the period of negotiations. It is implied, of course, that the United States would refrain from deploying new missiles in Europe. The USSR has proposed to agree on a large reduction of the aforesaid nuclear weapons by both sides; as a result, instead of approximately 1,000 units, as is the case today, each side would have at the end of the current decade not more than 300 units of such weapons (with the establishment of an intermediate level of 600 units on each side by the end of 1985).

There are no indications so far that the United States is willing to reach a serious agreement at Geneva.

The proposal for a "zero option" advanced by the United States President in his statement of 18 November 1981 completely distorts the concept of justice and reciprocity in the issue of medium-range nuclear weapons in Europe. The American side is focusing its attention on only one component — land-based missiles — in the general balance of nuclear forces and ignores its other components (sea-based missiles, bomber aircraft and others). Actually, the balance between the medium-range capabilities of the two sides in Europe can be assessed objectively only on the basis of reckoning with all factors determining the strategic situation on the European continent at present. The USSR is, in effect, required to disarm itself unilaterally, while the formidable arsenal of the United States and other NATO Powers in the region of Europe will remain intact. In other words, whereas now the balance between the medium-range nuclear weapons of the two sides in Europe can be fairly accurately expressed by a ratio of one to one, the United States is willing to upset it to a level of roughly two to one in favour of NATO. The Soviet Union will never agree to such an option and calls upon its partners in negotiations to approach this issue in a more objec-

---

[64] See Soviet Committee for European Security and Co-operation, Scientific Research Council on Peace and Disarmament, *The Threat to Europe* (Moscow, 1981).

tive way and to search jointly for a solution truly acceptable to both sides. The Soviet Union is generally in favour of Europe becoming eventually free from nuclear weapons, both medium-range and tactical ones. This would be a real "zero option" fair to all sides.

The Soviet-American talks at Geneva are an important event. What matters most, however, is their possible outcome, which depends primarily on the intentions of the negotiating sides. As far as the Soviet Union is concerned, it is conducting the talks in good faith and in a constructive way. The Soviet side is prepared, as has been shown by the concrete steps taken by it in the course of the negotiations, to do whatever is possible to reach a mutually acceptable agreement.

In March 1982, the Soviet leadership announced its decision to establish unilaterally a moratorium on deployment of Soviet medium-range nuclear weapons in the European part of the USSR.[65] A freeze is in effect on the number and quality of armaments already deployed there and replacement of old missiles by more modern ones — SS-20 — has been suspended. Moreover, as Leonid Brezhnev declared on 18 May 1982, the USSR has already started a unilateral reduction by dismantling a considerable number of medium-range missiles.[66] Leonid Brezhnev also reaffirmed that no such missiles would be additionally deployed where they would have the countries of Western Europe within their effective range.

It was stated that the Soviet freeze provides for a suspension of preparations for deployment of missiles, including construction of their launching sites.

As for the United States demands for dismantling Soviet missiles in the eastern part of the USSR, this issue can be settled by negotiations with those who hold in their hands nuclear weapons opposed by Soviet missiles.

The new Soviet initiatives offer a realistic opportunity to prevent the extremely dangerous destabilization of the strategic and general international situation which could result from the intended deployment of new American nuclear missiles on the European continent and make it possible to reach an equitable agreement on the issue of nuclear weapons in Europe.

2. Other regional measures

The task of preventing a nuclear conflict in Europe could also be facilitated in large measure by reaching agreement at the Vienna Talks on Mutual Reduction of Forces, Armaments and Associated Measures in Central Europe and at the Madrid Conference of the participating States of the Conference on Security and Co-operation in Europe, which have on their agenda the important ques-

[65] *Pravda*, 17 March 1982.
[66] *Izvestiya*, 18 May 1982.

tions of military détente and strengthening of security on the European continent. In the context of the prevention of a nuclear conflict, a substantial positive effect could be produced by reaching agreements on such measures as: renunciation of the extension of existing military-political alliances and of setting up new such alliances; mutual reduction of the military activity of NATO and of the States parties to the Warsaw Treaty as a first step in the direction of abolishing the military organizations of both alliances; extension of the confidence-building measures in the military field envisaged in the Final Act of the Conference on Security and Co-operation in Europe and convening, in pursuance of those objectives, of a conference on military détente and disarmament in Europe; conclusion between all European Conference nations of a treaty banning first use of both nuclear and conventional armaments against each other; and conversion of the Mediterranean basin into a zone of stable peace and co-operation (extension to this area of confidence-building measures in the military field, an agreed reduction of armed forces, the withdrawal of nuclear-armed warships, a renunciation of deployment of nuclear weapons on the territories of the non-nuclear Mediterranean countries and an obligation of the nuclear Powers to refrain from using nuclear weapons against any Mediterranean country opposed to deployment of such weapons in its territory).

The establishment of so-called "zones of peace" in individual regions in compliance, of course, with the standards of international law regulating the régime of sea areas and sea lanes lying across them, will contribute substantially to lessening the risk of nuclear war. It is of interest in this context to establish such a zone in the Indian Ocean, which would provide for a limitation and later reduction of military activity in that region.

The growing popularity of the idea of regional security measures has found expression in various other proposals aimed at its practical implementation. They cannot be discussed in detail within the limits of the present study. Nevertheless, we deem it necessary to draw them to the attention of all those who are concerned with the problem of prevention of nuclear war, since these proposals have a definite relation to it. Among them are the following proposals put forward over the last few years:

(a) To limit and reduce the level of military presence and military activity in the relevant regions — the Atlantic Ocean, the Pacific, the Mediterranean, the Persian Gulf area;

(b) To agree on a mutual limitation of the naval operations of States belonging to the two main blocs, with provision for the withdrawal of the missile submarines of both sides from the present vast areas of combat patrol service and for confinement of their sailings to mutually agreed limits;

(c) To work out confidence-building measures in the Far East and to hold negotiations between all interested countries to that end;

(d) To conclude a convention on reciprocal non-aggression and non-use of force between States of Asia and the Pacific;

(e) To withdraw troops from foreign territories and to close down military bases.

Leonid Brezhnev's proposal, in his statement made at the 17th Soviet Trade Union Congress on 16 March 1982, has contributed essentially to working out the concept of a zone of peace. He proposed that the confidence-building measures should be extended to sea and ocean areas, particularly those crossed by the busiest sea lanes, so as to make the largest possible part of the world ocean a zone of peace in the near future.

The task of prevention of nuclear war is also facilitated by measures to secure strict compliance with effective international agreements, such as, for instance, the Treaty on Principles Governing the Activities of States in the Exploration and Use of Outer Space, including the Moon and Other Celestial Bodies, signed in 1967, under which the signatory States (more than 80 at present) undertook not to place in orbit around the earth any objects carrying nuclear weapons or any other kinds of weapons of mass destruction, install such weapons on celestial bodies, or station such weapons in outer space in any other manner; or the Treaty on the Prohibition of the Emplacement of Nuclear Weapons and Other Weapons of Mass Destruction on the Sea-Bed and the Ocean Floor and in the Subsoil Thereof, signed in 1971. That Treaty made it incumbent upon the parties not to emplant or emplace on the sea-bed and the ocean floor and in the subsoil thereof beyond the outer limit of the 12-mile offshore zone any nuclear weapons or any other types of weapons of mass destruction as well as structures, launching installations or any other facilities specifically designed for storing, testing or using such weapons. Today more than 70 States are parties to that Treaty.

The accession of all States, particularly nuclear Powers, to those effective international agreements is a major prerequisite for progress towards a limitation of the nuclear-arms race and towards disarmament and for lessening the risk of nuclear war. It is also important that, prior to their accession, they should act as if they were parties to the relevant treaties.

A lessening of the risk of nuclear war and a slowing down of the arms race would be facilitated by further steps to prevent extension of the arms race to new areas developed by man, in particular by the conclusion of a treaty banning deployment in outer space of weapons of any kind and by a renunciation of development of new types and systems of weapons of mass destruction.

F. Cessation of production of nuclear weapons, reduction and elimination of their stockpiles and strategic arms limitation

Disarmament, primarily in the nuclear field, and a renunciation of the use of force in international relations are called upon to play a decisive role in the prevention of nuclear war and in guaranteeing the genuine security of nations. Complete liquidation of nuclear weapons would be the most effective material guarantee of banishing nuclear war from the life of mankind.

Today the objective of preventing a nuclear catastrophe imperatively demands that all nuclear Powers should take urgent steps in that direction, because the continued contest in stockpiling and advancing the most destructive weapons ever produced has in our day far greater negative implications than ever before and is a formidable direct danger to the very survival of the human species.

The need to ban weapons based on the use of atomic energy was recognized by the world community as far back as the dawn of the atomic age. On 24 January 1946, the United Nations General Assembly, at its first session, adopted resolution 1 (I) on the institution of a commission to examine problems raised by the discovery of atomic energy. The Commission was enjoined to draw up recommendations for the use of atomic energy exclusively for peaceful purposes and for barring atomic weapons from national arsenals. By virtue of differences of principle, however, the United Nations Commission on Atomic Energy did not come up with any positive results.

In later years the nuclear factor became the leading factor in the military sphere, the basis for strategic planning of nuclear Powers and States connected with them by military alliances. Nuclear weapons grew into a vast complex of various destructive facilities. Nuclear-weapon systems with a broad spectrum of capabilities were adopted by the armed forces of States. According to estimates, the nuclear Powers today have a total of over 50,000 units of nuclear weapons.[67] Their aggregate explosive power is estimated at 50 billion tons of TNT.

In the 1980s the number of nuclear warheads may increase by another 20,000 units if no joint efforts are made to limit nuclear armaments. It will also be recalled that with the current acceleration of the process of dissemination of knowledge in the field of nuclear technology the range of countries capable of manufacturing nuclear weapons has widened considerably. The steady increase in the number of nuclear warheads, their deployment in ever new territories and in ever larger numbers, the use of nuclear weapons as an instrument for intimidation, along with the development of doctrines of nuclear warfare, result in an ominous aggravation of the global nuclear menace.

[67] Report of the Secretary-General on the work of the Organization, *Official Records of the General Assembly, Thirty-fifth Session*, Supplement No. 1 (A/35/1).

The reversal of this process, down to the elimination of nuclear weapons, has become even more indispensable for the continued existence of mankind and civilization because the instruments of nuclear warfare are undergoing profound and rapid changes, producing a destabilizing impact on the situation and increasing the danger of the outbreak of a general war (for instance, the appearance of highly accurate types of weapons which can be used to deliver a first nuclear strike). Therefore, any plans to prevent nuclear war and to strengthen international and national security should attach first priority to measures to halt the nuclear arms race and to achieve nuclear disarmament.

This task, however, has become much more complicated than before, from the purely technical point of view in particular. Its achievement requires the participation of all nuclear Powers and other militarily strong nations. It cannot be accomplished immediately by unilateral efforts alone.

Besides problems created by the military-industrial complexes which derive huge profits from the manufacture of nuclear missiles and by a definite way of thinking, cultivating ambitions for military superiority and justifying the arms buildup, there are objective difficulties as well. They are generated by the complexity of the very process of international arms limitation (the problems involved in practical implementation of the principle of equal security, working out the criteria for comparison, for juxtaposition of the weapons systems subject to limitation, the problems of verification, etc.). It would be a profound delusion, however, to think that it has become impossible in principle to reverse developments in the field of nuclear armaments. States and peoples were confronted by formidable problems in the political and social fields and found a solution to them. A thorough analysis of the present situation suggests the conclusion that nuclear disarmament can be implemented at the present stage as well, in the interest of genuine security and a peaceful future for all States and peoples in the world, without prejudice to the security of any side. In this context, it is necessary to point to such an important circumstance, noticed by many military experts and foreign policy analysts, as the existence of a rough parity between the main opposing military-political alliances. This parity in strategic nuclear armaments, in medium-range nuclear weapons and in conventional armaments has created the objective prerequisites for a mutually consistent and steady reduction of the present high level of nuclear and other armaments.

This, in particular, has already been reflected in the process of strategic arms limitation. The study on the relationship between disarmament and international security prepared by the Secretary-General of the United Nations with the aid of a group of experts in 1981 reads in part:

"Improved possibilities for curbing the nuclear arms race and taking additional steps in the field of disarmament which will lead to strengthening international security may emerge as a result of the fact that substantial strategic parity between the Soviet Union and the United States has become a reality."[68]

The concept of the possibility and necessity of guaranteeing the security of States by regularly reducing the levels of nuclear armaments is the basis for the approach to the problem of nuclear disarmament adopted by the United Nations General Assembly at its first special session devoted to disarmament in 1978. In the Final Document of the special session, the key role in the prevention of nuclear war is assigned to measures to halt the nuclear arms race and to achieve nuclear disarmament. Paragraph 47 of the Final Document reads in particular: " ... It is essential to halt and reverse the nuclear arms race in all its aspects in order to avert the danger of war involving nuclear weapons. The ultimate goal in this context is the complete elimination of nuclear weapons." It would be relevant to emphasize in this connection that as a pressing practical task in the cause of prevention of nuclear war the Final Document has outlined the need for holding immediate negotiations with a view to reaching agreement on halting the nuclear arms race, ending the production of all types of nuclear weapons and achieving their complete and final abolition as soon as possible (par. 50).

As regards progress along this path, of important significance are the principles of working out agreements in the field of nuclear disarmament laid down in the Final Document of the special session: prevention of detriment to the security of any State in the process of nuclear disarmament, need for cessation of the production of nuclear weapons and for a progressive and balanced reduction of their stockpiles leading to their complete and final elimination; linkage of nuclear disarmament with a simultaneous adoption of political and international law measures to strengthen the security of States; recognition of the special responsibility of nuclear-weapon States in the task of achieving the goals of nuclear disarmament and of preventing an outbreak of nuclear war; and necessity of inspection measures satisfactory to all States concerned (par. 48—50, 54, 57). Those provisions have fully retained their urgency, outlining the promising direction of co-ordinated efforts of States to prevent nuclear war and to build a more durable peace. The approach to the problem of nuclear disarmament adopted by the special session was specified and finalized at subsequent sessions of the General Assembly of the United Nations. Resolution 33/71 H, adopted by the General Assembly at its thirty-third session in 1978, urged.

"all nuclear-weapon States to proceed, in accordance with paragraph 50 of the Final Document of the Tenth Special Session [the first special session devoted to disarmament] to consultations regarding an early initiation of urgent negotiations on the halting of the nuclear arms race and on a progressive and balanced reduction of stockpiles of nuclear

[68] See A/36/597, chap. II, par. 49. The study was subsequently issued under the title *Relationship between Disarmament and International Security* (United Nations publication, Sales No. E. 82. IX. 4).

weapons and their means of delivery within a comprehensive phased programme with agreed time-frames, leading to their ultimate and complete elimination."

The aim of the resolution is obvious: to put this matter on a practical basis. However, differences of principle became manifest on the issue of holding negotiations. Some Western States (mainly members of military alliances) argued that such negotiations were "premature" and "unrealistic" under conditions at that time, whereas the majority of other countries expressed themselves in favour of discussing the problem of halting the arms race and achieving nuclear disarmament as a matter of first priority.

On 1 February 1979 a group of socialist countries submitted to the Committee on Disarmament a document on negotiations on ending the production of all types of nuclear weapons and gradually reducing their stockpiles until they had been completely destroyed.[69] The document suggested that the Committee on Disarmament begin consultations to define the range of problems subject to consideration and to achieve agreement on the organizational aspects of negotiations. It was proposed that such preparatory consultations should begin in 1979 so that negotiations on the substance of the problems could be started the same year. All nuclear Powers and a certain number of non-nuclear-weapon States were to take part in the negotiations.

Specifying the problems which could be the subject of negotiations at their various stages, the document named such measures as ending the qualitative improvement of nuclear weapons, termination of the production of fissionable materials for military purposes, a gradual reduction of the stockpiles of nuclear weapons and their delivery vehicles, abolition of nuclear weapons and their delivery vehicles. At the same time, the relevant inspection measures were also to be agreed upon. It was envisaged that in the process of nuclear disarmament no State in possession of nuclear weapons should gain unilateral military advantages and that no damage should be caused to the security interests of all other countries having no nuclear weapons.

The document submitted by the socialist countries made a special reservation to the effect that the preparation and holding of negotiations on ending the production of nuclear weapons and on their elimination should not be prejudicial to bilateral and multilateral negotiations in progress on various aspects of limitation of nuclear weapons, strategic arms in particular.

In the course of a subsequent discussion the socialist countries specified their proposal for nuclear disarmament talks. They suggested that an *ad hoc* working group be established within the framework of the Committee on Disarmament and declared their willingness to begin as a first step a discussion on possible phases of nuclear disarmament and their approximate content, in particular the content of the first phase; it was suggested that the problem of ending develop-

[69] Document CD/4.

43

ment and deployment of new types and new systems of nuclear weapons should preferably be discussed among the measures of the first phase.

The proposal for an early commencement of practical talks on nuclear disarmament was supported by the majority of the members of the Committee on Disarmament. The "group of 21," consisting of non-aligned and neutral countries taking part in the Committee's deliberations, came forward with a special document[70] in which they called on the Committee on Disarmament to become a forum for preparing and holding such negotiations and proposed that the Committee, as a first step, in the course of unofficial consultations lay down the preliminary conditions and elements of multilateral negotiations on nuclear disarmament and determine in general outline the succession of actions to achieve the aims contemplated. The document provided for the institution of a working group on the conduct of negotiations.

The broad support of the world community for the idea of such negotiations is evidenced by the adoption by the General Assembly, at its thirty-sixth session, of the resolution entitled "Nuclear Weapons in All Aspects." In it the United Nations General Assembly called upon the Committee on Disarmament

"as a matter of priority and for the purpose of an early commencement of the negotiations on the substance of the problem, to continue consultations in which to consider, *inter alia*, the establishment of an *ad hoc* working group on the cessation of the nuclear arms race and on nuclear disarmament with a clearly defined mandate."[71]

However, the Committee on Disarmament was unable to make progress in that direction. This would have required unanimity on the part of all nuclear Powers, but it was not achieved. A complicated situation arose.

Particular concern is caused by the fact that in certain States a concept is beginning to prevail which rejects the very possibility of holding negotiations now on slowing down the nuclear arms race and pursuing the objective of military superiority, and of upsetting the existing balance between nuclear arsenals. This is a highly dangerous and alarming tendency, particularly with another spiral in the nuclear arms race now in evidence, which threatens to destabilize the strategic situation and increase the risk of outbreak of a thermonuclear war. It runs counter to the will of the majority of States, as expressed in the resolutions of the last sessions of the United Nations General Assembly and prestigious conferences of non-governmental organizations representing world public opinion.

Only complete nuclear disarmament can give mankind the most dependable guarantee against an outbreak of nuclear war. The Soviet memorandum entitled "To avert the growing nuclear danger, to curb the arms race," submitted to the

[70] Document CD/36/Rev. 1 of 12 July 1979.
[71] General Assembly resolution 36/92 E. A total of 118 States, including the USSR, voted for the resolution; 18 States, including the United States, voted against and 5 States abstained.

United Nations on 15 June 1982, put forward the idea of a nuclear disarmament problem envisaging the following measures:

(a) Cessation of the development of new nuclear-weapon systems;

(b) Cessation of the production of fissionable materials for the development of weaponry;

(c) Cessation of the production of all types of nuclear ammunition;

(d) Gradual reduction of nuclear-weapon stockpiles, including delivery vehicles;

(e) Complete abolition of nuclear weapons.

The Soviet Union is prepared to contribute actively to finalize the details of this programme.

The arguments of the Western opponents of the proposal to open the aforesaid negotiations cannot be described as conclusive. They maintain, for example, that the process of bilateral strategic arms limitation talks is a practicable and realistic way towards nuclear disarmament under present conditions. While the SALT talks were still in progress, however, it became clear, first, that only two nuclear Powers were involved in them, while the most radical measures in the field of nuclear arms limitation could be implemented only with the participation of all nuclear Powers and, second, that only questions connected with delivery vehicles of nuclear weapons were examined at the talks. What is more, those talks were interrupted by the American side for a long time; it is therefore all the more necessary to undertake practical steps to initiate negotiations between all nuclear Powers on ending the nuclear arms race, down to the complete eradication of nuclear weapons.

It should be emphasized that the SALT process has a bearing on both the international situation as a whole and on other negotiations on limitation of the arms race. The first Soviet-American strategic arms limitation agreements signed in 1972 — the Treaty on the Limitation of Anti-Ballistic Missiles Systems and the Interim Agreement on Certain Measures with Respect to the Limitation of Strategic Offensive Arms (SALT—I) — acknowledged parity between the strategic forces of the two Powers and opened the way to reducing their nuclear confrontation. The Interim Agreement on the Limitation of Strategic Offensive Arms between the USSR and the United States (SALT—II), signed in 1979, was meant to be the next long stride in that direction. The entry into force of that treaty was to be followed by talks on further limitation and reduction of strategic armaments. The United States, however, has failed to ratify the SALT-II treaty. If the treaty had come into effect in due time, then, as of 1 January 1981, the USSR and the United States would have limited their strategic offensive arms to a total of not over 2,250 units and would have embarked on reductions (it being known that the USSR would have reduced the number of its delivery vehicles by 10 per cent, or by 254 units).

Termination of the continued growth of the strategic nuclear arsenals of States, to be followed by their quantitative reduction and qualitative limitation, is of decisive significance for lessening the danger of nuclear war. It is vitally important to continue this process on a basis of strict compliance with the principle of parity and equal security, preserving in full the positive record in this field, and to secure a resumption of Soviet-American talks on this crucial problem.

As far as the USSR is concerned, Leonid Brezhnev, in his statement made at the 17th Soviet Trade Union Congress on 16 March 1982, reaffirmed the Soviet Union's willingness to begin negotiations with the United States on strategic nuclear arms limitation and, pending their commencement, to agree, on a basis of reciprocity, not to deploy long-range sea- and land-based cruise missiles, that is, to assume a mutual obligation not to open a new channel of the strategic arms race.

On 18 May 1982, Leonid Brezhnev proposed a freeze (to become effective as soon as the SALT talks got under way) on the numbers of Soviet and American strategic weapons and a maximum limitation on their modernization.

On 29 June 1982, the negotiations on limitation and reduction of strategic weapons were resumed in Geneva. Naturally the efforts of both sides would be required to make the negotiations a success. The Soviet delegation, as official statements of the representatives of the USSR clearly indicate, is instructed to strive for such a solution, which would contribute to the strengthening of international stability and to the interests of world peace and would provide substantial reductions and effective qualitative restrictions of the strategic weapons. However, the declared United States approach to the subject of the negotiations cannot but generate serious concern. The American side proposed to reduce only one type of arms — land-based ICBMs — while leaving aside other types of strategic weaponry (long-range cruise missiles, strategic bombers) in which the United States has an advantage. Thus the United States departs from the principle of equality and equal security, which is indispensable as a basis for negotiations.

Another argument against the opening of negotiations on cessation of the production of nuclear weapons and elimination of their stockpiles is the allegation that the socialist countries are superior to the NATO Powers in the strength of armed forces and conventional armaments, which is the reason why the West needs nuclear weapons as a factor of "deterrence." Actually, in the opinion of many experts, there is a rough parity in the field of conventional armaments between NATO and the Warsaw Treaty organization.[72] If, however, the States parties to the Warsaw Treaty really had such an advantage, the proposals of the socialist countries envisage that measures to end the production of nuclear weapons and

[72] *Whence the Threat to Peace* (Moscow, 1982), pp. 64—72; *The Threat to Europe* (Moscow, 1981), pp. 14—30.

gradually to eliminate their stockpiles should be inseparably linked with reinforcement of the political and international law guarantees of the security of States. A world treaty on the non-use of force in international relations could be concluded for that purpose.[73] The resolutions of the United Nations General Assembly on the non-use of force in international relations and permanent prohibition of the use of nuclear weapons make a good basis for the conclusion of such a treaty.

This would ensure a situation in which a reduction of nuclear armaments would not prejudice the security of any State. Thus, if any side really had an advantage in conventional armaments it would be offset by a renunciation of the use of force, which, of course, would also include a renunciation of the use of conventional armaments.

To this it should be added that at the Vienna talks the socialist States parties to the Warsaw Treaty made a proposal to the NATO Powers to agree on a mutual troop and arms reduction in Central Europe and to establish a lower equal collective level. That was the aim of the draft agreement submitted by the socialist countries at the Vienna talks on 18 February 1982.[74]

It should also be pointed out that the aforementioned proposals of the socialist countries for nuclear disarmament negotiations provided for reckoning with the quantitative and qualitative significance of the existing arsenals of States, which implied the aggregate national military arsenals, including both nuclear and conventional armaments. At the same time it was proposed to take into account the arsenals of not only nuclear "but also of other relevant States". That approach was intended to secure a balanced character of measures to liquidate nuclear weapons in strict compliance with the principle of causing no damage to the security of all States.

Under present conditions there is only one way of saving human life from the nuclear danger, and that is to end the arms race, primarily in the nuclear field, and to normalize the international situation; it is not a way of confrontation, but of constructive and effective negotiations to find a solution to the complicated international problems that have arisen, in the armaments field in particular; a way of joint efforts and agreements based on equality. The task of top priority now is to agree on the cessation of the production of all types of nuclear weapons and on a limitation of their stockpiles followed by their complete elimination.

The aggravation of the international situation, far from removing this all-important task from the order of the day, on the contrary, makes it even more urgent and indispensable for removing the danger of nuclear war. It is the supreme

[73] The Soviet draft of this treaty is under consideration by the United Nations Special Committee on Enhancing the Effectiveness of the Principle of Non-Use of Force in International Relations. The General Assembly, at its thirty-sixth session in 1981, instructed the Special Committee to expedite work on finalizing the text of a world treaty which is to make this principle an immutable law of inter-State relations.

[74] *New Times*, No. 10, 1982.

duty of the Governments of the five nuclear Powers, which are permanent members of the United Nations Security Council, to take concrete practical steps to initiate an agreed reduction of the nuclear arms race. Today this is a high road towards a radical solution to the problem of delivering mankind from the impending danger of nuclear catastrophe.

In our opinion, the following practical steps could help progress in this direction:

(a) Commencement without delay of negotiations involving all nuclear-weapon States so as to agree on the cessation of the manufacture of all types of nuclear weapons and on a limitation of their stockpiles, followed by their complete abolition and, as a first step, active discussion of concrete measures to be taken in the first phase of nuclear disarmament, including the problems involved in halting the production of all types of nuclear weapons and ending development and deployment of new types and new systems of nuclear weapons;

(b) Active pursuance of negotiations between the United States and the USSR on the limitation and reduction of strategic armaments — the most destructive types of modern nuclear weapons and the most dangerous for mankind, bearing in mind that a limitation of such armaments is an independent and important component of the process of nuclear-arms limitation and that progress in this field would facilitate the advance in other directions of the struggle to curb the nuclear-arms race.

It is the duty of all States, regardless of their size, military potential and geographical position, to contribute actively, within the United Nations framework in particular, to a settlement of the issues of nuclear-arms limitation and nuclear disarmament, which are a crucially important global problem affecting the vital interests of all countries and peoples.

Curtailment of the nuclear armament programmes in combination with measures to end the production of nuclear weapons and eliminate their stockpiles and to reduce conventional armaments would release large material, financial, scientific and technical resources. The funds released by ending the manufacture of nuclear weapons and by reducing their stockpiles should not be used under other expenditure items of the military budgets of the nuclear Powers. They could be used, in particular, to render aid to the developing countries. Effective measures should be taken to regear the military nuclear potential and the efforts of scores of thousands of scientists, engineers and other skilled specialists from work on nuclear weapons to accelerated development of the peaceful uses of atomic energy, in particular, the civilian nuclear programmes of developing countries. Scientists could concentrate on research of crucial importance for the present and future progress of mankind, for instance, on the problems of thermonuclear fusion. The elimination of nuclear weapons would be a historic step along the path leading mankind towards lasting peace and intensive economic, scientific and technological progress.

II. THE ROLE OF STATES, INTERNATIONAL ORGANIZATIONS AND THE PUBLIC IN THE PREVENTION OF NUCLEAR WAR

A. Negotiations as the principal method of solving nuclear disarmament problems

To find a practical solution to the problem of removing the threat of nuclear war, which is a matter of concern to all mankind, is crucially important at present. The full range of peaceful means known in international practice should be used to achieve a maximum effect in this field. Such means are specified in Chapter VI of the Charter of the United Nations.

Negotiation has always been considered the principal means of settling disputes between States. It is precisely negotiations that have given rise, in effect, to all existing international treaties and agreements. This method has played the decisive role in working out, in particular, all effective treaties and agreements on disarmament problems; there are about 20 such documents today. In the disarmament field, just as in other spheres of international affairs, treaties are the main sources of obligations assumed by the signatory States.[75]

Success in any negotiation depends largely on the goodwill of the parties involved; on reciprocity in the consideration of their interests. In the process of international co-operation, States inevitably agree to mutual concessions and compromises. It is important for such concessions to be mutually beneficial and voluntary; in this case they really contribute to a successful settlement of disputed international problems.

The concept of negotiations "from positions of strength" is in its very essence incompatible with the idea of negotiations between States on a basis of equality. The purpose of that concept is to substitute for negotiations a totally different notion — dictation, which flagrantly contradicts the elementary standards of modern international law. The Charter of the United Nations categorically

---

[75] See F. II. Kozhevnikov *et al.*, "Vital problems of modern international law: disarmament problems in international law", *Collected Research Papers* (Moscow, 1979); O. V. Bogdanov, *Disarmament Problems in International Law* (Moscow, 1979).

forbids the threat or use of force, while the concept of negotiations "from positions of strength" is just another way of threatening to use force. Therefore, this concept is intrinsically alien to the idea of constructive negotiations between States.

Under present conditions the task of using the method of negotiation broadly and effectively has assumed vital practical significance, has become an imperative of the times. Significantly, the method of negotiation is being developed and improved. New forms of negotiations come into being, which assume special importance and yield the most significant practical results.

Negotiations at different levels — at the level of ambassadors, specially appointed representatives and ministers of foreign affairs — have long been known in the practice of international relations. Over the last few decades another form of negotiations — summit talks at the level of heads of State and Government — has become widely common. It was precisely summit talks that gave an impetus to such fundamentally important processes as détente, the development of a better understanding between States belonging to different social systems and progress towards arms limitation, in the strategic field in particular. The effectiveness of summit talks is primarily due to the prestigious status and broad powers of the negotiators. Personal meetings between statesmen opened up broad opportunities for strengthening trust and narrowing differences on many issues.

An important condition for success in negotiations between the two biggest military Powers — the USSR and the United States — is strict compliance with the principle of parity and equal security. This principle is the basis for the strategic arms limitation agreements already concluded. The agreement on the basic principles of relations between the USSR and the United States proclaims that the indispensable prerequisites for maintaining and strengthening relations of peace between the USSR and the United States are a recognition of the security interests of the parties based on the principle of parity and a renunciation of the use or threat of force.[76] The preamble to the SALT-II treaty also underscores the need for compliance with the "principle of parity and equal security."

Of course, the disarmament issue is not a subject for bilateral negotiations alone. It can and must be discussed in wider forums as well. For a number of years, preparations have been in progress, in particular for convening the most representative forum of this kind — a world disarmament conference — which could take binding decisions in that field. The United Nations General Assembly regularly adopts resolutions approving the idea of convening such a conference. The conference could give a powerful momentum to all work in the disarmament field.

[76] *The Code of Effective Treaties, Agreements, and Conventions Between the USSR and Foreign States*, issue XXVIII (Moscow, 1974), p. 37.

Recently the Soviet initiative in calling a Security Council meeting at the level of heads of Government to discuss burning international issues has attracted general attention. The disarmament issues, in the nuclear field in particular, should hold, of course, a conspicuous place on its agenda. Indeed, the five permanent members of the Security Council (China, France, the USSR, the United Kingdom and the United States) are nuclear Powers; their joint discussion at summit level, with the other Council members taking part, of the nuclear arms limitation problems could be a new and highly effective way to achieve real progress in this field.

A widely ramified and fairly intricate mechanism of negotiations on arms limitation and disarmament has taken shape and is functioning at present. The structure of this mechanism and the forms of various negotiating forums are determined by the content of the tasks facing them and by the essence of the problems under discussion. One should note as a positive fact the desire of the majority of States to be more actively involved in consideration and settlement of disarmament issues.

Over the last few decades the United Nations has paid growing attention to disarmament problems. Progress in this field is due largely to its activities. The main working body for drafting disarmament agreements — the Committee on Disarmament at Geneva — although not a United Nations body, nevertheless, closely co-operates with the United Nations: agreements drafted by the Committee are submitted, as a rule, to the General Assembly for final consideration.

The Committee holds an important place in the existing system of negotiations on disarmament issues. It is a sufficiently representative multilateral forum for disarmament negotiations, where international agreements in that field are drafted and agreed upon. At present 40 States are taking part in the Committee's work: 5 nuclear Powers and 35 non-nuclear-weapon States situated on different continents, members of military alliances and non-aligned countries. This widens the opportunities for comparison of views on specific issues under consideration by the Committee, for identifying constructive ideas and for selecting proposals facilitating progress towards termination of the arms race. It is mandatory to take full advantage of those opportunities. Efforts must be made to enhance the efficiency of the Committee, in particular by improving the organization of its work.

The Programme of Action contained in the Final Document of the first special session of the United Nations General Assembly devoted to disarmament attaches first priority to the nuclear disarmament issues. It should be pointed out that in the present situation this approach is perfectly reasonable. Indeed, the very notion of a war of annihilation is associated in the minds of men with the likelihood of nuclear warfare. Nuclear weapons have come to symbolize in a way an almost unlimited capacity to exterminate all life; they are regarded as the main threat to mankind's future. This accounts for the exceptional importance of nuclear disarmament as a matter of top priority. Its necessity has been recognized by practically all. The United Nations and other international forums discussing disarmament issues, therefore, invariably devote prime attention to the elimination of the nuclear menace.

It is evident that no settlement of the nuclear disarmament issues can be reached without the nuclear Powers. On the other hand, the non-nuclear-weapon States display a keen interest in these issues, justly regarding nuclear weapons as the main danger to all States. Therefore, the most acute problem in this field is a search for an optimum combination of exclusive negotiations with a broad discussion in multilateral forums. It should be emphasized that disarmament questions cannot be solved by voting, as they affect the vital security interests of each State. Hence the importance of consensus as a method of taking decisions at negotiations by the States on whom the implementation of those decisions depends. At the same time the principle of consensus should not be abused to block the adoption of decisions.

An important task is to define the range of the parties to be involved in negotiations. It must be determined by the essence of the problems to be discussed. For instance, the proposal to the effect that all nuclear Powers, as well as some non-nuclear-weapon States, should take part in negotiations on ending the production of nuclear weapons and eliminating their stockpiles is quite reasonable. It is clear that agreements should be drafted with the direct involvement of States which are to assume obligations under them. Naturally, if the significance of a given issue extends beyond the framework of purely bilateral or regional problems, it will inevitably attract the attention of participants in a given multilateral forum. However, the degree of participation and information of such forums in the course of bilateral and regional negotiations is somewhat limited. The information of States taking part in broad international forums on the results of bilateral or regional negotiations is a different matter. Those results are naturally communicated to all States, and information about them is made available to the public at large. A violation of the confidential nature of negotiations on complex and delicate issues would complicate them. Under present conditions, success in disarmament negotiations is especially dependent on compliance on the part of the negotiating parties with such principles as the renunciation to link the relevant disarmament issues to other problems unrelated to them; the refusal of any move aimed at fomenting hostility with other countries and at reviving the atmosphere and methods of the cold war; the display of restraint in the disarmament field, etc. Strict compliance on the part of negotiators with the fundamental principle of causing no damage to the security of any side is particularly important.

It appears indisputable on the whole that negotiations have already played a significant positive role in preparing arms limitation agreements. Now the task is to continue and improve the application of this method, which has already proved its effectiveness, to secure further progress. Intensive negotiations at different forums and at different levels can bring about fairly good results in the effort to remove the nuclear danger menacing mankind.

B. International intergovernmental organizations (IGOs)

Developments on the world scene increasingly bring to the foreground the problem of assistance in the prevention of nuclear war and in disarmament as an important function of various international organizations, both intergovernmental and non-governmental, representing various trends of public opinion.[77] This, in particular, has called into being various stable forms of discussion of disarmament issues both at governmental and non-governmental levels.

The United Nations indisputably holds pride of place in the general system of international security. The principal aim proclaimed in its Charter is to unite efforts to maintain international peace and security so as "to save succeeding generations from the scourge of war, which twice in our lifetime has brought untold sorrow to mankind."

It is precisely this idea that pervades the United Nations Charter, which is an authoritative act renouncing war as a means of settling disputes and differences between States. According to its Charter, the United Nations is a centre called upon to co-ordinate the agreed actions of States aimed at preventing wars and conflicts. It is laid down in the Charter that the purpose of the United Nations is "to maintain international peace and security" (Article 1), that all Members of the United Nations "shall settle their international disputes by peaceful means in such a manner that international peace and security... are not endangered," that they "shall refrain in their international relations from the threat or use of force" (Article 2).

The principles and provisions of the United Nations Charter are quite sufficient — provided, of course, that they are respected by all States — for the Organization to perform its main functions and task — to preserve the peace, to prevent wars and conflicts and, under present conditions, primarily a world thermonuclear war. The Charter is the solid foundation for co-operation of Member nations in the achievement of this historic task of world-wide significance.

Although, as is known, the Security Council is responsible for formulating plans for the establishment of a system for the regulation of armaments (Article 26), on the practical plane the disarmament issues are discussed and recommendations on them are drawn up by the General Assembly. The activities of the General

---

[77] See UNESCO, *Le concept d'organisation internationale* (1981); A. N. Kaliadin, V. I. Markushina *et al.*, *Urgent Problems of the Activity of International Organizations*, G. I. Morozov, executive editor (Moscow, 1982), *Public Opinion and the Problems of War and Peace*, 2nd ed. revised and supplemented. G. I. Morozov, executive editor (Moscow, 1978).

Assembly have contributed to a certain extent (directly or indirectly) to the conclusion and application of the effective international treaties in the arms limitation field. A number of resolutions adopted by it contain agreed principles and outline the optimum ways of solving the most acute problems involved in the prevention of nuclear war. Those are the resolutions on the non-proliferation of nuclear weapons, on banning their testing, on strengthening the security guarantees for non-nuclear States, on non-stationing of nuclear weapons in the territories of States where there are no such weapons at present, on establishing nuclear-free zones in various regions of the world, on banning nuclear neutron weapons, on the prevention of nuclear catastrophe, and several others.

As regards the general positive impact on the process of banishing nuclear war from the life of human society, one should point out the significance of such documents adopted by the General Assembly as the Declaration on the Strengthening of International Security, the Declaration on International Co-operation for Disarmament, the Declaration on the Preparation of Societies for Life in Peace, the Declaration of the 1980s as the Second Disarmament Decade. The Declaration on the Prevention of Nuclear Catastrophe, adopted by the General Assembly at its thirty-sixth session is of great moral and political significance.[78] It denounces all doctrines providing for first use of nuclear weapons as inconsistent with the moral principles of humanity and the lofty ideals of the United Nations. The Final Document adopted by the General Assembly at its first special session devoted to disarmament in 1978 is a guide to action in curbing the arms race for years ahead.

The positive changes in the United Nations over the last few years (growth of membership, its more active role in the disarmament field, expansion of ties with world public organizations, etc.) have substantially widened the Organization's possibilities to serve as an effective instrument for the co-operation of States in the efforts to remove the danger of nuclear war and to influence favourably the course of world developments.[79]

With the current growing world tensions and expansion of the arms race, when vigorous efforts on the part of all States are urgently needed to check the slipping of the world down to the nuclear abyss, the United Nations ought to attach the highest priority in its activities to organizing co-operation among States in this matter and to build up its efforts consistently to deliver mankind from the danger threatening it.

[78] General Assembly resolution 36/100.

[79] See G. I. Morozov, *International Organizations. Some Problems of Theory* (Moscow, 1974); V. G. Shkunayev, *United Nations in the Modern World* (Moscow, 1976), *United Nations and Maintenance of International Peace* (Moscow, 1973) and *United Nations as an Instrument for Maintaining and Strengthening Peace. Problems of International Law* (Moscow, 1980); V. L. Israelyan, *United Nations and the Disarmament Problem* (Moscow, 1981) and *United Nations. Collected Documents* (Moscow, 1981).

Of course, the internal processes in the Member States of the United Nations — processes which are responsible for the presence, insufficiency or absence of political determination to achieve international agreement on the relevant specific issues, are of decisive significance.

Therefore, it would be a mistake to reduce the main efforts in the disarmament field to the question of the mechanism of negotiations, let alone its reconstruction, since this is often detrimental to the discussion of the substance of disarmament issues, concealing the true causes and retarding progress towards their settlement. This, however, is not to say that there is no need to improve the organization of the work of existing intergovernmental forums on disarmament.

Large-scale political decisions at government level are required first and foremost. At the same time, an important aspect of the activities of the United Nations (and other international intergovernmental organizations) is the fact that, as demonstrated by experience, they can, to a certain extent, shape public opinion inside countries, for instance, in favour of specific measures in the disarmament field, help outline the general direction for the co-ordinated efforts of States and contribute to narrow differences between them and to overcome the resistance of those forces which, for various reasons, are opposed to détente, to disarmament and to other measures required to remove the threat of nuclear catastrophe.

In view of the steadily growing role of the United Nations (and of some other international intergovernmental organizations) in the context of its favourable impact on a settlement of the issue of war and peace, it is necessary to conduct in this direction as well an intensive search for ways of removing the nuclear danger to mankind:

As far as the United Nations specifically is concerned, the following steps could be useful in this context :

— The adoption of additional measures to help prevent nuclear catastrophe. In particular, all nuclear-weapon States could assume an obligation on no first use of nuclear weapons. All States could enact legislation banning war propaganda in any form.

— Encouragement in every way by the General Assembly of active use by States of all existing channels for negotiations on the issues of disarmament, détente and prevention of nuclear war and the opening of whatever new forums may be necessary for negotiations in this field.

— The convening of a special Security Council meeting attended by the top leaders of its member States, as well as States not seated on the Council, so as to search jointly for ways of normalizing the international situation, to prevent the emergence of situations likely to cause a dangerous exacerbation of relations between States, military confrontation, which may result in nuclear war.

— An appeal from the General Assembly to the nuclear-weapon States which have not yet concluded the relevant agreements to conclude, with other States in possession of nuclear weapons, agreements on measures to prevent accidental or unsanctioned use of nuclear weapons. An appeal to the nuclear Powers already bound by such agreements to improve and develop those measures.

Stimulation of the activity of the relevant services of the United Nations Secretariat to circulate information on the disastrous consequences of a possible nuclear war and the arms race so as to help the public at large in different countries to realize the extreme danger of nuclear conflagration in the event of war. The establishment of a prestigious international committee for the prevention of nuclear catastrophe, which would show the vital need for measures to avert this danger, would be of great significance in this context.

The United Nations is called upon to help mobilize public opinion in favour of disarmament. It is important, therefore, to carry out world-wide action, approved by the General Assembly, for collecting signatures in support of measures to prevent nuclear war, to curb the arms race and for disarmament, and to conduct a world-wide campaign for disarmament under the United Nations aegis.

Various international intergovernmental organizations perform or could perform important specific functions in the sphere of disarmament problems (inspection, information and research, educational and others). The key role played by IAEA in reinforcing the régime of the non-proliferation of nuclear weapons and in securing verification of compliance by States of their obligations under the non-proliferation Treaty has already been discussed above. The performance by the Agency of its monitoring functions under the non-proliferation Treaty has enhanced its international prestige. IAEA also plays an important part in verifying the compliance with the Treaty for the Prohibition of Nuclear Weapons in Latin America (Treaty of Tlatelolco). An analysis of the IAEA activities shows that it guarantees a highly effective control over compliance with the non-proliferation Treaty.

It should be emphasized that this task is fulfilled effectively because the inspection functions are determined in exact conformity with the character and nature of the agreement subject to verification. The proposals to set up some universal international organization to verify compliance with all disarmament agreements — those already concluded and those likely to be concluded in the future — are untenable.

In a situation where forces exist in the world which inculcate the ideology of militarism in the minds of the population, advertising a cult of violence and crude force, great significance attaches to the task of educating people in the spirit of peace, of support for the disarmament cause. The possibility of preventing a world thermonuclear war largely depends on how thoroughly and completely mankind will succeed in fulfilling this task.[80]

[80] See *Peace and Disarmament. Academic Studies* (Moscow, 1980), p. 19.

The disarmament issues affect one way or another all elements of the United Nations system, including, of course, cultural, instructional and educational activities. This means that such issues are of fairly great significance to practically all organizations of the United Nations system, particularly to those which are concerned in their different ways with the tasks of instruction and education. To inculcate the idea of disarmament in the minds of men is one of the most crucial tasks of today.

Of important significance in that context is the activity of the United Nations Educational, Scientific and Cultural Organization (UNESCO) which has powers, within its terms of reference, in the fields of education, science, culture and information on a world-wide scale and pursues, in accordance with its charter, the aims of maintaining and strengthening peace and international security and promoting mutual understanding and co-operation among countries and peoples. The activities of UNESCO, a specialized agency of the United Nations, prove conclusively that the prestige and role of an IGO grow in direct proportion to the intensity of its efforts within its terms of reference to contribute to the solution of such concrete problems of today as maintaining international security and ending the arms race.[81]

The activities of the United Nations in the fields of peace and disarmament education can be used even more purposefully and actively to influence public opinion in the interest of ending the arms race and achieving disarmament. The Organization can make a more tangible contribution to mobilizing public opinion by implementing practical actions to secure the broad circulation of information on the disastrous effects of nuclear war and preparations for it and on disarmament measures.

The growing interdependence of the problems of ending the arms race and of disarmament and other major global problems of today is reflected in the activities of the United Nations Environment Programme (UNEP), the World Health Organization (WHO) and the World Meteorological Organization (WMO).

In the present aggravated condition of the international situation, IGOs are called upon to play a more effective role in the prevention of a world war and for the cause of disarmament, which is the material guarantee of banishing war from the life of mankind. The prospects of widening the influence of IGOs on world politics are largely dependent on further stimulation of activity in this field.

C. Non-governmental organizations (NGOs)

Vigorous actions of the public in defence of peace is a relatively new phenomenon in the history of international relations. Public movements became a major factor in international affairs after the Second World War.

[81] See UNESCO, *Obstacles to Disarmament and Ways of Overcoming Them* (1981).

The realization of the terrible consequences of another world war, the growing feelings of solidarity of peoples in the face of the impending danger of war, an awareness of the common responsibility for the destiny of peace — all of these contributed to the emergence of national and international public movements which came out under the slogan of struggle against the danger of war, primarily for the prevention of nuclear war, for ending the arms race and for disarmament.[82]

Over the last few years popular movements pursuing these aims have become widespread in a number of countries. It was precisely in this period that they assumed a truly international and massive character and began to produce a strong imprint on the solution of the cardinal problem of our day, the problem of war and peace.

It is quite clear that the most crucial international problems can be settled, in the final analysis, only at high political levels (governmental and intergovernmental). At the same time, progress towards such settlements usually involves a stubborn struggle and a conflict of interests. Active participation of non-governmental forces, their statements in support of constructive proposals of Governments and their own initiatives are extremely important in this matter. Such actions can give a strong impetus to progress in the direction of understandings and agreements between States and contribute to creating an atmosphere favourable to such progress. Vigorous action by the peace-loving public can effectively help overcome situations of stalemate and remove obstacles to the adoption of political decisions by Governments and IGOs. It helps create the moral and political climate indispensable for strengthening trust between States and taking mutually acceptable decisions in the interest of prevention of nuclear war and consolidation of universal peace.

The international non-governmental organizations (INGOs), which are associations of various national non-governmental organizations, are a highly active and dynamically developing organizational form of public activity. The place and role of INGOs in the international mechanism of examining the problems of peace, security and disarmament are determined primarily by the fact that they are not affiliated with Governments or States and are called upon to express the interests of the public at large. The decisions of INGOs are not technically binding on States and intergovernmental organizations. They can influence the position of Governments and the activities of IGOs by their moral prestige, by the force of public opinion, by the organized character of their massive acts and by the high level of their competence.

Non-governmental associations form differently under different social systems, as well as at the general world level, which determines the possibilities of the public to take part in discussing such complicated issues as international and national security and disarmament. At the general world level the inter-

---

[82] See USSR Academy of Sciences, *Public Opinion in World Politics* (Moscow, 1976).

nationalization of social life leads to the emergence and consolidation of universal intersystem INGOs pursuing tasks of a general character, including those of averting the threat of nuclear war, curbing the arms race, etc., and representing the public movements of countries with different socio-economic systems (about 800 INGOs of this kind are functioning at present; according to information from the Union of International Associations, there are about 3,000 INGOs in the world).[83] The socio-political spectrum of INGOs operating in the sphere of peace and disarmament is very broad. There are considerable differences between the positions held by INGOs on specific aspects of peace, international security and disarmament. They are also sharply different with regard to their purposes, composition of membership, ideological orientation, methd s and forms of activity, etc. However, despite the variety of INGOs concerned with the problems of peace, conflicts and disarmament[84] the main factor which determines the significance of this sphere of international public ties is the growing role of the organizations upholding general human values, which contributes to the conversion of the INGO institution into an important structural element of the world order.

Among the characteristic features of modern INGOs operating in the aforesaid field, the following three should be singled out: (1) a steady increase in their number, which is evidence of the growing sense of responsibility of the public, the popular masses for the destiny of peace, their desire to exert an active influence on the course of developments not only in their own countries but on the international scene as well; (2) a tendency towards their closer co-operation on the issues of prevention of war and strengthening of peace[85] (although the problems of co-operation between public movements of different ideological orientations remain the subject of ideological and political controversy); (3) a considerable increase in the level and scope of their co-operation with IGOs, primarily with the United Nations and its bodies and specialized agencies.

In the context of the problems of averting the threat of nuclear war it is necessary to emphasize the role played by the scientific community, scientists who, by virtue of their competence and specific professional activity, have the clearest idea of the possible consequences of nuclear exchanges, of stockpiling

---

[83] See *Yearbook of International Organizations* (Brussels, 1980).

[84] At present about 100 INGOs concern themselves in their regular activities with the political questions of peace and disarmament (they do not include international research institutes and centres engaged in the professional study of these problems). See *International Non-Governmental Organizations and Institutions. Handbook* (Moscow, 1982).

[85] The following are important centres of co-operation and interaction of INGOs on these issues: (a) the International Liaison Forum of Peace Forces set up by a number of organizations and movements to assist a dialogue and develop co-operation between peace forces of various political and ideological orientations in the interest of universal peace; (b) the NGO Special Commmittee on Disarmament functioning at Geneva within the framework of the Conference of Non-Governmental Organizations in Consultative Status with the Economic and Social Council (CONGO). More than 50 non-governmental organizations, mainly international ones, are members of the Committee, which represents organizations of various political orientations, including those affiliating mass anti-war movements.

nuclear arms, their modernization, etc. Their competent opinion is heeded by broad public circles. Therefore, their warnings, assessments and conclusions may play a far greater role than statements by members of any other profession.[86] Their statements or problems referring to the consequences of nuclear war may lend an important impulse to broader involvement of the public in the efforts in defence of peace and may contribute to success in negotiations between States on complicated scientific and technological aspects of the arms limitation problem. Scientists of many countries at one time made a fairly great contribution to the study and solution of the problem of dependable verification of compliance with treaty obligations on arms limitation. Without their contributions other effective international treaties and agreements in this field would hardly have been possible. Under present conditions growing significance attaches, in the efforts for peace and disarmament, to special knowledge, the intellectual potential accumulated by many international research centres, within the framework of which a scientific quest of ways of solving the problems of peace is now in progress. The initiative in setting up an independent prestigious international committee of scientists for the prevention of nuclear catastrophe holds out new opportunities on this plane. Scientists and cultural workers, workers of the mass media, play a significant role in the education of people, primarily young people, in the spirit of active dedication to the cause of peace and disarmament.

In the 1970s and 1980s, in view of the growing danger to world peace generated by the arms race, special significance has been attached to the problem of assistance on the part of INGOs to the United Nations efforts to strengthen peace and to achieve disarmament and of providing to this end the required procedural facilities for maintaining ties between INGOs and the relevant political bodies of the United Nations. Both INGOs and the United Nations have taken steps in that direction.[87] The Final Document of the first special session of the United Nations General Assembly devoted to disarmament reflected the constructive proposals of INGOs, in particular for involvement of the public in further United Nations efforts in the disarmament fields. The Final Document acknowledges that non-governmental organizations play an important role in the field of disarmament and refers to the need for the United Nations Centre for Disarmament to increase contacts with non-governmental organizations and research institutions; this role must be reinforced also by other relevant methods on the basis of available experience (par. 123). The Final Document contains an appeal

[86] See, for instance Y. I. Chazov, L. A. Ilyin and A. K. Guskova, *The Danger of Nuclear War. Soviet Physicians' Viewpoint* (Moscow, 1982); *Truth About Nuclear War. World Scientists Speak* (Moscow, 1981); Physicians and scientists on nuclear war, *The Final Epidemic* (Chicago, 1981).
[87] A number of public organizations and research centres on the problems of peace and disarmament were granted the floor at the special sessions of the United Nations General Assembly devoted to disarmament. For their part, United Nations representatives have of late been attending ever more often international forums of public movements for peace.

to governmental and non-governmental international organizations to take steps to develop programmes of education for disarmament and peace studies at all levels (par. 106).

The resolutions of the General Assembly directly related to United Nations co-operation with INGOs in the disarmament field are those on the observance of a disarmament promotion week (beginning on 24 October, on the United Nations foundation day) and on world-wide action under the United Nations aegis for collecting signatures in support of measures to prevent nuclear war, to curb the arms race and for disarmament.

It is largely due to the INGOs coming out for peace that world opinion has taken a shape which recognizes the need to prevent nuclear war, to preserve détente and to curb the arms race. This has been reaffirmed by the conference of non-governmental organizations "World public opinion and the second special session of the United Nations General Assembly devoted to disarmament" held at Geneva in March and April 1982, which resolutely went on record for solving outstanding problems through constructive negotiations, for preventing a new dangerous spiral in the arms race and for concrete actions to achieve general disarmament, in the nuclear field in particular.

At the same time, world opinion cannot but reflect the diversity of judgements expressed at INGOs forums, when it comes to assessment of concrete international situations and the ways and means of strengthening universal peace. The further evolution of world opinion in the direction of efforts to strengthen universal peace is associated with the growing role of progressive forces within the INGOs and with their success in winning over the majority of the population outside the sphere of influence of peace-loving organizations to the side of active movements for peace.

The complexity and multi-dimensional character of the problems of preventing nuclear war and strengthening universal peace dictate the need for involvement of broader social forces in active anti-war movements and for a greater joint contribution by non-governmental organizations of various countries of the world to the affirmation of the principles of peace and peaceful co-operation in international relations.

It is imperative to take advantage of every opportunity to make the favourable impact of INGOs on international relations increasingly effective. This is required by the tasks of maintaining and strengthening peace desired by the vast majority of mankind.

Of special significance is the task of widening the possibilities of INGOs actively assisting United Nations efforts to strengthen universal security and achieve disarmament for exerting a constructive influence on the work of the relevant intergovernmental forums and bodies, and on the disarmament problems in particular. This is all the more important in view of the fact that consideration by the United Nations of the stand of the world public in favour of ending the arms race is still a problem which has not yet been fully resolved. Co-operation between the United Nations and INGOs on the questions of peace and disarmament is held back in certain cases by the inadequate procedural framework for the participation of highly prestigious and competent INGOs in the deliberations of the relevant bodies and forums on the aforesaid problems.

Further improvement of the legal norms regulating ties between INGOs and IGOs in relation to the problems of peace and disarmament and practical steps to involve the peace-loving public in the work in that field at intergovernmental forums, primarily within the United Nations framework, would contribute to more effective consideration and use by the latter of the potentials of public opinion in the interest of progress in the cause of disarmament, the maintenance of universal security and the establishment of lasting peace among nations. On the other hand, this would help increase the positive contribution of public organizations to international co-operation aimed at removing the danger of nuclear war, achieving disarmament and securing a peaceful future for mankind.

It is necessary for an ever larger number of people on earth to realize clearly that only the collective will and the collective reason of mankind and the combined efforts of Governments, intergovernmental and non-governmental organizations constituting the world community can check the fatal tendency towards the growth of the threat of war, open the road to general and complete disarmament and bring nearer the fulfilment of the supreme ideals of humanity.

II. THE DISASTROUS CONSEQUENCES OF NUCLEAR WAR FOR MANKIND

Under the conditions of exacerbation of the international situation in the 1980s, the threat of war has increased. With the enormous stockpiles of nuclear weapons in the arsenals of a number of States such a war may become nuclear war, which will bring untold suffering to all mankind and put in jeopardy the very existence of human civilization. The new military-political doctrines circulated in some countries contain ideas depicting the use of nuclear weapons as a normal means of warfare and ignoring the consequences it is likely to bring about.

Over the last few years, quite a few studies on the consequences of nuclear war have been carried out at the United Nations by a number of international organizations and national research centres. This refers, in particular, to the report of 1968 of the Secretary-General, entitled *Effects of the Possible Use of Nuclear Weapons and the Security and Economic Implications for States of the Acquisition and Further Development of These Weapons.*[88] This report describes in detail the likely consequences of the possible use of nuclear weapons in war. In 1980 a comprehensive study on nuclear weapons was published in the form of a report of the Secretary-General on general and complete disarmament. Both these reports are the United Nations most conspicuous documents concerning nuclear weapons. Numerous national studies on the disastrous consequences of nuclear war for mankind have been carried out in the United States, the Soviet Union, the United Kingdom, Sweden, the Federal Republic of Germany, France, and other countries.

It is common knowledge that modern nuclear weapons produce a four-fold destructive effect: the shock wave, heat radiation, penetrating radiation and radioactive fall-out. No other weapon existing today is capable of such a many-sided destructive effect. No target is capable of withstanding a nuclear attack, nor is there a shield that could afford effective protection against nuclear weapons. According to expert estimates, at present the world's nuclear arsenals contain over 40,000 nuclear warheads, which are roughly equivalent in destructive power

[88] United Nations publication, Sales No. E. 68.IX.1.

to one million atomic bombs like the one dropped on Hiroshima.[89] It will be recalled that the explosion of one 20-kiloton atomic bomb over Hiroshima killed about 78,000 people and wounded about 64,000. The total death toll following the effect of all destructive factors was 240,000 and other casualties ran to 163,000 (the city's population before the atomic bomb explosion was 400,000).

Whereas a 20-kiloton bomb was exploded over Hiroshima, the power of existing nuclear warheads is measured in megatons, it being known that no theoretical limit to this power exists, since it is possible to build warheads of almost any capacity. The well-known consequences of the atomic bombing raids over Hiroshima and Nagasaki give only a general outline of the possible effects of a massive attack with weapons available in the present-day nuclear arsenals. Their use is likely to cause the death of hundreds of millions of people and the devastation of whole countries and regions involved in the conflict, with the inevitable prospect of disastrous consequences for those States that were not directly involved in it.

An idea of the possible extent of damage caused by nuclear attack can be gained from the results of electronic computer war games simulating an all-out Soviet-American nuclear war carried out in the United States. A few war scenarios were analysed, involving the nuclear forces that the United States and the Soviet Union are allowed to maintain under the SALT-II treaty.

It should be noted that in those scenarios the civilian population as a whole was not a target for direct attack. Nevertheless, civilian casualties within the range of the effect of weapons used against military and industrial targets were staggering. Human casualties due to the short-term effects alone ranged from 25 to 100 million and more, both in the United States and the Soviet Union.[90]

Industrial damage caused to each country by these attacks varied within the limits of total destruction of 65 to 90 per cent of the key industrial potential and partial destruction of 60 to 80 per cent of the remaining industrial potential which was not directly attacked. A total of 200 large cities were destroyed in each country. Moreover, 80 per cent of all towns with a population of 25,000 and more were hit by at least one warhead in each country.

The table below presents an estimate of the short-term effects of all-out nuclear war on each of the two countries.

The effects of nuclear war*

Short-term human casualties	25 to 100 million
Industrial damage	65 to 90 percent
Towns	Destruction of 200 large cities; 80 per cent of all towns with a population of 25,000 and more hit by at least one warhead.

* *Source:* ACDA arms control report, "The Effects of Nuclear War," (Washington, 1979), p. 16.

[89] Report of the United Nations Secretary-General on nuclear weapons (A/35/392), p. 13.
[90] These casualties include only those who will die within the first 30 days. A much larger number will perish from disease, starvation and other causes.

Besides the death toll that would occur within the first 30 days of nuclear attack, a large number of persons — 15 to 20 million — would be wounded. According to some estimates of American medical men, the number of wounded may even be as great as the number of dead, apart from additional human casualties during later days and months caused by burns, injuries, irradiation, inadequate medical service, poor hygienic and housing conditions. Eighty-two and 75 per cent of the urban and rural population, respectively, would be exposed to a single irradiation dose of over 100 roentgens. According to forecasts by the American expert Traver, radiation cancer would kill 6 million Americans, while the general effect of penetrating radiation would cause genetic changes that would adversely affect another 20 million persons.[91]

The predictable effects of the use of nuclear weapons are not enough to describe the full possible effect of their use by virtue of the high degree of uncertainty involved in nuclear war; therefore, our knowledge of the use of nuclear weapons is largely hypothetical. In fact, the consequences of nuclear war may be even more terrible and in many of its aspects less predictable.

It would be relevant to refer in this context to two impressive examples cited in a report of the United States Arms Control and Disarmament Agency entitled "World-wide effects of nuclear war ... Some perspectives," compiled on the basis of large-scale research carried out by the United States National Academy of Sciences to size up the possible effects of all-out nuclear war on various countries and regions. On 28 February 1954 the United States exploded its most powerful thermonuclear experimental device, code-named "Castle Bravo," over the Bikini atoll. The yield of the nuclear explosion had been expected to amount to 8 megatons. Actually, it proved almost double that figure, reaching 15 megatons. Naturally, the consequences of this miscalculation were also difficult to predict. An area of about 7,000 square miles in the Pacific Ocean was affected by the explosion of that nuclear bomb.[92]

It was also hard to predict the consequences of the high-altitude explosion of a 1.4 megaton nuclear device in the area of Johnson Island in September 1962. The explosion produced an artificial belt of charged particles circling the globe in the magnetic field and also damaged the electronic equipment of a number of artificial earth satellites in near-earth orbits. The effects of that explosion persisted for six to seven years.[93]

Numerous publications and judgements on the effects of nuclear war on the population and the environment present different, non-uniform at any rate, and sometimes contradictory conclusions. Without going into details on this

---

[91] I. Traver, *The Effects of Nuclear War*, First Congress of International Physicians for Prevention of Nuclear War (Airline House, Virginia, 19—26 March 1981), Working Group 1, second draft, pp. 32—33.
[92] Report of the United States Arms Control and Disarmament Agency, "World-wide effects of nuclear war ... Some perspectives" (1975), p. 4.
[93] *Ibid.*, p. 5.

subject, it should be pointed out that with the present state of scientific knowledge in this field, far from all known, let alone hypothetical, effects of nuclear war lend themselves to dependable quantitative assessments.

The prominent Soviet medical scientists Y. Chazov, L. Ilyin, and A. Guskova have divided the effects of a nuclear explosion into the following three categories: (1) effects which lend themselves to a quantitative description in principle; (2) effects which are hard to predict; (3) unpredictable effects. They believe that the direct immediate effects produced by the action of the destructive factors of nuclear weapons have been adequately studied in principle. However, even with this circumstance taken into account, it would be wrong to regard assessments available as synonymous with concrete factual data. "This conclusion is corroborated by the obvious fact that, in the event of a nuclear attack, the situation in the area of explosion or that of local radioactive fall-out would be inevitably aggravated by many factors and circumstances, and in the context of our study it is impossible to make a rational quantitative appraisal of the negative role they would play."[94]

It is clear that the consequences of a large-scale nuclear war can be predicted with a very high degree of approximation, after revelation of their individual aspects. One cannot rule out the likelihood of mutual aggravation of individual derangements on their combination with others. For instance, it is possible to appraise isolated effects of exposure to radiation and intensive ultraviolet light, but it is hard to establish the extent of damage these two factors in combination would cause to human beings, animals and plants.

Thus, the use of nuclear weapons may entail not only terrible consequences which are known but also cause unpredictable phenomena on a still wider scale and of longer duration than it can be imagined hypothetically.

In view of the aforesaid, let us discuss the characteristics and appraisals of the possible destructive consequences of nuclear war.

A. Economic implications

The economic implications of nuclear war are, perhaps, more difficult to study than the possible ecological, biological and other consequences. To begin with, a large-scale nuclear war may wipe out a number of States most advanced economically. In some countries no able-bodied population will exist after a nuclear conflict. Therefore, the economic mechanisms and systems which were in evidence before this conflict will hardly be preserved. Thus, the very economic foundation for the continued existence of whole countries and regions will be destroyed.

[94] Y. I. Chazov, L. A. Ilyin and A. K. Guskova, *op. cit.*, p. 55.

The colossal power of nuclear weapons and the possible immensely destructive economic consequences of their use would hardly permit one to draw an analogy with the severe economic consequences of the First and Second World Wars. Even those States that will not be directly involved in the conflict will suffer from unprecedented and severe economic plight by virtue of the high degree of development of the international division of labour and interdependence in the field of economics and finance. Suffice it to say that the nuclear Powers hold key positions in world industrial production, in international trade and in monetary and financial systems.

The possible destruction of the world's biggest financial and trade centres will inevitably result in a collapse of the entire international economic and financial system and cause immense damage to communication and transport facilities as well as severe shortages in the production of a wide range of commodities and services.

The damage likely to be caused by nuclear war to world trade is hard to estimate. The exclusion from international trade exchanges of such States as the USSR and the United States will result in a total disorganization of international trade. If nuclear war affects the European countries and Japan, which is highly probable, this may lead to complete disorganization of the existing economic and financial exchanges and structure and break off their interrelations with the world economic complex. Thus, the total or considerable destruction of industrially developed States as a result of nuclear war may entail effects on the world economy so disastrous as to make impossible their estimation. In the phrase of the well-known American economist J. K. Galbraith, "the modern economic system cannot stand the shock and the associated fears from any kind, limited or unlimited, of nuclear exchange."[95]

The disorganization of international trade is likely to cause a sharp deterioration in the living conditions of the majority of survivors in the world. The reduction in trade will not be equivalent to the shares accounted for in its turnover by the States involved in the nuclear conflict. The total economic damage will be much larger, since those States taking part in the economic exchange may be producers of sophisticated commodities and services or suppliers of such a category of commodities that are technologically advanced and labour-consuming. The greatest harm will be associated with the food problem, the appearance of fertilizer shortages and a reduction in crop harvests in most regions of the world. Besides the direct casualties of nuclear war, hundreds of millions of people may die from starvation. The food situation in the world may become absolutely catastrophic.

Total destruction and the economic chaos a large nuclear war will bring in its wake will produce a disastrous impact not only on the entire system of

[95] Physicians and scientists on nuclear war, *The Final Epidemic* (Chicago 1981), p. 55.

life of individual States and societies but on their social and political structures and institutions and on their cultural values. According to Galbraith, in the case of nuclear war the very principle of the profit motive of keeping in operation the intricate economic mechanism of the Western States will disappear and a system of coercion will be introduced in its place. Galbraith believes that such key branches of the economy as the transportation services, industry and agriculture will be unable to function in the form in which they existed before nuclear war.[96]

The economic consequences of nuclear catastrophe will be closely interconnected with its social, political, cultural and other consequences, which will play havoc with world economic activity.

B. Ecological implications

The powerful nuclear explosions in the course of a nuclear war will entail grave ecological consequences, which will be felt not only in the area of the hostilities but, in fact, throughout the world, to a varying extent. This refers, above all, to such factors as radioactive fall-out, pollution of the atmosphere with dust and nitric oxide, increased radiation doses on the earth surface, mutations in the vegetable and animal kingdoms and wind and water erosion.

Radioactive fall-out constitutes an extremely grave danger in the area of a nuclear explosion and in the areas adjoining it. At the same time it depends on weather conditions and particularly on the direction of the prevailing winds. It contributes to an increase in the death rate from cancer and stimulates development of benign cancer lesions. By some estimates, a heightened death rate from cancer and the birth of defective children may cost mankind up to 30 million lives during the lifetime of one generation after the war.

The results of the influence of ionizing radiation on mutations in the vegetable and animal kingdoms may be considered more uncertain. Different viewpoints exist on this subject, since no sufficiently accurate information is available on those physical and biological processes which are likely to occur. It is clear, however, that a number of such mutations may essentially change the ecological system.

Radioactive fall-out from numerous nuclear explosions will indisputably make vast regions of the world uninhabitable. For a long period of time it will be impossible to produce foodstuffs in these areas.

The most dangerous sources of disturbances in the atmosphere and, accordingly, in the climate of our planet will be dust and various nitric oxides, large quantities of which will pollute the atmosphere as a result of a nuclear explosion. These disturbances may last for a very long time. For instance, the aerosol pollution of the atmosphere by the volcanic eruption on Krakatau Island in 1883

[96] *Ibid.*, pp. 53—55.

was so great that during three years the temperature at the middle latitudes of the southern hemisphere dropped by 0.5 degrees. According to some estimates, a nuclear war in which 10,000 megatons of nuclear explosives will be set off, half of them near the earth surface, will throw up 25,000 million cubic metres of earth, which is twice the amount spewed by the Krakatau volcano. [97]

Investigation of the consequences of nuclear tests in the state of Nevada, on the Eniwetok and Rongelap atolls shows how difficult it is for life to come back on the site of the explosion. [98] Suffice it to say that radioactive contamination of the water sources and vegetation on the Bikini and Eniwetok atolls made them dangerous to life for a period of about 20 years.

It is known that different species of animals and plants react differently to radiation exposure. Insects, bacteria and fungi have relatively high resistance, which in itself may be fraught with a number of hazards both to man and to nature. Shrubs and grasses are also more resistant to irradiation than trees. Therefore, vegetation will be restored mainly by an increase in the area under grass, which may lead to a reduction in the biological mass.

The side effects of nuclear explosions also have a prolonged influence on the environment. For instance, high-altitude nuclear explosions interfere with radio communication at points up to 600 miles away. At the moment of an explosion, the electronic equipment of artificial earth satellites in low orbit stops functioning.

As a result of nuclear war large quantities of nitric oxides will pollute the upper atmosphere. On reaching the ozone layer of the stratosphere, nitric oxide may partly destroy it. As is known, ozone is a shield against the sun's ultraviolet radiation. A partial destruction of the ozone layer may result in an increase in radiation doses on the earth surface. The possible impact on the ozone layer of the stratosphere has been studied in investigations by the National Academy of Sciences of the United States.[99] The prominent American mathematician J. Mark, one of the authors of the book *The Final Epidemic*, writes that as a result of powerful nuclear explosions the atmosphere will be polluted with an enormous amount of dust, while nitric oxide, which will get into the stratosphere, will exhaust the ozone layer. Both these processes may affect the regularity of heating of the upper atmosphere, which in turn will lead to a change in wind directions and climatic disturbances.[100]

Explosions might also trigger the generation of a powerful electric field within the limits of 25,000 volts per square metre, capable of producing induction current and putting out of action power transmission lines, communications systems and the circuitry of electronic equipment. It is hard to predict with accu-

[97] "World-wide effects of nuclear war ... Some perspectives", p. 17.
[98] See SIPRI, *Weapons of Mass Destruction and the Environment* (1977), pp. 20—23.
[99] National Academy of Sciences, *Long-Term World-wide Effects of Multiple Nuclear-Weapon Detonations* (Washington, D. C., 1975), pp. 39—45.
[100] *The Final Epidemic*, p. 105.

racy all the effects of a large-scale nuclear war on the natural environment, but one should lend an ear to the warning of Prof. B. Feld of the Massachusetts Institute of Technology, who writes that, for life on earth to be completely exterminated, it is enough to explode nuclear devices with a total capacity of 1 million megatons. Mankind has so far stockpiled nuclear weapons in amounts which are equivalent to only 1/100th of the aforesaid quantity, but the arms race is going ahead.[101]

A high concentration of nitrogen in the atmosphere will also cause an increase in the rate of sunburn, even in areas with a temperate climate, and in that of snow blindness in the northern countries and expose not only man but also bacteria, insects, animals and plants to the deadly effect of intensive ultraviolet irradiation.

The increase in ultraviolet radiation intensity may be accompanied by a loss of mean temperature on the earth surface. Although this question has not yet been studied adequately, it can be assumed that such changes will occur at those lattitudes where crop yields depend essentially on the mean temperature. Its reduction, even by a few degrees, may contribute to a sharp decline in the yields of such crops as wheat in some countries of the northern hemisphere.

It is quite evident that a large nuclear war will have a deadly effect not only on the countries involved in the nuclear conflict but will also have disastrous consequences for the whole of mankind. The States not directly involved in the war will sustain great losses due to radiation, exposure to intensive ultraviolet light, cancer, famine, disorganization of transport and communications and other factors.

In conclusion, it would be relevant to note that the total power of nuclear weapons in the arsenals of the nuclear-weapon-States is many times larger than that needed to destroy human civilization. In the event of an all-out nuclear war, the earth may be turned into a lifeless body like the moon. The animal and vegetable kingdoms will perish, the rivers and lakes will evaporate and disappear and nothing will grow on the scorched and slag-like earth.

C. Fatal effects on the human race

The consequences of the use of nuclear weapons for mankind imply the death of countless millions of people, the terrible suffering of survivors and the termination of the activity of developed societies in the countries directly involved in the nuclear conflict, down to the complete destruction of human civilization. Today the effects of atomic bomb explosions have been studied fairly well and described in a large number of investigations, reports and research papers.

[101] *Ibid.*, p. 116.

70

The most detailed information is available on the effects of the explosions of medium-capacity nuclear bombs similar to those dropped on Hiroshima and Nagasaki.[102]

The use of modern nuclear weapons, ranging in capacity from a few scores of kilotons to one megaton, over cities is likely to produce extremely disastrous effects. A strike delivered against United States cities with 100 missiles tipped with warheads of one megaton capacity apiece will immediately destroy 20 per cent of the country's population. If, however, a strike is delivered with 1,000 such missiles, half the population will be wiped out only by the shock wave alone, the light emission and other deadly factors of explosions which act immediately. Millions of people will die in fires and from radioactive fall-out, starvation, the absence of medical aid, etc. A detailed picture of the effects of an individual nuclear explosion, a limited nuclear attack, broad use of tactical nuclear weapons and total nuclear war is presented in the report of the United Nations Secretary-General on general and complete disarmament.[103]

Without repeating ourselves, we shall only note that in recent times the effects of the use of nuclear weapons have been studied in sufficient detail in a number of new works by physicists, chemists, matematicians, doctors and members of other professions.[104]

When analysing the consequences of nuclear war for mankind, one may divide them into two categories: with short-term and with long-term effects. The former refer to the massive loss of life within the early hours, days and weeks of a nuclear explosion under the impact of the shock wave, heat emission and lethal radiation doses, as well as as a result of the destruction of buildings, fires, disturbances in power supply and communications and contamination and destruction of water supply and food sources. The extent of later human suffering is hard to estimate accurately. It is known, however, that survivors of a nuclear war will live in the shadow of death to the end of their days, exposed to the high risk of leukemia, malignant tumours, the transmission of genetic defects, chromosomal derangements, etc.

Not infrequently, scientific forecasts of the effects of nuclear war take into account the availability of adequate medical resources and personnel. In modern nuclear war, however, the greater part of the medical personnel will be killed or crippled so that medical aid to victims will be greatly limited. Water and food

---

[102] See, for instance, A. V. Kozlova, *The Effects of Atomic Bomb Explosions over Hiroshima and Nagasaki and the Hydrogen Bomb Test Over Bikini: Report on the International Conference of 1955 in Tokyo* (Moscow, 1957); "A review of 30 years study of Hiroshima and Nagasaki atomic bombs survivors," *J. Rad. Research*, 16, Suppl., 1975.

[103] A/35/392, pp. 66—101.

[104] See Y. I. Chazov, L. A. Ilyin and A. K. Guskova, *op. cit; Short-and Long-Term Effects on the Surviving Population of a Nuclear War* (Washington, 1980); Congress of the United States, Office of Technology Assessment, *The Effects of Nuclear War* (Washington, 1979).

shortages will be aggravated by the unavailability of antibiotics, dressing materials, blood for transfusions, emergency surgical aid, etc.

The possible effects of nuclear war are illustrated by a tentative case discussed at a meeting of the international congress, "Physicians for the Prevention of Nuclear War," held in the United States in the spring of 1981. In the case under study, massive nuclear exchanges between the USSR and the United States in the mid-1980s would presumably have the following results:

1. Human casualties in both countries will be staggering: over 200 million people will be killed and over 60 million crippled.

2. Medical facilities will be insufficient to give effective aid to victims of the shock wave, heat emission and radiation exposure:

(a) Eighty per cent of the physicians will die;

(b) Eighty per cent of the hospital beds will be destroyed;

(c) Reserves of transfusion blood, antibiotics and medicines will be destroyed or, at any rate, only a small quantity of them will still be available;

(d) Food and water will be exposed to intensive contamination.

3. The neighbouring countries will also suffer incalculable losses.

4. Civil defence will be unable to reduce the aforesaid casualties and destruction to any considerable extent.

5. The catastrophe will have further consequences:

(a) Food production will be severely damaged;

(b) Radioactive fall-out will be a constant peril to survivors;

(c) Survivors will suffer from malnutrition, unhygienic conditions and acute housing shortage. Reduced immunity will make them susceptible to various infections.

6. Deep changes may be caused by the exhaustion of atmospheric ozone, which will result in turn in affliction of people and changes in animal and plant life.

7. Long-term survivors will suffer from a heightened rate of leukemia and other malignant growths, which will take a particularly severe form in those exposed to radiation at an early age.

Besides malnutrition, radiation exposure, burns, injuries and other direct effects of nuclear war on man, survivors will suffer from a severe psychological shock caused by the scene of general destruction. The social and cultural concepts of civilized man will be irreparably damaged. The extent of this psychological shock can be assessed only approximately from the reaction of the Hiroshima and Nagasaki survivors.

It is equally hard to imagine the impact of the emotional factor, the fear of death, that will haunt survivors of nuclear war as long as they live. Fear of cancer and other diseases and fear of transmission of genetic defects will have a ruinous impact on the human psyche.

The possible scope, duration and variety of dangers to mankind as a result of a nuclear war are without precedent in human history. This is, in fact, a question of life and death for human civilization.

Many of those who will survive nuclear war will hardly have a better fate than those who died, since people who will remain alive after a nuclear explosion, that is, after exposure to the shock wave, heat emission, penetrating radiation, etc., will suffer widely from burns, fractures, internal injuries, blindness, and so on. Moreover, survivors will be plagued by infectious diseases. Prof. Herbert L. Abrams of Harvard University writes that, even with such small doses of radiation as 50 rem, the human organism loses much of its immunity and "vaccination will be more dangerous and less effective and antibiotics may well induce reactions."[105] Aggravating factors contributing to infectious diseases on an epidemic scale are open wounds and burns, a weakening of body resistance due to malnutrition or starvation, dehydration of the body and lack of adaptation of the population as a whole to physical exertion. The immense concentration of people in shelters is bound to result in food and water shortages and it is known that such symptoms as vomiting and a disturbance in the intestinal functions result in dehydration and the need for drinking a lot of water. The problems of food and water supply will become even more acute after people leave their shelters, since the remaining food and water reserves will be contaminated by radioactive fall-out, while the transportation system put out of action by a nuclear strike will not cope with its functions of redistribution of foodstuffs from the less affected to the worst hit areas.

The extremely unhygienic conditions which will certainly prevail in shelters will inevitably lead to the spread of such infectious diseases as infectious hepatitis, amoebic dysentery, typhoid fever, etc. After the radiation level drops on the surface, infectious diseases will be spread by flies, mosquitoes, midges and other insects which have much greater resistance than mammals, including man. It will be practically impossible to solve the problem of burying a few million corpses concentrated mainly in high radiation zones, access to which will be barred for a long period of time. The most virulent infectious diseases will become prevalent, such as tuberculosis and plague, as well as cholera, malaria, smallpox, typhus, yellow fever and meningitis, to mention but a few.

In conditions of full-scale nuclear exchanges one cannot rely on any assistance from the outside: areas capable of mobilizing their limited resources to render aid to the affected areas will hardly remain intact. Can one, indeed, rely on one's own resources when, as is maintained by Howard H. Hiatt of Harvard University, only 900 out of 6,560 doctors will survive a nuclear strike at the city of Boston, and every doctor will have 1,700 wounded people on his hands? Indeed, if a physician spends an average of only 15 minutes with each injured

---

[105] *The Final Epidemic*, p. 196.

person and works 16 hours each day, it will take from 16 to 26 days for each casualty to be seen once. It is known, however, that most types of severe injuries require emergency aid.[106] These estimates, however, do not take into account such important factors as the availability or unavailability of medicines, laboratory equipment for establishing a diagnosis, ancillary personnel, a safe place for work, etc.

All first survivors of a nuclear explosion will be exposed to the dangers of residual radiation resulting from radioactive fall-out. Irradiation may occur in different and multiple ways. First, there will be external irradiation as long as radioactive clouds remain in the atmosphere; secondly, internal radiation as a result of inhaling air saturated with radioactive particles; thirdly, external irradiation with gamma rays emitted by radioactive matter on the earth surface; and, fourthly, internal irradiation after eating meat or milk of animals with radioactive particles in their elementary tract.

Among the long-term effects of radiation exposure the first place belongs to an increased incidence of malignant tumors, as is indicated by data collected in systematical medical observation of Hiroshima and Nagasaki survivors, as well as inhabitants of some islands in the area of the Bikini atoll, where the United States carried out thermonuclear tests.

Enhanced radioactivity will later result in a broad prevalence of leukemia, genetic disorders, thyroid, mammary, lung, stomach and other forms of cancer. There will be a simultaneous increase in the rate of cataract and other eye diseases. Expectant mothers may give birth to children with an abnormally small skull, resulting in mental retardation, defective growth and development in childhood, malignant tumours in the early post-natal period, etc.

Even if a part of the population survives in the biological sense, it will be completely demoralized as a result of disintegration of the entire social structure of society. Prof. H. Jack Geiger writes that survival in nuclear war has a social rather than biological meaning. The biological "survivors" in all probability have merely postponed their death by days, weeks, months, or at most a few years from secondary attack-related causes. Life in the interim will bear no resemblance to life before a nuclear attack.[107]

A similar opinion is held by the prominent Soviet medical scientists Y. Chazov, L. Ilyin, and A. Guskova. Pointing to the need to discriminate between the direct and indirect effects of a nuclear attack on the population, they have drawn the following conclusions. The direct effects are caused by the direct influence produced on people, plants and animals by the destructive factors of a nuclear explosion: the shock wave, light emission, primary radiation and residual radiation in the form of radioactive fall-out. The indirect effects on people

[106] *Ibid.*, p. 171.
[107] *Ibid.*, p. 179.

are consequent to the destruction of or severe damage to material and techno-logical facilities, disintegration of the economy, as well as a derangement of all elements of social life.

The indirect effects include famine and epidemics, the prevalence of various disorders and diseases. Other indirect effects are a sharp increase in the hard ultraviolet radiation of the sun and a possible change in the climate.

Within the framework of systematization of concepts the authors believe that it will be important to distinguish between the early (immediate) and late (long-term) biological effects of a nuclear war. Early consequences are the result of direct effects of nuclear explosions within a relatively short period. It may be assumed that early consequences will make themselves felt within two to four months following a nuclear strike. Late consequences become evident much later, many months or even years after such an attack. Genetic effects (which are among late consequences) will evidently be observed over a period of many decades, in a number of generations of descendants of the initially irradiated people.[108]

It is necessary to dwell specifically on the possible consequences of the use of neutron nuclear weapons. Advocates of these weapons in the United States allege that they are "clean" and "humane" as compared with other kinds of wea-pons. Neutron explosives are specially intended for the destruction of human life. They have a relatively smaller destructive effect on buildings and structures.

The core of the neutron weapon is, in effect, a nuclear fission bomb. Thus, on explosion, a neutron device, just as all other types of nuclear weapons, will cause radioactive contamination of the locality hit. In contrast to other types of nuclear weapons, the energy of the neutron bomb is distributed roughly as fol-lows: 20 per cent is concentrated in the shock wave and 80 per cent is emitted as penetrating radiation. Residual radiation accounts for a relatively small share of this energy.

Thus, neutron weapons are the most inhuman instrument of war, since they are designed primarily for massive killing of human beings. According to esti-mates by some Western specialists, the explosion of a nuclear neutron device with a relatively small capacity of 1 kiloton will destroy all buildings and structures within a range of 150 to 300 metres from ground zero. People in shelters will be killed within a radius of up to 800 metres and those within a range of 1.6 kilo-metres will be lethally irradiated. Living organisms a long distance away will be exposed to irradiation doses causing radiation sickness. Great harm will be caused to the natural environment. All animal life will die in an area of 520 hectares, coniferous forests in an area of 310 hectares, leaf-bearing forests in an area of 170 hectares. What is more, objects not destroyed by the explosion, includ-ing metal structures, soil and foodstuffs, will become radiation sources.

[108] Y. I. Chazov, L. A. Ilyin and A. K. Guskova, *op. cit*, pp. 49—53.

The use of such weapons in densely populated areas, such as areas of the European continent, would be particularly devastating. A few small-capacity neutron explosives will be enough to destroy all life in an average-sized town, while their use on a massive scale will completely wipe out the population.

According to existing conceptions, neutron weapons may be used in any phase of an armed conflict, in its opening phase in particular. Eroding the border between non-nuclear and nuclear instruments of war, they reduce the so-called nuclear threshold and increase the probability of a nuclear conflict and its escalation. Thus, they may trigger off a world-wide nuclear war.

Nuclear weapons are intended to be an instrument for realizing the concept of limited nuclear warfare. In the opinion of a number of experts, waging such a war would be extremely dangerous. Speaking at the United Nations in 1980, Vice-Admiral Laroque, Director of the Defense Information Center, described the spread of ideas to the effect that "it is possible to wage and win a limited nuclear war" as the most troubling factor.[109]

The consequences of a possible nuclear war in Europe were discussed in detail at the Second International Conference, "Physicians of the World for the Pevention of Nuclear War," held at Cambridge in April 1982. The conference analysed in detail the possibility of a limited nuclear conflict in Europe and expressed the view that a limited nuclear war would be catastrophic for the European nations. In accordance with estimates submitted to the Conference in the report of Prof. L. Ilyin of Moscow, it was pointed out that in the event of nuclear war, which some strategists in the West visualize as a limited war, the number of casualties will run to over 300 million, which is almost half the population of Europe. What is worse, it will be practically impossible to give medical aid to survivors — scores of millions of people, wounded, burnt, afflicted with radiation sickness. Even those who remain alive after the nuclear conflict will live in constant peril of lethal diseases: leukemia, various malignant tumors and genetic disorders. Radiation will afflict an enormous number of children who are particularly susceptible to its effects. Irradiation of expectant mothers will result in still-births and the birth of imbecile children.

Hence it is clear that even if a war between the main nuclear Powers is waged with such "restraint" as is shown in theoretical scenarios of a limited war, it will cause irreparable damage in the areas of hostilities and may, in fact, totally devastate whole cities and countries, particularly in such regions as Europe. On the other hand, there is always a large risk of escalation of the war. In conditions of military confrontation it is hard to imagine rigid frameworks and boundaries which would make it possible to limit the conflict and prevent its expansion into an all-out nuclear war.

[109] *The Defense Monitor*, vol. IX, No. 6 (Washington, 1980), p. 2.

Summing up the disastrous consequences of nuclear war for mankind, it should be emphasized that with the advent of nuclear weapons the very idea of war began to look increasingly unacceptable. Needless to say, scientists today have no sufficiently authentic information to describe in comprehensive and accurate detail the entire scene of suffering and destruction nuclear war is bound to bring in its wake. Indeed, a significant part of mankind would be facing the risk of annihilation not to speak of destruction of material wealth, disturbance of the ecological balance and other consequences which are difficult to predict. Today there exists certain indifference to the destruction and horrors of nuclear war which is becoming extremely dangerous under present conditions. In a number of States, particularly in the United States, talking calmly about the millions of deaths likely to follow a nuclear exchange has become a habit among political and military leaders. Some talk and write about a choice between 10 and 20 million killed or between 50 and 100 million, as if there existed a certain border in this field from the viewpoint of rationality, morality, responsibility for the living and succeeding generations and for the existence of human civilization.

In the conditions prevailing today the struggle to lessen the danger of war is assuming growing significance. The point is that rapid and deep changes are taking place in the development of military technology and qualitatively new types of weaponry are being developed, primarily weapons of mass destruction of a kind that may make control over and limitation of them extremely difficult or altogether impossible. Another spiral is that the nuclear arms race may undermine international stability to a still greater extent and increase the danger of war.

The peoples of the world must know the truth about the disastrous consequences a nuclear war may entail for mankind. The Soviet Union's proposals for setting up a prestigious international committee which would show the vital need to prevent nuclear catastrophe appear quite timely in this context. The committee could consist of leading scientists from various countries. The conclusions they will draw must be made public throughout the world.

CONCLUSION

Limitation of the terrifying nuclear might which a few States possess today is the greatest of all political and moral problems mankind has ever faced over the countless centuries of its history and it may be the last problem, should it not be resolved.

The task now is not only to avert by joint efforts the immediate threat of nuclear war but also to advance towards the realization of the supreme human ideals and to provide a solid guarantee of peaceful development and the progress of our societies.

At the present time the world's military spending runs to about 1.5 billion dollars a day, a total of 22 million people are under arms, 60 million people are directly or indirectly involved in war preparations and about one fourth of research and technical personnel, more than 400,000 scientists and engineers, are constantly at work to develop ever more sophisticated instruments for destruction and extermination of life.

At the same time the most vital, elementary needs of billions of people for food, education, medical service and so on are ignored or satisfied inadequately. More than 500 million people are starving, hundreds of millions are denied education, countless other millions are doomed to death at an early age because of the absence of effective medical aid.

The intensifying arms race and the exacerbation of nuclear confrontation has put in jeopardy the most fundamental right of every human being — the right to life.

Isn't all this the greatest challenge to human reason and spirit?

Indeed, will mankind's reason and conscience continue to tolerate such a flagrantly irrational social anachronism as the monstrous and extravagant arms race of today?

The enormous material and intellectual resources consumed by war preparations must now be redirected to improvement of human life, to the solution of the increasingly acute national and global problems.

It is imperative today to launch an effective struggle against the starvation of hundreds of millions of people, against poverty, disease and illiteracy, to secure the restoration of the ecological balance, to search for new energy and raw materials sources. Funds for these purposes can be obtained by regearing resources from military to civilian programmes. This step will be a true blessing for all.

Removal of the nuclear threat to mankind, consolidation of peace and development of peaceful mutually enriching intercourse and co-operation between countries and peoples are indispensable prerequisites for the fruitful development of human creativity, for the use of scientific and technological achievements exclusively for the benefit of civilization and for the creation of material and spiritual values for present and future generations.

It is a dictate of the times to mobilize the enormous potentialities available and the social forces capable of coping with the world historic task of removing for all time the danger of nuclear catastrophe and building a safer world for all countries and peoples to live in.

Annex I

DECLARATION ON THE PREVENTION OF NUCLEAR CATASTROPHE *

The General Assembly,

Bearing in mind that the foremost task of the United Nations, born in the flames of the Second World War, has been, is and will be to save present and succeeding generations from the scourge of war,

Recognizing that all the horrors of past wars and all other calamities that have befallen people would pale in comparison with what is inherent in the use of nuclear weapons capable of destroying civilization on earth,

Reaffirming that the universally accepted objective is to eliminate completely the possibility of the use of nuclear weapons through the cessation of their production, followed by the destruction of their stockpiles, and that, to this end, priority in disarmament negotiations should be given to nuclear disarmament,

Convinced that, as the first step in this direction, the use of nuclear weapons and the waging of nuclear war should be outlawed,

Solemnly proclaims, on behalf of the States Members of the United Nations:

1. States and statesmen that resort first to the use of nuclear weapons will be committing the gravest crime against humanity;

2. There will never be any justification or pardon for statesmen who would take the decision to be the first to use nuclear weapons;

3. Any doctrines allowing the first use of nuclear weapons and any actions pushing the world towards a catastrophe are incompatible with human moral standards and the lofty ideals of the United Nations;

4. It is the supreme duty and direct obligation of the leaders of nuclear-weapon States to act in such a way as to eliminate the risk of the outbreak of a nuclear conflict. The nuclear-arms race must be stopped and reversed by joint efforts, through negotiations conducted in good faith and on the basis of equality, having as their ultimate goal the complete elimination of nuclear weapons;

5. Nuclear energy should be used exclusively for peaceful purposes and only for the benefit of mankind.

* Resolution 36/100, adopted by the United Nations General Assembly on 9 December 1981.

Annex II

INTERNATIONAL AGREEMENTS ON THE PREVENTION OF NUCLEAR WAR AND NUCLEAR ARMS LIMITATION

A. Multilateral agreements

1. Antarctic Treaty. Opened for signature on 1 December 1959. Entered into force on 23 June 1961. As of January 1982, 25 States are parties to the Treaty.
2. Treaty Banning Nuclear Weapon Tests in the Atmosphere, in Outer Space and Under Water. Opened for signature on 5 August 1963. Entered into force on 10 October 1963. As of January 1982, 110 States are parties to the Treaty.
3. Treaty on Principles Governing the Activities of States in the Exploration and Use of Outer Space, Including the Moon and Other Celestial Bodies. Signed on 27 January 1967. Entered into force on 10 October 1967. As of January 1982, 81 States are parties to the Treaty.
4. Treaty for the Prohibition of Nuclear Weapons in Latin America. Signed on 14 February 1967. Entered into force. As of January 1982, 22 States are parties to the Treaty.
5. Treaty on the Non-Proliferation of Nuclear Weapons. Signed on 1 July 1968. Entered into force on 5 March 1970. As of January 1982, 115 States are parties to the Treaty.
6. Treaty on the Prohibition of the Emplacement of Nuclear Weapons and Other Weapons of Mass Destruction on the Sea-Bed and the Ocean Floor and in the Subsoil Thereof. Signed on 11 February 1971. Entered into force on 18 May 1972. As of January 1982, 73 States are parties to the Treaty.

B. Bilateral agreements

7. Agreement on Measures to Reduce the Risk of Outbreak of Nuclear War between the United States of America and the Union of Soviet Socialist Republics. Signed on 30 September 1971. Entered into force on 30 September 1971.
8. Treaty between the United States of America and the Union of Soviet Socialist Republics on the Limitation of Anti-Ballistic Missile Systems. Signed on 26 May 1972. Entered into force on 3 October 1972.
9. Interim Agreement between the United States of America and the Union of Soviet Socialist Republics on Certain Measures with Respect to the Limitation of Strategic Offensive Arms. Signed on 26 May 1972. Entered into force on 3 October 1972.
10. Agreement between the Union of Soviet Socialist Republics and the United States of America on the Prevention of Nuclear War. Signed on 22 June 1973. Entered into force on 22 June 1973.

11. Protocol to the Treaty between the United States of America and the Union of Soviet Socialist Republics on the Limitation of Anti-Ballistic Missile Systems. Signed on 3 July 1974. Entered into force on 25 May 1976.

12. Treaty between the Union of Soviet Socialist Republics and the United States of America on the Limitation of Underground Nuclear Weapon Tests. Signed on 3 July 1974. The Treaty did not enter into force.

13. Protocol to the Treaty between the Union of Soviet Socialist Republics and the United States of America on the Limitation of Underground Nuclear Weapon Tests. Signed on 3 July 1974. The Protocol did not enter into force.

14. Exchange of Letters Between the Ministers of Foreign Affairs of the Union of Soviet Socialist Republics and France on the Prevention of Accidental or Unsanctioned Use of Nuclear Weapons. Performed on 16 July 1976. Entered into force on 16 July 1976.

15. Agreement between the Union of Soviet Socialist Republics and the United Kingdom of Great Britain and Northern Ireland on the Prevention of Accidental Outbreak of Nuclear War. Signed on 10 October 1977. Entered into force on 10 October 1977.

16. Treaty between the Union of Soviet Socialist Republics and the United States of America on the Limitation of Strategic Offensive Arms. Signed on 18 June 1979. The Treaty did not enter into force.

Annex III

SOVIET PROPOSALS MADE AT THE SECOND SPECIAL SESSION OF THE UNITED NATIONS GENERAL ASSEMBLY DEVOTED TO DISARMAMENT

A. Excerpt from the message sent by Leonid Brezhnev to the General Assembly on 15 June 1982

... Guided by the desire to do all in its power to deliver the peoples from the threat of nuclear devastation and ultimately to exclude its very possibility from the life of mankind, the Soviet State solemnly declares:

The Union of Soviet Socialist Republics assumes the obligation not to be the first to use nuclear weapons.

This obligation shall become effective immediately, the moment it is made public from the rostrum of the United Nations General Assembly.

Why is the Soviet Union taking this step in conditions when the nuclear Powers participating in the NATO grouping, including the United States, make no secret of the fact that their military doctrine does not rule out the possibility of the first use of nuclear weapons and is actually based on this dangerous premise?

In taking this decision, the Soviet Union proceeds from the indisputable fact, which plays a determining role in the present-day international situation, that should a nuclear war begin, it could mean the destruction of human civilization and perhaps the end of life it self on earth.

Consequently, the supreme duty of leaders of States conscious of their responsibility for the destinies of the world is to exert every effort to ensure that nuclear weapons never be used.

The peoples of the world have the right to expect that the decision of the Soviet Union will be followed by reciprocal steps on the part of the other nuclear States. If the other nuclear Powers assume an equally precise and clear obligation not to be the first to use nuclear weapons, that would be tantamount in practice to a ban on the use of nuclear weapons altogether, which is espoused by the overwhelming majority of the countries of the world.

In the conduct of its policy the Soviet Union will naturally continue to take into account how the other nuclear Powers act, whether they heed the voice of reason and follow our good example or push the world downhill.

It is also the objective of the Soviet Union's initiative to raise the degree of trust in relations between States. And that is particularly important in the present-day international situation where trust has been gravely crippled by the efforts of those who are trying to upset the obtaining balance of forces, to gain military superiority over the Soviet Union and its allies and to wreck all the positiveness of the policy of détente.

The military-political stereotypes inherited from the one-time monopoly on the atom bomb have become outdated. The realities of today require a fundamentally different approach to the questions of war and peace. The present move of the Soviet Union makes it easier to take a different look at the entire complex of problems related to the limitation and reduction of armaments, especially nuclear weapons, and furthers the cause of disarmament as a whole.

The vast achievements scored by human creative and technological genius permit the peoples to open a new chapter in their history. Even now boundless opportunities exist to

82

approach the solution of such human problems of global magnitude as the struggle against hunger, disease, poverty, and many others. But that requires scientific and technological progress to be used exclusively to serve people's peaceful aspirations.

The Soviet Union is assuming an obligation not to be the first to use nuclear weapons, being confident in the power of sound judgement and believing in mankind's ability to avoid self-annihilation and to ensure peace and progress for the present and coming generations.

I would like further to invite the attention of the representatives of States attending the special session of the United Nations General Assembly to the following question.

In the search for measures which would actually halt the arms race many political and public figures of various countries have recently turned to the idea of a freeze, in other words, of stopping a further buildup of nuclear potentials. The considerations advanced in this connection are not all in the same vein. Still, on the whole, we believe they go in the right direction. We see in them the reflection of the people's profound concern for their future. To use a figure of speech, people are voting for preserving the supreme value in the world, which is human life.

The idea of a mutual freeze of nuclear arsenals as a first step towards their reduction and, eventually, complete elimination, is close to the Soviet point of view. Moreover, our country has been the initiator of concrete proposals aimed at stopping the nuclear arms race in its quantitative and qualitative aspects...

B. Excerpt from the Soviet memorandum entitled "To avert the growing nuclear threat and to curb the arms race," submitted on 15 June 1982

... The human mind that has created the horrible nuclear engine of destruction is capable of finding ways to dismantle it and to deliver mankind from the nightmare it could entail. To this end the Soviet Union, just as many other States, deems it necessary to act concurrently in several areas, primarily in the following ones.

Elaboration, adoption and stage-by-stage implementation of a nuclear disarmament programme. It is our view that such a programme could include:
— Cessation of the development of new systems of nuclear weapons;
— Cessation of the production of fission materials for the purposes of manufacturing various types of nuclear weapons;
— Cessation of the production of all types of nuclear munitions and of their delivery vehicles;
— Gradual reduction of the accumulated stockpiles of nuclear weapons, including their delivery vehicles;
— Total elimination of nuclear weapons.

The limitation and reduction of nuclear weapons are to cover all nuclear systems, primarily strategic arms and medium-range systems.

The Soviet Union is prepared to accept on a reciprocal basis that the initial move towards reducing both strategic and medium-range nuclear weapons should be a major step.

Limitation and reduction of strategic arms. It is the view of the Soviet Union that this is one of the most important problems still to be resolved. Negotiations on this problem call for a responsible and serious attitude. The USSR has taken this attitude towards such negotiations with a view to reaching a mutually acceptable agreement.

As L. I. Brezhnev stated, for such an agreement it is required, first, that negotiations should actually pursue the objective of limiting and reducing strategic arms rather than serve as a cover for the continuation of the arms race and for upsetting the existing parity. Secondly, the two sides should conduct them with due regard for each other's legitimate security interests and strictly in accordance with the principle of equality and equal security. Lastly, everything positive that has been earlier achieved in that area should be preserved.

Limitation and reduction of nuclear arms in Europe. Notwithstanding all the difficulties that the Soviet-American negotiations on that subject in Geneva have encountered, the Soviet Union proceeds from the necessity of progress and the conclusion of a mutually acceptable agreement at those negotiations and is doing its utmost to this end.

The Soviet Union reiterates its readiness to agree on the total renunciation by both sides of all types of medium-range weapons capable of striking targets in Europe. It could go even further and accept a total removal from Europe of both medium-range and tactical nuclear systems. In case the United States and its allies are not prepared to accept a comprehensive solution of that problem, the USSR could agree to a gradual but very substantial mutual reduction of the number of medium-range nuclear arms.

It may be recalled that seeking to contribute to success at the Geneva talks the Soviet Union declared, in a goodwill gesture, a moratorium on the further deployment of its medium-range nuclear arms in the European USSR. Moreover, it also unilaterally announced its intention to reduce a part of those arms and has already made practical steps in that direction.

In the area of nuclear disarmament as a whole the USSR is prepared to go to the end, given, of course, the participation of all the nuclear Powers; that is, to agree on the total elimination of all strategic, medium-range and tactical nuclear arms.

The funds released at each stage of nuclear disarmament could be channelled in full for peaceful purposes, including assistance to developing countries.

In elaborating measures of nuclear disarmament, appropriate methods and forms of control that would satisfy all the interested parties and would promote effective implementation of agreements reached will have to be agreed upon.

The Soviet Union is prepared to take part in all these activities. It is now for the other nuclear Powers, primarily for the United States, to respond.

Complete and general prohibition of nuclear weapon tests.... As for the Soviet Union, it is prepared to ratify at any time the Treaty on the Limitation of Underground Nuclear Weapon Tests signed by the USSR and the United States in 1974. With a view to working out a treaty on the complete and general prohibition of nuclear-weapon tests, the multilateral forum of the Geneva Disarmament Committee should be used to the fullest possible extent. The Soviet side is also prepared to resume immediately the trilateral talks between the USSR, the United States and the United Kingdom, suspended by our partners at their final stage, on the conclusion of that treaty.

Prevention of further proliferation of nuclear weapons. ... Many non-nuclear countries have suggested that, within the framework of the nuclear weapons non-proliferation régime, not only they but the nuclear States as well should place some of their peaceful nuclear installations under the control of the International Atomic Energy Agency. The Soviet Union is prepared to accommodate the wishes of non-nuclear countries in this respect as well. As an act of goodwill it is expressing its readiness to place a number of its peaceful nuclear installations — several atomic power plants and research reactors — under IAEA control.

Nuclear-free zones. It is the view of many States that the establishment of geographic zones where nuclear weapons shall neither be developed nor deployed could play an important role in curbing the nuclear arms race.

... The Soviet Union has taken a positive view of those initiatives. As a nuclear Power, it is prepared to contribute to arriving at generally acceptable solutions concerning the establishment of nuclear-free zones....

Limitation of naval activities. ... Those initiatives deal with the limitation and reduction of the levels of military presence and military activities in areas where conflict situations are most likely to emerge. With a view to enhancing stability in those areas, it would be expedient to consider the following points:

— Removal of missile submarines from extensive combat patrol areas and restriction of their cruises by limits mutually agreed upon;

— Limitation of the deployment of new submarine-based ballistic-missile systems;

— Renunciation of the deployment of sea-based as well as ground-based long-range cruise missiles;

— Extension of confidence-building measures to the seas and oceans, especially to areas through which the busiest shipping routes pass;

— Making the Mediterranean a zone of stable peace and co-operation;

— Strengthening of peace and security in the Persian Gulf area.

The Soviet Union has supported the idea of turning the Indian Ocean into a zone of peace, advanced by non-aligned countries, and is taking an active part in the preparation of an international conference on that subject. It is prepared to resume at any time talks with the United States on the limitation and subsequent reduction of military activities in the Indian Ocean.

The USSR could even go one step further in directly limiting and reducing naval arms. With this in mind, it would be desirable for States possessing powerful navies to examine jointly the question of their limitation and reduction.... At the end of the twentieth century a sound concept of security requires strong action to ward off the emergence of armed conflicts, including nuclear conflicts, rather than the drawing up of strategic charts of their escalation.

In the military field, this calls for steps to end the arms race; in the political and legal field, for the settlement of international conflicts and crises through negotiations and for the consolidation of the principle of non-use of force; and in the moral and political field, primarily for the renunciation of any propaganda of nuclear war and the sabre-rattling in any flare-up of international tensions. The Soviet Union is advocating steady and consistent progress along those lines.

In the same context, the conclusion of a world treaty on the non-use of force in international relations has long become overdue. The examination of that question in the appropriate United Nations bodies should be set in motion again. ...

Annex IV

BRIEF BIBLIOGRAPHY ON PREVENTION OF NUCLEAR WAR AND NUCLEAR ARMS LIMITATION

A. United Nations publications

— Atomic safeguards: a study in international verification. UNITAR Studies. Sales No. E.75.XV.ST/5.
— Basic problems of disarmament. (The publication includes three reports:
    Sales Nos. E. 62.IX.1 and E. 62.IX.2; E. 68.IX.1; E. 69.I.24.)
— Comprehensive study of the question of nuclear-weapon-free zones in all its aspects. Sales No. E. 76.I.7.
— Comprehensive study on nuclear weapons. Sales No. E. 81.I.11.
— Disarmament: imperative of peace. Achievements of the United Nations. New York, 1970. Sales No.E. 70.I.27.
— Disarmament: progress towards peace. Sales No. E.74.I.23.
— Economic and social consequences of the arms race and of military expenditures. Sales No. E.72.IX.16.
— Economic and social consequences of the arms race and of military expenditures. Sales No. E. 78.IX.1.
— Effects of the possible use of nuclear weapons and the security and economic implications for States of the acquisition and further development of these weapons. Sales No. E. 68.IX.1.
— Final Document, Special session of the General Assembly on disarmament 1978. (23 May — 1 July, 1978). United Nations document DPI/679.
— Ionizing radiation : levels and effects; vol. I: Levels, Sales No. E.72.IX.17 vol. II: Effects Sales No. E.72.IX.18.
— Nuclear-weapon-free zones. United Nations document OPI/585.
— Sea-bed — A frontier of disarmament. Sales No. E. 72.I.10.
— South Africa's plan and capability in the nuclear field. Sales No. E. 81.I.10.
— Status of multilateral arms regulation and disarmament agreements. Special supplement to the United Nations Disarmament Yearbook. Vol. II: 1977, Sales No. E. 78.IX.2.
— Study on all the aspects of regional disarmament. Sales No. E. 81.IX.2.
— Study on Israeli nuclear armament. Sales No. E.82.IX.2.
— Relationship between disarmament and international security. Sales No. E. 82.IX.4.
— The threat of nuclear weapons. United Nations document OPI/294.
— The United Nations and disarmament: 1945—1965. Sales No. E.67.I.8.
— The United Nations and disarmament: 1945—1970. Sales No. 70.IX.1.
— The United Nations and disarmament: 1970—1975. Sales No. E. 76.IX.1.

- The United Nations and Outer Space. United Nations document OPI/583.
- Treaty on the non-proliferation of nuclear weapons. United Nations document OPI/372.
- The United Nations Disarmament Yearbook, vol. 1: 1976. Sales No. E. 77.IX.2.
- The United Nations Disarmament Yearbook, vol. 2: 1977. Sales No. E. 78.IX.4.
- The United Nations Disarmament Yearbook, vol. 3: 1978. Sales No. E. 79.IX.3.
- The United Nations Disarmament Yearbook vol. 4: 1979. Sales No. E. 80.IX.7.
- The United Nations Disarmament Yearbook, vol. 5: 1980. Sales No. E. 81.IX.4.

B. Soviet publications in Russian

- Abarenkov, V. P. Removal of the nuclear danger: a dictate of the times. (Scientific Research Council on Peace and Disarmament. "International Peace and Disarmament" series.) Moscow, 1981. 78 p.
- Pressing problems of disarmament. *By* O. N. Bykov, V. V. Zhurkin, A. N. Kaliadin *et al.* Ed. O. N. Bykov *et al.* Moscow, 1978. 175 p.
- Ed. F. I. Kozhevnikov *et al.* Topical problems of modern international law: disarmament problems in international law. Collected research papers. Moscow, 1979. 131 p.
- Arbatov, A. G. Security in the nuclear age and Washington's policy, Moscow, 1980, 288 p.
- Bogdanov, O. V. Disarmament problems in international law. Moscow, 1979. 189 p.
- Bykov, O. N., D. G. Tomashevsky and V. V. Razmerov. Pressing problems of Soviet foreign policy. Moscow, 1981.
- Ed. N. N. Inozemtsev. Global problems of today. Moscow, 1981.
- Davydov, V. F. Nuclear weapons non-proliferation and U.S. policy. Moscow, 1980.
- Yemelyanov, V. S. The neutron bomb. Moscow, 1981.
- Yemelyanov, V. S. The problems of nuclear weapons non-proliferation. (Scientific Research Council on Peace and Disarmament. "International Peace and Disarmament" series.) Moscow, 1981.
- Yorysh, A. I., I. D. Morokhov and S. K. Ivanov. The A-bomb. Moscow, 1980.
- Israelian, V. L. The United Nations and disarmament. Moscow, 1981.
- Ed. A. A. Gromyko and B. N. Ponomaryov. The history of Soviet foreign policy, 1917—1980. Two volumes. Fourth ed., revised and supplemented. Moscow, 1980—1981.
- Kaliadin, A. N. Problems of nuclear weapon test ban and proliferation. Moscow, 1976. 350 p.
- Kishilov, N. S., Y. A. Kostko and Y. A. Khalosha. Europe before a choice. Confrontation or military détente? (Scientific Research Council on Peace and Disarmament. "International Peace and Disarmament" series.) Moscow, 1982. 56 p.
- Maximova, M. M. Global problems and peace among nations. (Scientific Research Council on Peace and Disarmament. "International Peace and Disarmament" series.) Moscow, 1982. 81 p.
- Markov, M. A. Science and responsibility of scientists. (Scientific Research Council on Peace and Disarmament. "International Peace and Disarmament" series.) Moscow, 1980.
- Ed. V. I. Menzhinsky, N. A. Ushakov and M. Slavin. International law and international order. Collected research papers. Moscow, 1981.
- Ed. V. Kopal and N. A. Ushakov. International law at the service of peace and international co-operation. Moscow, 1981.
- Ed. V. S. Shaposhnikov. International non-governmental organizations and institutions. Handbook. (Scientific Research Council on Peace and Disarmament.) Moscow, 1982. 376 p.

— Ed. N. N. Inozemtsev. Peace and disarmament. Scientific studies. (Scientific Research Council on Peace and Disarmament.) Moscow, 1980. 351 p.
— The neutron bomb: the opinion of scientists active in the Soviet peace movement. *By* O. V. Bogdanov, V. V. Kovanov, M. A. Milstein *et al.* Moscow, 1978. 18 p.
— On disarmament problems. *By* A. Vavilov, V. Yemelyanov, V. Karpov, V. Petrovsky, R. Timerbaev, G. Stachevsky *et al.* Ed. G. Korniyenko. Moscow, 1980. 270 p.
— Ed. G. I. Morozov *et al.* The public and the problems of war and peace. Second ed., revised and supplemented.
— Ed. M. M. Avakov, V. L. Israelian and E. Y. Obminsky. The United Nations as an instrument for maintaining and strengthening peace: problems of international law. Moscow, 1980.
— The United Nations. Collected documents. Moscow, 1981.
— Petrovsky, V. F. In the interest of the world's nations: The struggle of the USSR for peace, security and the prevention of war at international conferences and negotiations. Moscow, 1980.
— Petrovsky, V. F. The doctrine of national security and U.S. global strategy. Moscow, 1980.
— Ed. A. D. Nikonov. Problems of military détente. Moscow, 1981. 378 p.
— Ed. E. K. Fedorov and R. A. Novikov. Disarmament and the environment. (Scientific Research Council on Peace and Disarmament. "International Peace and Disarmament" series.) Moscow, 1981.
— Roschin, A. A. International security and nuclear weapons. Moscow, 1980.
— Ed. A. L. Narochitsky. The Soviet Union and the United Nations, 1971–1975. Moscow, 1981.
— Petrovsky, V. F. The Soviet Union in the vanguard of the struggle for disarmament. Moscow, 1982. 64 p.
— Streltsov, Y. G. Removal of the danger of nuclear war: the central task in world politics. Moscow, 1978. 33 p.
— The threat to Europe (Soviet Committee for European Security and Co-operation and Scientific Research Council on Peace and Disarmament.) Moscow, 1981.
— Usachev, I. G. The Soviet Union and the disarmament problem. Moscow, 1976.
— Ustinov, V. V. New types of weapons of mass destruction. (Scientific Research Council on Peace and Disarmament. "International Peace and Disarmament" series.) Moscow, 1982.
— Fedorov, E. K. Scientific aspects of political negotiations. (Scientific Research Council on Peace and Disarmament. "International Peace and Disarmament" series.) Moscow, 1981. 95 p.
— Shustov, V. V. The Soviet Union and the problem of ending nuclear weapon tests. Moscow, 1977.
— Yakovlev, P. P., O. A. Zhirnov and V. V. Gorokhov. Latin America: problems of armament and disarmament. (Scientific Research Council on Peace and Disarmament. "International Peace and Disarmament" series.) Moscow, 1982. 134 p.

C. Soviet publications in English

— Chazov, Ye. I., L. A. Ilyin and A. K. Guskova. The danger of nuclear war. Soviet physicians' viewpoint. Moscow, 1982. 144 p.
— Ed. Ye. K. Fyodorov and R. A. Novikov. Disarmament and environment. (Scientific Research Council on Peace and Disarmament. "International Peace and Disarmament" series.) Moscow, 1981.

— Fyodorov, Ye. K. Scientific aspects of political talks. (Scientific Research Council on Peace and Disarmament. "International Peace and Disarmament" series.) Moscow, 1981.
— Gerasimov, G. War and peace in the nuclear age. Moscow, 1982. 59 p.
— Petrovsky, V. F. Dialogue for peace. Moscow, 1982. 272 p.
— Ed. A. V. Lebedinsky. Soviet scientists on the danger of nuclear tests. Moscow, 1960. 129 p.
— Mamontov, V. Disarmament — the command of the times. Moscow, Progress Publishers. 291 p.
— Ed. N. N. Inozemtsev. Peace and disarmament. Academic studies. (Scientific Research Council on Peace and Disarmament.) Moscow, 1980. 376 p.
— The threat to Europe. (Soviet Committee for European Security and Co-operation and Scientific Research Council on Peace and Disarmament.) Moscow, 1981. 74 p.
— Truth about nuclear war. World scientists speak. Moscow, 1981. 86 p.
— Whence the threat to peace. Moscow, 1982. 78 p.
— Yemelyanov, V. S. Atoms for peace, science for men. Wien, Herausgeber und Hersteller: Internationales Institut für den Frieden, 1978. 48 p.

D. Other publications

— Ed. W. Epstein and T. Teyoda. A new design for nuclear disarmament. (Pugwash Symposium.) London, 1977. 333 p.
— A nuclear-free zone and Nordic security: a condensed Engl. ed. Helsinki, 1975. 48 p.
— Armament and disarmament in the nuclear age (SIPRI). Stockholm, 1976. 308 p.
— Arms control. A survey and appraisal of multilateral agreements. Taylor and Francis, 1978. 238 p.
— Ed. G. Fuchs. Atomenergie, Kernwaffen und die Friedensbewegung. Wien, Schriftenreihe des Internationalen Institutes für den Frieden, 1979. 125 p.
— Ed. C. F. Barnabi and G. P. Thomas. The nuclear arms race: control or catastrophe. London, 1982. 250 p.
— Barnaby, F. Prevention of nuclear-weapon proliferation. An approach to the non-proliferation Treaty Review Conference (SIPRI). Stockholm, 1975. 321 p.
— Burhop, S. The neutron bomb. London, 1978.
— Calder, N. Nuclear nightmares: an investigation into possible wars. London, 1979. 168 p.
— Caldicott, H. Nuclear madness. Brooklyn, 1979. 120 p.
— Ed. A. Kalyadin and G. Kade. Détente and disarmament. Problems and perspectives. Vienna, International Institute for Peace, 1976. 157 p.
— Dunn, L. A. and H. Lahn. Trends in nuclear proliferation, 1975—1995: projections, problems and policy options. (Prep. for US Arms Control and Disarmament Agency. With contrib. from P. Bracken, E. Boylan, D. G. Brennan et al.) New York, 1976. 196 p.
— Ending the arms race — the role of the scientists. World Federation of Scientific Workers, 1977. 184 p.
— England, B. Nuclear disarmament for Britain — Why we need action not words. London, 1981.
— Epstein, W. The last chance: nuclear proliferation and arms control. New York, Free Press, 1976. 341 p.
— First use deserves more than one decision maker. Washington, D. C., Federation of Atomic Scientists. 1975.
— Freedman, L. Britain and nuclear weapons. Britain's nuclear past and nuclear future. London, 1980. 160 p.

— Frei, D. (with the collaboration of Ch. Catrina). Risks of unintentional nuclear war. UNIDIR, 1982.
— Glasstone, S. and P. J. Dolan. The effects of nuclear weapons. London, 1977.
— Gonzales, L. A. La renuncia al uso de la fuerza, la proscripción de las armas nucleares por zonas y el Tratado de Tlatelolco. Mexico, Organismo para la Proscripción de las Armas Nucleares en la America Latina, 1976. 52 p.
— Greenwood, T., H. A. Feiveson and T. B. Taylor. Nuclear proliferation: motivations, capabilities and strategies for control. Introd. by D. C. Gompert. New York, McGraw-Hill, 1977. 210 p.
— Guha, A. A. Die Neutronenbombe oder die Perversion menschlichen Denkens. Frankfurt am Main, Fischer Taschenbuch Verl., 1977. 159 p.
— International détente and disarmament. A collection of articles by Finnish and Soviet scholars. Helsinki, Tampere Peace Research Institute, 1972. 271 p.
— In the name of life itself — Ban the neutron bomb. Helsinki, 1977. 77 p.
— Katz, A. M. Life after nuclear war: the economic and social impacts of nuclear attacks on the United States. Cambridge, Ma., Ballinger, 1982. 422 p.
— Kohler. Der Vertrag über die Nichtverbreitung von Kernwaffen und das Problem der Sicherheitgarantien. Frankfurt am Main, Alfred Metzner, 1972. 270 p.
— La proliferazione delle armi nucleari. By S. Baker, F. Calogero, R. Carsciiolo et al. A cura di P. Calogero e G. L. Devoto. Roma, Bologna, Il Mulino, 1975. 188 p.
— Laurent, Ph. L'aventure nucléaire. Paris, 1978. 189 p.
— Lens, S. The day before doomsday: an anatomy of the nuclear arms race. New York, Doubleday, 1977. 274 p.
— Medical consequences of nuclear weapons. London, published by Medical Campaign Against Nuclear Weapons and Medical Association for the Prevention of War, 1982. 39 p.
— Lord Mountbatten, Lord Noel-Baker and Lord Zuckerman. Apocalypse Now? London, 1980. 64 p.
— Nash, H. T. Nuclear weapons and international behavior. Leyden, Sijthoff, 1975. 172 p.
— Noel-Baker, Ph. What nuclear war would mean. London, 1980. 11 p.
— Nuclear disarmament or nuclear war? (SIPRI), Stockholm, 1975. 27 p.
— Nuclear energy and nuclear weapon proliferation, (SIPRI), London, 1979. 462 p.
— Nuclear proliferation problems (SIPRI), Stockholm, 1974. 312 p.
— Nuclear weapons and world politics: alternatives for the future. By L. C. Gompert, M. Mandelbaum, R. L. Garwin and J. H. Balton. New York, 1977. 370 p.
— Dentz, M. Towards the final abyss? The state of the nuclear arms race. A J. D. Bernal Peace Library pamphlet. London, 1981. 16 p.
— Pierre, A. J. and C. W. Moyne. Nuclear proliferation: a strategy for control. New York, 1976. 63 p.
— Postures for non-proliferation. Arms limitation and security policies to minimize nuclear proliferation (SIPRI). London, Taylor and Francis, 1979. 168 p.
— Robles, A. G. The Latin American nuclear-weapon free zone. Stanley Foundation, 1979. 31 p.
— Rotblat, J. Nuclear radiation in warfare (SIPRI). London, Taylor and Francis, 1982.
— Safeguards against nuclear proliferation (SIPRI). Cambridge (Mass.), London, MIT Press, Stockholm, Almqvist and Wiksell intern., 1975. 114 p.
— Slocombe, W. Controlling strategic nuclear weapons. New York, 1975. 63 p.
— Summary of International Symposium on the Damage and After-Effects of the Atomic Bombing of Hiroshima and Nagasaki (ISDA) (Tokyo, Hiroshima, Nagasaki, July 21 — August 9, 1977). Tokyo, 1978. 27 p.

— Tactical nuclear weapons: European perspectives (SIPRI). London, 1978. 371 p.
— Ed. J. C. Polyani. The dangers of nuclear war (Pugwash Symposium). University of Toronto, 1979. 197 p.
— United States Congress, Office of Technology Assessment. The effects of nuclear war. London, 1980. 151 p.
— Ed. R. Adams and S. Cullen. The final epidemic. Physicians and scientists on nuclear war. Chicago, 1981. 254 p.
— The near-nuclear countries and the NPT (SIPRI). Stockholm, 1972. 123 p.
— The NPT — The main political barrier to nuclear-weapon proliferation (SIPRI). London, Taylor and Francis, 1980. 66 p.
— The nuclear age (SIPRI). Stockholm, 1974. 312 p.
— The seismic methods for monitoring underground explosions (SIPRI). Stockholm, 1968. 130 p.
— Weapons of mass destruction and the environment (SIPRI). London, Taylor and Francis, 1977. 92 p.
— Lord Zuckerman. Science advisers, scientific advisers and nuclear weapons. London, 1980. 15 p.

PRINTED IN ROMANIA
BY
EDITURA ACADEMIEI REPUBLICII SOCIALISTE ROMÂNIA
Calea Victoriei 125, 79717, Bucharest, Romania